江苏师范大学小学教育国家级一流本科专业建设点资助

U0854316

小学劳动教育导论

XIAOXUE LAODONG JIAOYU DAOLUN

小 学 教 育 一 流 专 业 建 设 教 材

陈 鹏 / 主编

北京师范大学出版集团
BEIJING NORMAL UNIVERSITY PUBLISHING GROUP
北京师范大学出版社

图书在版编目(CIP)数据

小学劳动教育导论 / 陈鹏主编 .—北京：北京师范大学出版社，2022.4(2025.1 重印)

小学教育一流专业建设教材

ISBN 978-7-303-27816-9

Ⅰ. ①小… Ⅱ. ①陈… Ⅲ. ①劳动课—教学研究—小学—高等师范院校—教材 Ⅳ. ①G623.62

中国版本图书馆 CIP 数据核字(2022)第 030289 号

教材意见反馈 **gaozhifk@bnupg.com 010-58805079**
营销中心电话 010-58802755 010-58800035
编辑部电话 010-58807068

出版发行：北京师范大学出版社 www.bnupg.com
北京市西城区新街口外大街 12-3 号
邮政编码：100088

印　刷：北京天泽润科贸有限公司
经　销：全国新华书店
开　本：787 mm×1092 mm 1/16
印　张：17
字　数：300 千字
版　次：2022 年 4 月第 1 版
印　次：2025 年 1 月第 4 次印刷
定　价：46.00 元

策划编辑：张筱彤　　责任编辑：肖　寒
美术编辑：焦　丽　　装帧设计：焦　丽
责任校对：包冀萌　　责任印制：马　洁

版权所有　侵权必究

反盗版、侵权举报电话：010-58800697
北京读者服务部电话：010-58808104
外埠邮购电话：010-58808083
本书如有印装质量问题，请与印制管理部联系调换
印制管理部电话：010-58805079

总　序

本套教材由江苏师范大学教育科学学院(教师教育学院)小学教育国家级一流本科专业建设点资助出版，共有《教师的实践哲学》《儿童哲学》《小学生认知与学习》等 21 本，基本涵盖了小学教育专业的学科专业课程、教育实践课程以及教师教育课程，并重点关注了新时代教育前沿课程。

本套教材自酝酿到遴选、初审再到申报选题、审读、出版，经历了一个较为漫长的过程。2019 年，江苏师范大学教育科学学院(教师教育学院)小学教育专业先后获批江苏省高校一流本科专业和国家级一流本科专业建设点，国家级一流本科专业建设点本身对教材建设有要求。2019 年年初，我们在学院发布了教材招标书，明确了申报条件、教材范围以及申报程序。在提交给出版社教材目录之前，我们对所申报的教材采用院内评价、同行评价、专家评价的方式进行了三轮严格的遴选。我们把“三个原则，三个标准”作为教材遴选的基本条件。

三个原则，即思想性原则、实用性原则和时代性原则。这三个原则也是教材出版的基本依据和根本遵循。一是思想性原则。思想性就是有意识地将习近平新时代中国特色社会主义思想、社会主义核心价值观有机融入教材内容，体现马克思主义中国化要求，体现中国和中华民族风格，体现党和国家对教育的基本要求，体现国家和民族基本价值观，围绕育人目标，深度挖掘提炼小学教育专业知识体系中所蕴含的思想价值和精神内涵，注重加强师德师风教育，引导学生树立学为人师、行为世范的职业理想，争作“四有”好老师，充分体现课程的思想逻辑、价值逻辑和实践逻辑。二是实用性原则。小学教育专业教材编写的指向很明确，就是要培养能够胜任小学教育教学的高素质、专业化、创新型教师，这就要求教材实用、能用、好用。教材要遵循小学教育专业教育教学规律、小学教师人才成长规律，贴近小学教育专业学生的思想、学习和生活实际，以便教师好教、学生好学、学有所得、学以致用。我们要求教材在呈现专业知识时，以实际问题为出发点和归宿，体现知识的形成和应用过程，突出理论与实践的统一，培养学生用教育学的思想和眼光观察世界的习惯，在教学实践中提升问题解决的能力。教材一定要注重师范生能力培养，以创新精神和实践能力为核心，以培养学生发现问题、提出问题、分析问题、解决问题的能力为目标，完善以能力培养为核心的教学设计。这就要求编者不仅要精心设计教材内容，还应在编写体例上下足功夫，夯实学生能力发展的知识基础，把知识学习与能力形成有效地结合起来。三是时代性原则。时代发展和科技进步是教材改革最有效的催化剂。要想更新教材内容、创造性转化传统教育观念，就必须立足时代前沿，及时反映经济社会发展新变化、科学技术进步新成果，既要相对稳定，准确阐述本学科专业基本概念、基本知识和基本方法，保持小学教育专业教材的科学性，又要与时俱进，吸纳最新研究成果，保障人才培养的先进性。

三个标准，即专业标准、经历标准和验证标准。一是专业标准。凡申报教材出版的教师，必须有高级职称，必须在其专业领域表现出较高的专业水准。我们不是唯职称论者，所看重的并不是职称，而是职称背后的学术训练、实践历练和经验老练。二是经历标准。我们要求教材编者必须有三个经历：和中小学的长期合作经历、经常去中小学体验的经历，以及指导中小学教科研的经历。这三个经历缺一不可。之所以要特别强调经历标准，是因为教材是要“用”的，如果编者对基础教育的情况不熟悉、不了解，对中小学课程标准摸不透、吃不准，对中小学到底需要什么样的教师把握得不清楚、不准确，那么他就既不能准确地理解我们对人才培养目标的设计，也不能保证课程、教学对于培养目标、毕业要求的达成，当然也就写不出一本具有学科特色、专业特色的教材。三是验证标准。验证标准就是所申报的教材内容必须在教学实践中经过两到三轮的试用，也就是说在出版之前，必须已经验证了教材的适用性。事实上，有的教材是编者十几年乃至几十年专业教学工作的结晶。从这个意义上讲，这套教材既是我们对教学实践的总结，也是对教学实践的反思与提炼。

我们按照“三个原则，三个标准”遴选的教材又经过了出版社的严格审核、层层遴选、多重把关，应该说充分保障了教材本身的质量。

本套教材出版之际，还是要表达由衷的感谢之情。感谢江苏师范大学小学教育专业团队，这个团队所有成员同呼吸、共命运，同甘共苦，同心同德，矢志创业，本套教材在某种意义上也是团队共同奋斗的见证。感谢北京师范大学出版社郭兴举、李铁楠、张筱彤及其他编辑同志，他们的精心编辑、审读使本套教材锦上添花，他们的帮助对江苏师范大学小学教育专业建设而言是雪中送炭。最后，也要感谢江苏师范大学小学教育专业的所有学生，他们的成长与发展是我们追求进步的不竭动力。当然，由于编者水平所限，教材不免会有不妥之处，同时随着教育实践和研究的不断发展，教材的内容也应该不断升级换代，敬请广大读者、同行专家给予批评指正，欢迎提出富有建设性的意见，以便今后进一步修订完善。

高伟

前　言

党的二十大报告指出，教育、科技、人才是全面建设社会主义现代化国家的基础性、战略性支撑。劳动教育作为教育的重要内容，对于培养创新型人才、赋能科技生产力、建设社会主义现代化强国具有关键性的作用。在2018年全国教育大会上，习近平总书记强调，要努力构建德智体美劳全面培养的教育体系，要在学生中弘扬劳动精神，教育引导学生崇尚劳动、尊重劳动，懂得劳动最光荣、劳动最崇高、劳动最伟大、劳动最美丽的道理，长大后能够辛勤劳动、诚实劳动、创造性劳动。因此，劳动教育作为中国特色社会主义教育制度的重要内容，直接决定了社会主义建设者和接班人的劳动精神面貌、劳动价值取向和劳动技能水平，也直接影响社会主义现代化强国建设的进程。

长期以来，我国在劳动教育方面取得了一定的成就，然而也暴露出来一些问题，近年来在部分青少年中出现了不珍惜劳动成果、不想劳动、不会劳动的现象，劳动教育的独特价值正在被淡化、虚化、矮化和弱化。为此，中共中央、国务院于2020年3月发布了《关于全面加强新时代大中小学劳动教育的意见》，要求大中小学设置劳动教育必修课，中小学劳动教育课每周不少于1课时；高等学校要加强劳动教育师资培养，有条件的院校开设劳动教育相关专业。随后，教育部印发的《大中小学劳动教育指导纲要(试行)》对相关内容的具体实施做了纲领性规定。2022年4月，教育部印发的《义务教育劳动课程标准(2022年版)》则对义务教育阶段劳动课程的相关内容进行了具体规定。

高等学校小学教育专业不仅要培养高素质、专业化、创新型小学教师，也要肩负起培养小学劳动课程教师的责任；近年刚备案的劳动教育专业更需要担负起培养小学劳动课程教师的职责。要做好新时代党和人民满意的“四有”好老师，为青少年的发展扣好人生的第一颗扣子，引导青少年树立正确的劳动观念、具有必备的劳动能力、培育积极的劳动精神、养成良好的劳动习惯和品质，高校师范生不仅要具备劳动品质与能力，还要具备劳动教育知识与能力。因此，高校小学教育专业、劳动教育专业急需一本理论与实践相结合的劳动教育类教师教育教材。基于此，以小学教育国家级一流专业建设为契机，编委会组织策划并编写了《小学劳动教育导论》这本教材。

本教材具有以下特点：第一，思想性，本教材以马克思主义劳动教育观为指导，以新时期劳动教育政策为指南，以培养德智体美劳全面发展的社会主义建设者与接班人为宗旨，积极响应新时代德智体美劳全面培养的教育体系建设需求。第二，系统性。教材立足知识系统性的规律，将劳动教育的相关理论循序渐进地展开论述，包括小学劳动教育的内涵界定、价值确立、目标设计、课程开发、教学实施、评价反馈等方面，旨在为未来小学劳动教育教师专业发展夯实理论基础。第三，实践性。教材在编写的过程中，注重学生学习的可操作性性，在课程开发和教学实施中，注意渗透劳动教育典型案例，尤其是在教材最后的附录中选取四个典型案例作为拓展资源，涵盖生活性、生产性和服务性劳动，为小学劳动课程的教学设计提供针对性指导。

本教材由江苏师范大学教育科学学院陈鹏教授担任主编，负责整个教材的框架设计，以及各章节内容的把关与统稿。各章节的编写人员以江苏师范大学教育科学学院劳动教育师资团队为主体，并邀请各高校劳动教育专家以及基础教育领域的劳动教育骨干教师和教研员出力相助，同时部分研究生也参与了相关材料的收集与整理。具体分工为：第一章(陈鹏、孙羽)，第二章(程从柱)，第三章(杜连森)，第四章(张晓寒)，第五章(李莎)，第六章(程岭)，第七章(杨钦芬)，第八章(刘晓、王海英、熊静)，第九章(徐宏伟)，第十章(许正、董显辉、汤霓、陆宇正、刘铖)，课程案例(陈鹏、王银娣、焦玉冬、毛维佳、朱轶峰、张卓)。在此，感谢各位参编人员的大力支持。

由于编写水平有限，书中难免有不足和纰漏之处，敬请各位专家学者、同行、师生提出宝贵意见和建议，我们将在后续的修订中不断完善。

陈　鹏

2023 年 5 月于江苏徐州

目　录

第一章

小学劳动教育概述

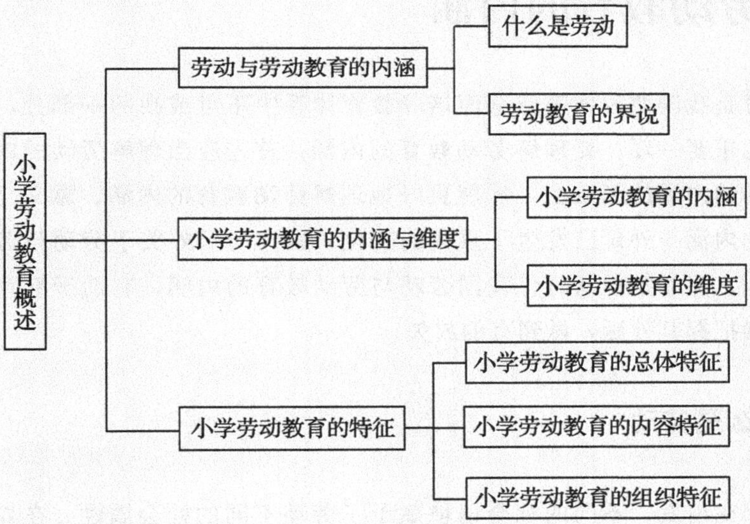

章前导语

作为新时代的小学教师，我们如何带领学生去认识劳动、走进劳动世界、体验劳动生活，进而在劳动过程中增进学生的劳动认知，培养学生的劳动兴趣、劳动习惯，激活他们的劳动热情，从而塑造学生初步的劳动素养、品质与能力呢？这些小学劳动教育的重要方面与关键问题要求小学教师必须首先厘清并明确劳动与劳动教育的内涵，深刻领会小学劳动教育的内涵维度与基本特征，形成动态发展的劳动教育观，了解小学劳动教育的总体样态，为小学劳动教育的切实与有效开展做好思想理念和顶层设计的准备。

第一节 劳动与劳动教育的内涵

劳动教育是我国德智体美劳全面培养教育体系中不可或缺的一部分，是我国综合育人系统中的重要一环。要理解劳动教育的内涵，首先应当理解劳动的内涵。只有在深刻理解劳动的内涵的基础上，才能更好地理解劳动教育的内涵、意义与价值。纵观历史，劳动的内涵与外延已发生了重大的变化，国内与国外关于劳动与劳动教育的理解也不尽相同，深刻把握新时代我国劳动与劳动教育的内涵，有助于教育者在教育实践过程中精确把握其外延，做到有的放矢。

一、什么是劳动

从社会存在出发，不同的社会语境赋予了劳动不同的社会属性。在奴隶制度、封建制度和资本主义制度下，依据劳动关系，劳动的主要形式表现为奴隶劳动、农奴劳动和雇佣劳动，呈现为不同性质的被剥削的劳动。过渡到社会主义制度，劳动关系的大变革促使劳动者不再处于被压迫剥削的地位，而成为主动的劳动者，劳动属性焕然一新。眺望共产主义社会，劳动将超越作为谋生手段的工具属性而成为人们生活自由自觉的第一性的需要。

通过景随境迁的劳动现象，在劳动认识论上，人类也经历了一个历史性过程。亚当·斯密对劳动进行了抽象的一般性思考，他将劳动确定为财富的源泉，把劳动者作为发财致富的手段，显然亚当·斯密未能深刻揭示劳动的本质。及至黑格尔以哲学视角首次对劳动概念做出明确界定，提出“劳动是人的本质”的重要论断，主张劳动是主体和客体的对立统一关系，劳动概念是实践概念的具体化，且比实践概念具有更强的目的指向性等。劳动第一次有了较为清晰的全貌，然而，黑格尔论断中的劳动实质上为一种精神活动。之后，随着马克思与恩格斯唯物史观的确立，真正科学的劳动观进入人们的认知域。① 欲探究“什么是劳动”的科学解释，需从马克思主义劳动观中找寻钥匙。

(一)劳动的定义

劳动是人类所特有的一种有意识有目的的社会实践活动，是人充分利用自己的体力和脑力，并以自身的活动作为中介来调整和控制人与外部周围世界(包括自然)之间的物质、能量、信息等的交换过程，是人的生存条件与根本性存在方式，也是社会存在与发展的前提性基础。马克思指出，劳动作为创造使用价值的特殊形式，是不以一切社会形态为转移的人类生存条件，是人和自然之间的物质交换，即人类生活得以存续并实现的永恒的自然必然性。② 归纳来看，马克思将其劳动概念认定为个体感性的生命活动，是一种特殊的对象性活动。

因此，必须明确的是，当我们理解劳动概念时，不能简单地将劳动视作经济学下一个狭隘的概念，或是日常观念中谋生的一般性手段，而应置于哲学本体论的视域去深刻了解劳动概念的含义与价值意蕴，回归到劳动概念的本质上去认识、辨别、探究劳动与人之间的复杂联系。

(二)劳动的内涵与特征

马克思和恩格斯的劳动概念是在批判地吸收黑格尔哲学的基础上提出来的。马克思在其《1844 年经济学哲学手稿》中将批评的矛头直指黑格尔，指出他“唯一知道并承认的劳动是抽象的精神的劳动”③。而在马克思和恩格斯的话语体系中，劳动观是其哲学观立论的前提与体系建构的根基，这就使得劳动脱去并超越了其抽象的一般化要义而具有了哲学本体论的意义。因此，在马克思主义视域下，劳动被纳入关涉个体自我解放、自我创造、自我实现以及社会历史发展的总体性范畴。

1. 劳动是个体生活与生命面貌的显现

人的劳动是特殊的，是人区别于动物从而能成为人的根本依据。从宗教的“上帝造人说”，到科学主义达尔文的生物进化论学说，人的起源问题成为时代追问的焦点。在

---

① 冯颜利：《为何要高度重视劳动与劳动教育》，载《人民教育》，2020(1)。

② 徐光春：《马克思主义大辞典》，第 64 页，武汉，崇文书局，2018。

③ 马克思：《1844 年经济学哲学手稿》，第 52 页，北京，人民出版社，2000。

这一背景下，马克思和恩格斯提出了他们的观点——劳动创造论。

以恩格斯发表《劳动在从猿到人转变过程中的作用》为标志，“劳动创造了人本身”① 成为马克思与恩格斯劳动观的核心命题。恩格斯以“劳动是一切财富的源泉”为起点，逻辑推演出“劳动是整个人类生活的第一个基本条件”的论点。作为人类生活第一性条件的劳动促使人在劳动的生活方式中由猿类习得直立行走，发展出更为精细灵巧的手部动作，学会了制造与使用工具，从而手与脚的分工愈加专业化；与此同时，劳动生活的群体在场让人类在紧密的生产合作中自然推动了语言的产生，语言与劳动共同促进了人脑及其机体的适应性进化。由此，不得不说是“劳动创造了人本身”。② 换言之，即人的存在是在劳动中自然展开并生成的。

马克思还透过劳动过程本质属性的揭示探究了人与劳动的深刻互动。他指出：“劳动过程，就我们……把它描述成它的简单的、抽象的要素来说，是制造使用价值的有目的的活动，是为了人类的需要而对自然物的占有，是人和自然之间的物质交换的一般条件，是人类生活的永恒的自然条件。”③可见，劳动是生活取向的有用劳动，具有生活的永恒的自然条件的重要地位。

此外，尤为值得注意的是，劳动的状况还决定着人的生命面貌。“劳动生产的不仅是商品，它生产作为商品的劳动自身和工人”④，人们在劳动中表现、表达着自己的生命，他们如何劳动，他们即成为怎样的人。人的生命特质同他们的生产是统一的——既和他们生产什么一致，又和他们怎样生产一致。人们在劳动中塑造个体的生活，也显现主体性自我。

2. 劳动是个体社会化的能动改造过程

人通过劳动与自然界进行自我生存的物质交换，这种物质交换并非简单的生产劳动，而是表现在人类对外在世界的积极能动改造上。马克思哲学的“世界”与旧唯物主义实然的“自然世界”及唯心主义抽象化的“精神世界”迥然不同，它是基于人的物质生产劳动实践的对象化世界，是与人的生存切实勾连的感性世界，是人居于其中的生活世界、属人世界。总体而言，世界是人感性对象化活动后的结果与产物。⑤ 在这样的劳动造就的生活世界里，人自身作为一种自然力与自然物质相对立，并以自身劳动为依托来引发、调控和自然之间的物质交换。

在改造自然的过程中，人充分调动个体机能促使自身的自然力能够发挥最大作用、

---

① 《马克思恩格斯全集(第 20 卷)》，第 509 页，北京，人民出版社，1971。

② 王南湜：《恩格斯“劳动创造了人本身”新解——一个基于马克思主义哲学人类学的阐释》，载《马克思主义与现实》，2020(5)。

③ 《马克思恩格斯全集(第 44 卷)》，第 215 页，北京，人民出版社，2001。

④ 马克思：《1844 年经济学哲学手稿》，第 51 页，北京，人民出版社，2000。

⑤ 毛勒堂：《马克思主义劳动概念的本体论意蕴及其当代意义》，载《思想理论教育》，2020(10)。

展现最强优势，在这种与自然既对立又统一的劳动之中，人也改变着自身的自然。人们不仅使自身在自然中沉寂的潜力激活焕发，并且将这种力的活动控制在自我限定内，以人的意识及其尺度对其进行“为我”的改造，通过积极运用主体的主观能动性进行对象化的感性实践，从而创造出“人”的产品来满足自己与社会的需要。因此，“正是在改造对象世界中，人才真正地证明自己是类存在物。这种生产是人的能动的类生活。通过这种生产，自然界才表现为他的作品和他的现实。”①

综上，人在积极能动的社会化劳动实践中确证自身类的本质从而得以在生活世界中直观自身，劳动将人从自然界中提升出来作为类的本质而存在、生活和创造着。同时，在类的劳动实践中，人与人之间、人与社会之间的联系不断深化，社会关系亦不断丰富、复杂化。人通过劳动不仅自我拓展、自我开发、自我完善实现着个体的社会化，而且推动着社会关系的纵深建构，形塑了社会。

3. 劳动是社会历史的催化剂与推进器

社会并不是凭空而来又外在于人的实体，社会是人的社会，是人通过劳动构建的社会关系的总的系统。马克思、恩格斯如是说：“人们为了能够‘创造历史’，必然能够生活。但是为了生活，首先就需要衣、食、住以及其他东西。因此，第一个历史活动就是生产满足这些需要的资料，即生产物质生活本身，任何历史观的第一件事情就是必须注意上述基本事实的全部意义和全部范围，并给予应有的重视。”②

生产性劳动为社会发展创造了物质资料，而物质资料正是历史生成的第一性条件，马克思、恩格斯以“基本事实的全部意义和全部范围”来注释劳动之于历史的根本性地位与基础性作用，以致我们可以这样说，没有劳动，就没有人类历史。在此基础上，马克思宣称：“社会——不管其形式如何——是什么呢？是人们交互活动的产物。”③社会历史的逻辑在这里愈加明晰地显现了，即劳动是通过人的实践中介作用于自然从而构筑“世界图景”的。那么，整个世界历史也即无外乎是人通过人的劳动实践以及过程中人与人、人与自然的互动关系而产生的，社会历史假托人的劳动向人显现与生成。在整体性的劳动过程中，劳动者、劳动对象与劳动资料三要素相互影响、相互作用，共同推进人和人类社会的发展进程，推动社会历史的变迁与演化。

因此，以历史观视角考察劳动，人类劳动也表现为一个历史的过程，其内核具有社会性的历史色彩。在劳动形态上，人类劳动经历了从个体劳动到群体劳动的变化，又经历了从手工劳动、机器劳动到数字劳动的变化，总体表现为从简单劳动到复杂劳动的转变。在劳动的社会存在上，劳动也历经了从原始社会朴素的采集渔猎过渡到奴

---

① 马克思：《1844年经济学哲学手稿》，第58页，刘丕坤译，北京，人民出版社，2000。

② 《马克思恩格斯文集(第1卷)》，第531页，北京，人民出版社，2009。

③ 《马克思恩格斯文集(第10卷)》，第42页，北京，人民出版社，2009。

隶社会、封建社会、资本主义社会不同复杂程度的剥削劳动，及至向共产主义社会自由劳动的飞跃。生产力决定生产关系，经济基础决定上层建筑是社会矛盾的核心指向，生产资料的所有制基础决定着劳动者生产关系的对立对抗，进而推及社会关系，深刻影响着社会发展及其历史进程。

恩格斯展望，在未来的理想社会里，生产劳动能给每一个人提供全面发展和表现自己全部能力(包括体能与智能)的机会，如此，劳动不再是奴役人的手段，而成了解放人、发展人、完善人的途径，劳动亦能从一种负担变成一种快乐。① 劳动的社会历史性将时代使命赋予了劳动，因此，新时代劳动也具有“新”的特性。

(三)新时代劳动的特点

党的十九大报告指出，党的十八大以来取得的成就是全方位的、开创性的，变革是深层次的、根本性的。随着中国特色社会主义进入新时代，社会主要矛盾的转化尤为突出，即从“人民日益增长的物质文化需要同落后的社会生产之间的矛盾”过渡至“人民日益增长的美好生活需要和不平衡不充分的发展之间的矛盾”。社会主要矛盾的改变深刻映射出新时代的发展特征，立足于我国新发展环境、新发展条件、新发展理念的五维内涵——创新、协调、绿色、开放、共享凸显出时代的命运关切，对新时代经济建设、政治建设、文化建设、社会建设和生态文明建设“五位一体”的中国特色社会主义发展的总体布局发挥关键性的引领作用，对实现社会发展的决定性质料——劳动实践——产生深远的变革性影响。

具体而言，新时代科技迅猛发展，全球化、信息化与智能化成为时代新特征，劳动实践正在随之发生着又隐又显的滔天巨变，唯有聚焦劳动的“新”特点，我们才能全方位认识社会历史进程中发展的劳动。中国社会科学院“劳动价值论”课题组于 2002 年既已提出：“科技革命特别是信息技术的发展，使劳动的形态发生了重大变化：出现了现代的科技劳动、管理劳动和服务劳动。”②新时代劳动形态的特点集中表现于科技劳动的智能化、管理劳动的复合化和服务劳动的多元化。

1. 科技劳动的智能化

科技劳动是一种推动和实现科技重大质的飞跃的劳动，是具有科学知识高积累和高创造性能力的科技人才进行的生产性劳动，是具有高度创造性的复杂劳动，是创造价值的巨大源泉。③ 随着信息化、人工智能化时代的到来，科技劳动在劳动生产过程中扮演的角色将更加关键，且随着科学技术不断向更高形态发展，社会发展对科技劳动

---

① 徐光春：《马克思主义大辞典》，第 65 页，武汉，崇文书局，2018。

② 中国社会科学院“劳动价值论”课题组：《如何深化和发展马克思劳动价值理论》，载《中国社会科学院研究生院学报》，2002(4)。

③ 门亚杰：《科学技术是第一生产力——也论科技劳动创造价值》，载《生产力研究》，2006(1)。

智能化的需求将愈加强烈。

科技劳动智能化倾向的主要驱动力为科技与劳动的对立，且科技与劳动的对立在不同的科技水平发展条件下有着不同的表现形式。在不同的发展条件下，科技与劳动的对立促使着科技劳动向着更高形态发展。起初，机器是科技的主要载体，科技与劳动的对立最初也就表现为机器与体力劳动的对立，机器逐步替代体力劳动。而随着人类社会科技水平的进一步发展，科技对劳动的影响也在加深，其对立的表现形式也在改变，亦遵循着由简单代替到复杂代替的规律，由最初的科技替代体力劳动向着科技替代简单脑力劳动发展。随着人工智能时代的到来，科技对劳动的影响将会更加深入，人类的劳动也将向着智能化的方向发展，科技与劳动的对立正在不断地驱使着科技劳动向着更具创造性、更具智能性的形态演进。

2. 管理劳动的复合化

在生产力水平不高、生产规模较小、生产过程较为简单的劳动生产时期，劳动过程无需专门的人员进行管理，但随着生产力水平的提高、生产规模的扩大、生产过程的复杂化，劳动过程对于管理劳动的需求也日益增加。由于现代社会中的各种资源处于离散状态，离散型的资源只具有"潜在价值"，管理劳动的作用就是通过整合功能使各类资源形成恰当的生产搭配或营运架构，从而"激活"其"潜在价值"。[①] 在信息化、经济全球化、智能化的时代背景下，社会中的资源类型更加多样化，其生产搭配或运营架构也更加复杂化，不仅对管理劳动提出了更加严峻的挑战，而且深刻改变着管理劳动的内容、形式、空间等要素。

伴随着我国以更加开放的姿态面对世界，生产要素在全球范围内调配，产业链的世界性在延伸，管理劳动也在发生着系统性的变革。随着产业结构的不断复杂化，管理劳动的对象从直接管理劳动者的生产过程到间接性管理，管理劳动的层级也在不断深化。随着人工智能时代的来临，管理劳动的内容也从"人"转向"人工智能"，管理形式也从传统的物质空间管理转向网络空间管理，网络连接了世界的同时，也为管理劳动的空间性拓展提供了渠道，使得跨国性管理变得更加便捷、管理对象更加丰富。

3. 服务劳动的多元化

传统生产劳动使得社会物质财富极大丰富，人类的基本生存性需求得到了较大程度的满足，同时随着社会物质财富的不断积累，人类种群的需求层次也在不断提高，精神性需求占领了人类种群需求的主导地位，服务劳动的比重明显上升。在发达国家的国内生产总值(GDP)中，服务业的比重已经超越了工农业的比重，服务劳动创造的价值超过了工农业劳动创造的价值。随着社会的进一步发展，服务劳动的比重仍将继续提高。

---

① 李桂君：《论管理劳动的时代特征》，载《理论与改革》，2002(6)。

除服务劳动的比重不断提高外，服务劳动的表现形式也更加多元化。在马克思生活的时代，服务劳动主要表现为“与收入相交换”的家庭仆役式的个人服务，“与资本相交换”并能够给资本家带来剩余价值的服务劳动还微乎其微。[①] 马克思将服务劳动划分为两种：一种是“纯粹的服务”，“它不采取实物的形式，不作为物而离开服务者独立存在”[②]，“纯粹的服务”提供的使用价值不依赖于具体实物，它与活动过程具有高度一致性，随着活动的结束而消失，如演出中歌者的服务随着表演的结束而结束；另一种是“作为某些活动或劳动的结果的使用价值，体现为商品”，可以“同提供这些服务的人分开存在”[③]，如维修工人上门服务等，服务以服务成果为产品。

随着我国迈进中国特色社会主义发展的新时代，我国经济由高速增长阶段转向高质量发展阶段。在深化供给侧结构性改革进程中，扩大内需成为战略基点，激发市场主体活力成为关键性举措，我国正在加快形成以国内大循环为主体、国内国际双循环相互促进的新发展格局，努力实现更高质量、更有效率、更加公平、更可持续的发展。随着人类种群整体需求层次的上升，在人们的消费需求中服务性消费需求比例也将不断上升，并且会呈现出多种不同类型的服务性消费需求，服务劳动的劳动类型与劳动范围也将会随着需求的变化而变革。

二、劳动教育的界说

当人类开始了劳动生活，教育生活也即随之展开。劳动教育既是最初教育的重要内容，又可被视作最早的一种教育形态。劳动教育是以传授生产劳动技能、态度、情感与意志等为重要内容的教育形态，生存问题作为较长时间内人类生活的核心方面被置于社会发展与历史前进的重要地位，因此，劳动教育一直以来都可谓教育的重要内容及关键性的组成部分。关于劳动教育，东西方基于不同的时代背景、社会性质、理论研究与经验积累开展了既具鲜明个性特色，又彰显劳动本体意蕴的劳动教育实践。

(一)西方社会的劳动教育观

1. 杜威——“从做中学”的劳动教育

杜威在批判传统教育思想的基础上提出了“从做中学”这一基本教育原则。值得深究的是，杜威“做”的内容丰富多元，包括艺术创作、手工制作、技术训练和科学探究等多个方面，而“做”的空间也广泛兼顾了校内与校外的双重性。虽然杜威的行动理念

① 王晓东、黎莎：《马克思的服务劳动理论及其当代启示》，载《财贸经济》，2020(3)。
② 《马克思恩格斯文集(第8卷)》，第228页，北京，人民出版社，2009。
③ 同上书，410页。

同马克思的实践概念在内涵与价值功能方面存在着本质区别，[①] 但不言而喻，这里的“做”已具有了“劳动”的内在意蕴。需要廓清的是，杜威所提出并倡导的劳动教育并不是狭义的体力劳动，而是广义的劳动实践，即在社会实践中接受劳动教育。[②] 在杜威的观念中，教育是“经验的改造和重新组织”，是学生通过主动行动去检验一切并获得直接经验的过程，强调教育过程就是重视学生“经验”获取的过程。[③]

那么，“从做中学”语境下，劳动性质的经验行动即一种劳动教育，“从做中学”的教育原则既成为杜威倡导的劳动教育思想，又是杜威的劳动教育实践原则。在这个层面上，“从做中学”也就是“从活动中学”“从经验中学”“从实践中学”。[④] 杜威“从做中学”的劳动教育观是以活动为中心，以劳教结合为主要形式培养人的教育。具体而言，“从做中学”打通了学校与社会的交往壁垒，将校内知识原理的习得与校外的社会劳动实践充分联通，不仅让学生走出沉闷的校园，走出晦涩的抽象化知识学习，而且引领学生在充满生趣的劳动活动中去行动、去寻找知识应用的途径与意义，这种教育教学活动极大地提高了学生学习与实践的积极性，促进学生通过自身的劳动自主生长与发展。

引人深思的是，杜威指明：“生产性行动本质上是有创造性的……它有其自身的内在价值。”[⑤]该句深刻阐释了劳动是生产与审美相结合的完整经验形成的过程，完满的劳动经验本身具有令人愉悦的情感性质。[⑥] 劳动实践的教育阐释为普职教育融合、项目式教学实践提供了思想基料。

2. 凯兴斯泰纳——劳作学校的劳育实践

有“德国杜威”之称的著名教育改革家凯兴斯泰纳，针对德国传统国民学校只重视个体知识教化的问题，在1905年提出“劳作学校”的教育改革计划，主张把以往传统的书本学校改为劳作学校，劳作学校运动在德国发展起来。

劳作学校作为德国传统学校教育的革新版本，其劳动教育内容主要包括三大版块，其一，培养儿童从事劳动的兴趣、能力与习惯；其二，树立正确的职业伦理和国家观念；其三，具备参与、胜任所属团体中共同劳作的能力。[⑦] 立足于劳作学校的劳育内容，可以发现其核心价值着眼于“劳作”的劳动教育，据此将价值理念与培养目标定位为促进学生“精神的发展，道德的适应力和工作本领”“旨在培养一批既有文化，掌握职业劳动技能，又拥有强烈社会责任感、驯服听话的劳动者”。[⑧] 可见劳作学校有效地将

---

① 蒋晓东、龙佳解：《马克思“实践”概念与杜威“行动”概念之比较》，载《马克思主义与现实》，2011(2)。

② 刁叔钧：《杜威教育思想中的合作教育观浅析》，载《教育理论与实践》，2012(16)。

③ 杜威：《民主主义与教育》，第23、68页，王承绪译，北京，人民教育出版社，1990。

④ 单中惠：《“从做中学”新论》，载《华东师范大学学报(教育科学版)》，2002(3)。

⑤ 杜威：《杜威全集》中期著作第十四卷，第164页，罗跃军译，上海，华东师范大学出版社，2012。

⑥ 郝晓红：《从杜威看生产与审美的结合》，载《学术交流》，2017(10)。

⑦ 彭正梅：《德国教育学概观》，第118页，北京，北京大学出版社，2011。

⑧ 凯兴斯泰纳：《工作学校要义》，第94页，刘钧译，北京，商务印书馆，1935。

劳动职业技能培训和公民精神的道德教化合二为一，将二者统整渗透于劳作的全过程。

基于劳作学校上述的建设理念，公立学校必然需要承担此三项主要的劳育落实任务：首先，提供职业教育或职业准备的任务；其次，科学调控职业教育的伦理化任务，劳动的伦理化意味着劳动共同体中的意义寻求问题；最后，正确处理人们从事职业所行使的团体伦理化的任务，即个体通过自身的职业劳动创造并实现个性价值，以为国家内部道德社会的理想化发展贡献个人力量。① 劳作学校的教育实践表明：培养具有劳动技能、职业责任感和社会责任感的公民才是劳动教育的宗旨与归宿。

凯兴斯泰纳劳作学校的劳育实践贯通实现了劳动教育的普通教化、社会教化和国家教化三位一体的功能设定。② 劳作学校的成功实践在价值理念、任务定位、功能实现、内容设计、目标制定、组织实施等多个方面为当代劳育实践做出范例。

(二)马克思主义的劳动教育观

1. 苏霍姆林斯基——广泛的劳动与劳动的自我教育

苏霍姆林斯基是社会主义社会劳动教育观的核心提出者与完善者，劳动与劳动教育在苏霍姆林斯基的整个教育理论体系中亦占有极其重要的地位。他指出：“离开劳动，不可能有真正的教育。”③足见劳动与教育在苏霍姆林斯基的话语体系中具有天然的价值与功能耦合性，劳动教育是促进个体全面和谐发展的有机组成和必由之路。

我们可从苏霍姆林斯基对劳动内涵的诠释中看出他的劳动教育理念体系的概貌，“‘劳动’一词应当包含比我们通常所理解的更为深刻的含义：劳动，不仅是人与自然的相互作用和在此基础上对周围世界的认识，而且也是人对自身的认识。学生的任何一项劳动，应该不仅是物质价值的创造，而且也是自身价值的创造，后者是建立在由于意识到自己精神上的提高、意识到自己的创造和技能而深感精神上的满足这个基础之上的。我们常说的对劳动的自然需要，就应当首先出于精神上对自我完善和自我教育的需要。教育者的任务是，让人在造福于社会的劳动中得到精神上的满足，让劳动给他带来真正的个人幸福。”④

苏霍姆林斯基所指的劳动是广泛意义上的劳动，它既包括体力劳动与脑力劳动，也包含日常工作与活动。他主张，在工厂、农田干活是劳动，学习是劳动，教育也是一种艰巨的劳动，乃至于上班工作也是劳动，儿童学会把汤勺从碟子送到嘴里也是在

---

① Schorer F. *Berufliche Bildung — Menschenbildung gestern und heute. Aktuelle Losungsversuche bei Pestalozzi und Kerschensteiner*, Bern: Peter Lang, 1986, p. 22.

② 任平、贺阳：《从“劳作学校”到“普职融合”：德国劳动教育课程建设的价值嬗变、特征与启示》，载《全球教育展望》，2020(10)。

③ 苏霍姆林斯基：《少年的教育和自我教育》，第 62 页，姜励群、吴福生译，北京，北京出版社，1984。

④ 苏霍姆林斯基：《苏霍姆林斯基选集》(五卷本)，第 4 卷，第 78 页，蔡汀、王义高、祖晶，北京，教育科学出版社，2001。

劳动……在此基础上，劳动教育是通过自我价值创造的自我教育过程。个体参与劳动不仅认识与改造着客观世界，而且还愈加深入地认知自我、改造自我。因此，学校的劳动教育要在体力上、智力上和心理上为学生全生命性的劳动做好准备，培养学生的劳动本领与智慧，发展学生对劳动的科学认知，陶冶学生劳动的道德情操，让学生能够自由自觉地投入劳动，甚至于体力劳动也能够成为学生乐趣与精神享受的来源，成为学生不可缺少的生活日常与公民责任。

2. 蔡元培——五育并举下的“劳工神圣”

我国著名教育家蔡元培立于时代、社会大变革的世纪新旧交点，基于当时的国情实际发出了我国社会主义社会劳动教育的先声。在临时政府成立之初百废待兴的历史境遇中，蔡元培《对于新教育之意见》(后改题为《对于教育方针之意见》)一文的发布清晰标识出新纪元教育发展的航向与其行动准则——“五育并举”。[①]

理性审视，蔡元培“五育并举”教育思想是新时代德智体美劳全面发展教育的历史方案与早期雏形。其中，实利主义教育以杜威实用主义思想为理论基础，主张“以人民生计为普通教育之中坚”，不仅在战略上将教育与国民经济生活紧密相连，还在教学中深化了学校的知识教学与社会实践的融合，在培养目标上着眼于提高学生运用知识及实操的能力，推进了职业技能培训，从而使教育发挥出增强国家经济实力和改善人民生活水平的作用。[②] 足见实利主义教育本质即可认定为指向于“生计”的劳动教育。“实利主义之教育，故亦当务之急者也”[③]的呼号更明证了彼时劳动教育于时代的关键地位与重要影响。

1918年，华工赴法“以工代兵”使我国成为第一次世界大战战胜国，诱发了蔡元培天安门《劳工神圣》演说的举行。其后，“劳工神圣”思潮引发了我国近代劳动观念的革新并有效提升了工人阶级的合理地位。蔡元培的“劳工”是“泛劳动主义”的劳工：“我说的劳工，不但是金工、木工等等，凡用自己的劳力作成有益他人的事业，不管他用的是体力，是脑力，都是劳工。所以农是种植的工，商是转运的工，学校职员、著述家、发明家，是教育的工，我们都是劳工。我们要自己认识劳工的价值。劳工神圣!”[④]蔡元培明确强调，劳力者与劳心者均为各尽所能、地位平等之“劳工”，而是否“劳工”，与其职业的劳心、劳力无关，勤劳尚俭和公共关怀才是关键。“劳工神圣”命题内蕴着蔡元培一以贯之的“完全人格”的公民教育理念。[⑤] 这一理念指明了彼时劳动教育的价值

---

① 汤广全：《自由与和谐——蔡元培“五育并举”观研究》，载《教育学术月刊》，2009(1)。

② 樊凯：《简论民国初年教育宗旨的嬗变——由“五育并举”到“四育并提”》，载《河北师范大学学报(教育科学版)》，2011(9)。

③ 中国蔡元培研究会：《蔡元培全集》(第二卷)，第10页，杭州，浙江教育出版社，1997。

④ 高平叔：《蔡元培年谱长编》(第二卷)，第137页，北京，人民教育出版社，1998。

⑤ 马学军：《自食其力与合群互助：蔡元培“劳工神圣”思想释义》，载《社会学研究》，2020(3)。

所在。

3. 陶行知——“在劳力上劳心”的劳育观念

在中国现代教育史上，陶行知是最早提出教育与生活劳动相结合的教育家，在他系统的生活教育理论中，坚持教育与生产劳动相结合是他劳动教育观的鲜明体现，“在劳力上劳心”则是他劳动教育观的核心特征。

陶行知依其所处的时代背景批判地指出，传统的旧式教育严重脱离人的发展实际，导致社会制度下劳心与劳力的“分家”。专门劳心的人，或成为高等游民，愚昧无知，或成为书呆子式的寄生虫；专门劳力者则埋头干活，受人制裁。这一境况下，陶行知提出，唯有“在劳力上劳心”的劳动才能根治社会顽疾，“在劳力上劳心”的劳育才是“真正的做”的劳育。① 陶行知话语体系中的“做”可主要概括为“生活即教育”“社会即学校”“教学做合一”，可见生活与社会都是陶行知“做”的广阔场域。陶行知进一步明确界定了“做”的内涵：“在劳力上劳心，单纯的劳力，只是蛮干，不能算做；单纯的劳心，只是空想，也不能算做，真正的做只是在劳力上劳心。”②因此，劳动应是“劳力”与“劳心”合一“真正的做”的劳动，“在劳力上劳心”的劳育才是能促使学生手脑结合、行知一体、身心融合的真正的劳动教育。

“在劳力上劳心”的劳育观念柔化了劳力与劳心的对抗，在明确二者界限的基础上强调用心治力，以广泛的社会、生活中的具体实际的“做”为中心来培养“在劳力上劳心”的体脑劳动者。陶行知的劳育主张加强了理论与实际的联系，加深了教育与生活劳动、社会生活的联系，促进了学生智力、体力的和谐发展。③

(三)新时代我国劳动教育观

1. 劳动教育的内涵及本质

2020 年 7 月，教育部印发了《大中小学劳动教育指导纲要(试行)》，对劳动教育的性质、目标和基本内容等进行了系统性论述。其中指出：“劳动是创造物质财富和精神财富的过程，是人类特有的基本社会实践活动。”劳动教育作为一种教育与劳动的统一活动，是发挥劳动的育人功能，对学生进行热爱劳动、热爱劳动人民的教育活动。

劳动教育是增强人体力、体质及创造力的教育活动。在农业文明和工业文明时期，劳动更多地体现为手工劳动，是一种劳力的体验。马克思把劳动看作人以自身的活动来引起、调整和控制人和自然之间的物质变换的过程，即从体力劳动来研究劳动教育。

---

① 孙大君：《手脑结合与人的教育——陶行知、苏霍姆林斯基教育思想研究》，第 103 页，南京，东南大学出版社，2018。

② 江苏省陶行知思想研究会、南京晓庄师范陶行知研究室：《陶行知文集》，第 224 页，南京，江苏教育出版社，1991。

③ 周洪宇：《陶行知生活教育学说》，第 211 页，武汉，湖北教育出版社，2011。

然而，在知识和信息时代，劳动除了体现为手工劳动，还体现为思想的创新性实践，即习总书记所说的“创造性劳动”。① 因此，中小学的劳动教育应是将学生学习知识与劳动相结合的教育。

劳动教育应重视培养人的劳动素养。教育方针中所提的德智体美劳都是素养概念。不论是学校专门的劳动教育课程或劳动融合教育如学科教学、实地调查、各种综合实践课的实践活动等，还是家校的日常卫生打扫、环境布置、劳动锻炼，都是培养人劳动素养的途径，都能够促进学生劳动素养的综合提升与发展，都应得到重视。

劳动教育应具有丰富性、层次性与系统性。一方面，开展劳动教育的途径是多方面的，是丰富的。如在《大中小学劳动教育指导纲要（试行）》中指出，实施劳动教育除系统的文化知识学习外，重点还在于有目的、有计划地组织学生参加日常生活劳动、生产劳动和服务型劳动，让学生动手实践、出力流汗，接受锻炼、磨炼意志，培养学生正确的劳动价值观和良好劳动品质。另一方面，各级各类学校开展的劳动教育应是连贯的、衔接一致的，致力于建构一种融贯完整、横纵衔接的劳动教育体系。

2. 劳动教育的特征

劳动教育具有鲜明的思想性。劳动教育是新时代党对教育的新要求，是中国特色社会主义教育制度的重要内容。开展劳动教育，必须将马克思主义劳动观贯彻始终，强调劳动是一切财富、价值的源泉，劳动者是国家的主人，一切劳动和劳动者都应该得到鼓励和尊重；倡导通过诚实劳动创造美好生活、实现人生梦想，反对一切不劳而获、崇尚暴富、贪图享乐的错误思想。

劳动教育具有突出的社会性。开展劳动教育必须加强学校教育与社会生活、生产实践的直接联系，发挥劳动在个人与社会之间的纽带作用，引导学生认识社会，增强社会责任感；同时注重让学生学会分工合作，体会社会主义社会平等、和谐的新型劳动关系。

劳动教育具有显著的实践性。劳动教育必须面向真实的生活世界和职业世界，引导学生以动手实践为主要方式，在认识世界的基础上，获得有积极意义的价值体验，学会建设世界、塑造自己，实现树德、增智、强体、育美的目的。②

---

① 应良明：《劳动教育在小学阶段实施的新挑战及路径探索》，载《华夏教师》，2020(10)。

② 中华人民共和国教育部：《教育部关于印发〈大中小学劳动教育指导纲要（试行）〉的通知》，见中华人民共和国教育部官网，2020年7月9日。

第二节 小学劳动教育的内涵与维度

在我国教育的顶层设计中，不同阶段的劳动教育具有不同的内涵与维度。小学劳动教育有其特殊性，在小学阶段实施劳动教育必须清楚把握小学劳动教育的内涵与维度，认识小学劳动教育的轮廓。深刻把握小学劳动教育的特殊定义、价值与维度，对教育者的劳动教育实施具有基础性的指导作用。

一、小学劳动教育的内涵

(一)小学劳动教育的定义

小学劳动教育是小学教育阶段实施的劳动教育的总称。

在属性方面，小学劳动教育因其在九年义务教育中所处的特定的阶段属性及其教育对象即小学生身心发展的年龄限制而具有了区别于其他阶段劳动教育的内在规定性，它是正规制度化学校劳动教育的起点，是我国学校劳动教育的奠基性阶段，是我国劳动教育的重要组成部分。

在功能方面，小学劳动教育是实现小学生德智体美劳全面发展的重要途径，也是弥合、统整小学德育、智育、体育、美育的重要手段与方法，是全面贯彻党的教育方针的基本要求，培养新时代社会主义建设者和接班人的必由之路。

在培养目标方面，小学劳动教育旨在通过内容丰富、形式多样、个性特色、符合小学生趣味的劳动实践，塑造小学生正确的劳动价值观与劳动态度，培养小学生辛勤的劳动习惯与劳动行为，涵养小学生自主的劳动意志与劳动兴趣，进而在学生的人生初值期、在教育的奠基期培育小学生基本的劳动素养。具体来说，即内化小学生的劳动意识、劳动本能，增强小学生的劳动本领，深化小学生的劳动情感，启发小学生发现并拓展自己的劳动兴趣，鼓励小学生过一种愉快、诚实、富有创造性趣味的劳动生活。

(二)小学劳动教育的价值

小学劳动教育作为小学教育的重要组成部分，其内在包含个体、学校、社会三方面的价值诉求，小学劳动教育既是小学生个体接受的劳动教育，又是以小学为主导开展并实施的劳动教育，还是为了社会而进行的基础性劳动教育。因此，小学劳动教育需立足三者的价值需求，以价值为中心不断调整、转换，推进小学劳动教育的内涵建设、发展与完善。

1. 个体价值：引领学生全面发展

(1)劳以树德。

劳动不仅是人类获取生存资料的基本途径，更是人类提升道德修养、迈向全面发展的关键所在。道德的发展离不开人类的劳动实践过程，道德来源于人类的劳动过程，也发展于人类的劳动过程。“立德树人”是教育的根本任务，即德是人之发展的根本，德育的发展是全面发展过程中的基点，而劳动教育又是德育的重要途径。劳动教育之所以能够帮助学生树德，是因为劳动具有成事成人的价值意蕴，对于小学生来说尤为重要。一方面，劳动可以帮助小学生成事，养成自食其力的生活习惯和人生态度，以更好地与他人相处；另一方面，劳动可以帮助小学生成人，小学生通过劳动认识自己、改造自己，通过劳动过程形成以劳为核心的人生价值观，懂得珍惜他人劳动成果，懂得“劳动创造美好生活”的人生真谛，为终身发展打下坚实的基础。

(2)劳以增智。

小学生处于人生智力开发的关键阶段，劳动教育可以帮助小学生开启与提升智识。劳动过程是手脑并用的过程，劳动教育能够引导小学生在劳动中手脑合作，进而实现高阶思维与能力的培育。劳动教育就是贯彻“真正的做”，以至知行合一的过程，如此就必然要求学生全身心地、具身化地投入劳动实践，也即必然要求手与脑的高度合作与配合。纯粹的或机械的体力劳动，即只用到“手”的劳动并不能起到劳动教育的实际效用，而只徒有“劳动”其表，是“形式化”的劳育。唯有那些将学生手脑结合的劳动，促使学生手脑达成高度关联与互动的劳动，才是劳动教育的真正内容与科学的组织形式。手脑结合的劳动实践促使学生学会如何运用自己的智识来思考问题、如何应用自己的手来执行操作，学会让自己的手与头脑都充分运转而实现两者效用，学会利用并开发自己的手与脑去发现问题、探究方法并解决问题。

(3)劳以强体。

“劳以强体”意味着小学生通过劳动过程不仅能够获得身体素质的增强，还能够获得心理素质的增强，促进身体与心理的双重健康发展。劳动过程是一个身心耦合的过程，身体与心灵在人的劳动过程中得到了完美的交汇，无论是身体的“离场”抑或是心灵的“离场”皆不能使得劳动过程发挥其真正的价值。在这种身心耦合的劳动过程中，学生不仅能够获得身体素质方面的发展，锻炼筋骨，又能够获得心理方面的发展，锻炼自主性和意志力，以至破除了以往知识教育的身心“二元”分离。当前，小学生所广泛面临的视力问题及其他身体健康问题越来越引起社会的关注，而劳动教育则是改善小学生健康问题的重要抓手。同时，信息化社会的快速发展使得小学生在电子产品的过度使用中被良莠不齐的网络信息所包围，身心健康问题皆面临巨大的挑战，而面向真实生活世界的劳动教育则为学生身心健康的改善提供了可能路径。

(4)劳以立美。

劳动教育能够帮助小学生提升感受美、发现美、欣赏美、创造美的能力。审美经验是审美能力得以发展的基础，而审美经验来源于人类最基本的劳动过程，没有劳动就没有审美经验，或者说劳动过程本身就是一个美的过程。首先，小学生在劳动中可以感受劳动主体之美，即"人之美"，劳动过程是一个同伴合作的过程，在合作过程中，学生能够获得人与人之间基本的信任感，体验人与人之间的共情；其次，小学生在劳动中可以感受劳动过程之美，即技艺之美，学生在劳动过程中，需要通过优化问题解决方案，在精益求精中索求极致，从而体验到富含美感的工匠精神和技术美学；最后，学生在劳动中可以感受劳动成果之美，即自己成就的美，在达成预期的劳动结果后，学生能够体验到与知识学习不一样的成就感，感受自我之美。总之，在全身心投入劳动之时，学生能够获得身心愉悦的内在体验，这些内在身心体验构成了发展审美能力最基本的审美经验。

2. 学校价值：回归学校育人本位

(1)小学劳动教育是学校立德树人的本质践行。

党的十八大报告明确指出，教育的根本任务是立德树人。在立德树人语境下，教育作为培养人的社会活动这一本质属性愈加明晰与深刻，因此，"培养什么人"的问题随之上升为教育的"首要问题"。劳动教育则为学校贯彻落实立德树人指明了劳动的实践方向。苏霍姆林斯基指出，劳动不但是一个传授知识和技能的问题，更重要是思想教育的问题，劳动是学生道德面貌形成的必经过程。① 换言之，人必须通过劳动才可成为一个有道德的人，劳动实践既是立德的必要手段，又是树人的决定性过程。首先，学生通过劳动投入不但觉察到自己的力量，还发展着这种力量，这种力量既包括物质生产力量，又包括精神生产力量，它指引着学生朝着"完满的人"的向度发展；其次，劳动投入又意味着劳动合作及其劳动关系的建立，学生在劳动群体中学习人际交往的技能，初步掌握群体间的交往法则与规范，并塑造着自己的"社会性"角色，建构着自己的同伴共同体，也在制定着这一劳动共同体的内在规则；最后，劳动投入内化着劳动素养、意志、情感与态度。劳动实践的渐次深入引领着学生从知劳动到会劳动，从会劳动到坚持做劳动，从坚持做劳动到勤奋懂劳动，及至从勤奋懂劳动再到时时爱劳动。通过劳动教育，学生内在树立起了"爱劳动"的德性面貌，慢慢成长为一个"能劳动"的"全"人。

---

① 苏霍姆林斯基：《苏霍姆林斯基论劳动教育》，第7页，萧勇、杜殿坤译，北京，教育科学出版社，2019。

(2)小学劳动教育是学校五育并举的综合路径。

2019年，《中共中央国务院关于深化教育教学改革全面提高义务教育质量的意见》提出，新时代素质教育的落实必须坚持五育并举。尤为醒目的是，加强劳动教育赫然在列，足见，劳动教育回应了教育如何培养人的时代任务。进入新时代，劳动教育正式成为学校全面育人体系的重要组成部分，这一转变不仅证明了劳动教育是学校的基础性教育，还凸显出劳动教育综合育人的协同功能，即劳动教育具有促进学生德智体美协同发展的教育特质。劳动教育统整其他四育，学校应充分发挥劳动教育的协同育人价值，综合性地促成“以劳树德，以劳增智，以劳强体，以劳育美”，让劳动教育真正发挥实践育人的综合阵地作用。劳动教育作为德智体美劳五育融合的综合场域和实践路径，这一综合定位要求劳动教育必须兼顾并承载德智体美四育的内在价值意蕴，以让劳动教育渗透、融通、贯彻德智体美，进而实现学校教育的五育并举，深化落实新时代素质教育，建构新时代的学校教育综合育人新图景。

(3)小学劳动教育是优化学校人才培养的重要举措。

2018年的全国教育大会对学校育人目标做出了明确指示：“培养德智体美劳全面发展的社会主义建设者和接班人。”教育方针的表述揭示了国家人才培养的质量规格及其要求，“劳”字在国家教育方针中的嵌入昭示着学校“为谁培养人”的人才培养任务的廓清，即从国家战略的高度对学校育人工作提出了“劳动教育”的人才培养方案与部署。基于此，小学劳动教育的规范开展与深化实施是小学人才培养系统化建设的重要实践举措，是我国人才培养体系化建设的重要奠基阶段。在过去较长一段时间内，小学的劳动教育仍处在缺位状态，劳动的育人及“全人”作用被忽视，学校人才培养的重点主要集中在智育上，以致教育大多培养出“高知低能”的人。在这一情境下，小学劳动教育的开展及实施恰为学校人才培养指明了素养要求与培育方向。小学作为人才培养的后备堡垒，承担着社会主义建设者和接班人培育的基站任务，小学劳动教育在小学人才培养过程中发挥着关键的育人作用。

3. 社会价值：成就社会人才培育

(1)小学劳动教育形塑社会劳动价值观念。

随着社会的变迁及文化传统与观念等方面的综合影响，人们关于劳动和劳动价值的观念出现了动摇和偏误，劳动教育在社会中被边缘化甚至淡漠化。其中最可佐证的便是当下儿童劳动能力低下，未能形成良好的劳动习惯，既不热爱劳动、劳动者，也不珍惜劳动成果。儿童不仅是一个个家庭的侧影，还是社会现实的投射，儿童劳动生活的缺失及其不作为的表现显示了社会劳动价值观念的错位与失范，反映了社会大环境中劳动本源价值的失落，并由此引发的人们劳动价值体系的工具性倾向，亦即劳动矮化为谋生的手段，成为避之不及“鼠疫”般的低下苦役。① 改造扭曲的社会劳动价值观念，让“劳动”完整而生动地呈现在儿童心目中、头脑里是时代赋予了小学劳动教育的社会性使命与教育重任。小学阶段是世界观、价值观、人生观塑造的重要奠基期，也是学生涵养并形塑自身劳动价值观的主要关键期，劳动教育正大有可为，更正当其时。通过系统的小学劳动教育的开展，促使学生心中种下“劳动之种”，全面认识并领会劳动的价值所在、意义所在，将儿童的劳动观念培植推及家庭的劳动观念改造，再到社会劳动风尚的推进。

(2)小学劳动教育培育社会劳动后备人才。

教育是凭经验传递延续社会生活的手段，是人社会化的过程。② 劳动生活是社会生活极其重要的一个方面，而每个人也都是劳动者，必须参与这种社会性的劳动生活。小学劳动教育作为劳动渗透小学教育的融合体，它对培养学生参与劳动生活并由此成为合格的社会劳动人才具有内在的规定性与外在的必然性，它是一种具有特定社会劳动教育功能的教育形式，它承担着为社会培养合格的劳动后备军的教育任务。小学劳动教育通过劳动教育的系统设计与阶段实施为培育社会劳动后备人才服务，这是小学劳动教育社会目标的具体指向。小学劳动教育中劳动兴趣、劳动知识、劳动技能、劳动态度及劳动观念等各类元素的整合、融通与渗透共同推进着这一目标的实现，引领学生在劳动教育中科学养成劳动素养并形成相应的劳动习惯，在此基础上自主生发初步的劳动兴趣，激活个体的劳动志向。值得关注的是，小学劳动教育是开展职业体验从而推进小学阶段职业生涯启蒙与规划的关键阵地与实践空间。职业作为一种特殊而又特定的劳动生活，让学生通过职业体验来感知劳动、生成劳动经验、进而内化劳动意志与情感是小学劳动教育的必要举措与必然路径。与此同时，职业又是学生走向社会的角色认证，在职业角色的体验中增强社会性的劳动意识与劳动素养是教育社会化功能的内在之义。

二、小学劳动教育的维度

基于教育部《大中小学劳动教育指导纲要(试行)》的相关内容，在中观层面考察小学劳动教育的内在维度可依纵向与横向进行组织与内容两大维度的划分。在组织维度，小学劳动教育因其教育对象的年龄特征及身心发展的阶段性规律而内在规定这一时期的劳动教育必须依据学生的纵向学段进行系统的组织与设计。在内容维度，小学劳动

① 马克思：《1844年经济学哲学手稿》，第47页，中共中央马克思恩格斯列宁斯大林著作编译局译，北京，人民出版社，2000。

② 钟启泉：《现代课程论(新版)》，第339页，上海，上海教育出版社，2015。

教育横向应包括日常生活劳动、简单生产劳动和初步的社会性服务劳动三个模块与类型，三类劳动将家庭、学校、社会紧密联系起来，共同服务于劳动综合育人作用的最大化与最优化。

(一)组织维度：小学劳动教育的纵向开展

1. 低学段

低学段涵盖小学一至二年级。一至二年级的学生刚经历幼小衔接，处于正在适应小学正规化学习生活的状态之中。幼儿园的学习以活动课程为主，偏重儿童的游戏与生活教育，小学教育则以学科课程为主，注重学生的学习规范和知识教育，因此，当儿童进入小学，面对的不仅是学习环境的骤然变化，更是个体思维的重大转换。鉴于学生这一学段的适应性状态，低学段劳动教育应充分把握学生的家庭与班级集体生活两大核心场域，从学生的思维与行动两方面着手组织低学段学生的劳动教育。幼儿园阶段，儿童初步掌握了独立的生活技巧，对劳动有了初步体验，并形成了初步的印象观念，儿童已有的生活性的劳动经验决定着小学低学段劳动教育必须以学生个人生活起居为原点，在生活中开展低学段劳动教育。

家庭与班集体是低学段学生生活活动发生与开展的主要场所，因此，低学段劳动教育要充分挖掘并开发家庭与班集体环境中的劳动要素，如家庭日常生活中的家务清扫、物品整理、家庭装饰等，再如班集体日常生活中的教室卫生、班级值日、班级美化等。渗透在日常生活中的劳动教育为低学段学生营造着丰盈的劳动教育环境，在这种亲和的劳动环境中，低学段学生易于找到自己的劳动定位与角色担当，并在生活劳动教育的过程中逐渐知晓、内化“人人都要劳动”的劳动常识与观念，初步涵养劳动意识和劳动安全意识，在力所能及的生活劳动中感知、发展自己的劳动乐趣，懂得爱惜劳动成果。

2. 中、高学段

中、高学段包括小学三至六年级。三至六年级的学生已经适应了小学环境与小学教育的整体节奏，明确了小学教育的学习规范与系列准则，他们能够以更为主动、积极的状态与角色身份投入劳动实践，因此，中、高学段学生的劳动实践的活动范围及其组织较之低学段必须有一个跨越式拓展，学生家庭的劳动生活变作一种日常的背景性劳动，而学校劳动则成为学生关键的活动中心，社会性劳动也逐渐成为中、高学段劳动教育的重要组成与可发展的组织方向。中、高学段的学生已经形成了一定的劳动意识并积累、掌握了一定劳动技巧与能力，学生的自我意识进一步发展，其思维也正从形象化逐步过渡，思维的抽象性不断增强。

针对这一时期学生的发展现状与客观规律，中、高学段劳动教育必须改变低学段简单的外在劳动行为模式，转向复杂、综合、能够引发学生内在变革的劳动实践组织模式，学生的劳动定位也必须由原来的劳动参与者转向劳动实践主体。根据上述中、高学段劳动教育组织模式的转向与调整，作为劳动教育主要方面的校园劳动和家庭劳动的内容与组织应走向复杂化、综合化、主体性，既让学生自主安排并自觉投入校园与家庭劳动，如家居清洁、收纳整理、校园卫生保洁、垃圾分类等，也为学生提供更多元、更广泛、更为深度的劳动体验，带领学生初步进行简单的种植、养殖、手工制作等生产劳动，引导学生走出校园、面向社区开展各式各样意义深远的劳动公益活动。中、高学段的劳动教育不仅着眼于学生的劳动感知与行为体验，而且着重于学生的劳动体会与价值体认，引领学生在劳动中逐步形成良好的劳动习惯，体会劳动光荣，尊重普通劳动者，初步养成热爱劳动、热爱生活的态度。

(二)内容维度：小学劳动教育的横向实施

1. 日常生活劳动

日常生活劳动是贯穿小学劳动教育的核心主题，是小学生劳动生活的重要展开及其体现。日常生活劳动即小学生日常生活领域的劳动活动，主要包括家庭、校园两个主要生活场景涉及的劳动内容。具体而言，在家庭日常生活中，学生可从事的劳动内容有：①完成个人物品整理、清洗，进行简单的家庭清扫和垃圾分类等，树立自己的事情自己做的意识，提高生活自理能力；②参与家居清洁、收纳整理，制作简单的家常餐等，每年学会1～2项生活技能，增强生活自理能力和勤俭节约意识，培养家庭责任感。在校园日常生活中，学生可从事的主要内容有：①参与适当的班级集体劳动，主动维护教室内外环境卫生等，培养集体荣誉感；②参加校园卫生保洁、垃圾分类处理、绿化美化等。另外，在生活拓展生活中，学生还可进行简单手工制作，照顾身边的动植物，关爱生命，热爱自然。总之，日常生活中凡是学生可以接触到的生活劳动，凡是在学生智力、体力及动手操作能力限度之内，凡是有助于学生成长的生活劳动，都应当被纳入学生生活劳动的内容范畴，学校应积极为学生搭建体验的平台与空间，给予学生尝试性参与进而转为主体性调控的机会。

2. 简单生产劳动

生产劳动是小学劳动教育的重要组成部分，是区别于日常生活劳动的具有生产性的劳动活动。生产劳动实质上指对社会生存和发展具有有益作用的劳动，① 简言之，就是于社会而言的“有用劳动”，因此，学生从事的生产劳动是一种有益于社会物质生产的“有用劳动”。需要注意和区别的是，小学劳动教育中的生产劳动是“简单”生产劳动。马克思在《资本论》中以“每个没有任何专长的普通人的机体平均具有的简单劳动力的耗

① 钱津：《生产劳动与复杂劳动研究》，载《经济纵横》，2018(5)。

费”“比较复杂的劳动只是自乘的或不如说多倍的简单劳动”①，来对简单劳动与复杂劳动进行解释与区分，在这个基础上来理解“简单生产劳动”这一复合概念可得，简单生产劳动对接的是生产劳动范畴中普通人可从事的最为简明与基础的物质生产的有用活动，是无需任何专业指导与培训即可上手的入门式生产性活动。在小学阶段可采用的简单生产劳动主要集中在第一产业，以利用自然力为主，生产不必经过深度加工就可消费的产品或原料，从而开展农业、林业种植及畜牧业养殖等简易生产活动，另外，制造业中可经由简单手工制作完成的零件与工具制作也包含在内，工艺程序简单、流程较少、精密度低的工艺品生产制作亦可设置为简单生产劳动的教育项目，如编织、泥塑、纸工等。

3. 初级社会服务劳动

社会服务劳动是小学劳动教育的拓展性劳动内容，是小学劳动教育内容的增值与补充部分。随着我国产业结构的深度调整与优化，第三产业占比不断攀升，服务业不仅成为经济发展的重要动力，而且是人民美好生活实现与发展的实际需要，服务劳动已成为新时代劳动的重要形态与关键内容，同样地，小学劳动教育也必须渗透服务劳动的相关内容，引领学生全方位地体验劳动，全领域地与新时代劳动实际接轨，从而适应时代的劳动生活，为将来能自主开展个体的劳动生活做好准备。依据学生的身心客观规律与社会化发展程度，小学阶段服务劳动的渗透应以社会公益性为根本价值取向，初步而适当地开展社会性服务劳动，以增强学生公共服务意识与社会责任感为主要目标，有选择地开展非营利性质的服务劳动，如参加社区环保、公共卫生等力所能及的公益劳动等。

第三节
小学劳动教育的特征

小学劳动教育因其实施阶段的特殊性、特定教育对象的发展规律性、教育内容的劳动导向性以及教育目标与结果的生成性等一系列开展的前提与条件，而使得小学劳动教育具有了同其他阶段劳动教育不同的显著的内在特征，主要集中表现在小学劳动教育的总体特征、内容特征与组织特征三个方面。

---

① 《马克思恩格斯全集(第23卷)》，第57～58页，北京，人民出版社，1972。

一、小学劳动教育的总体特征

(一)基础性

基础性是小学劳动教育开展的阶段定位。小学劳动教育作为义务教育初始阶段的劳动教育，具有基础教育之“基础性”的特点。基础教育的实质是以基本的知识和技能的教育为核心内容的教育，那么小学劳动教育即面向小学阶段的适龄儿童进行的普通的基本劳动知识和劳动技能教育，通过劳动教育对学生施加积极、正向的教育影响，以培养学生的基本劳动素养，促进学生身心全面和谐发展。小学生接受劳动教育，对于帮助小学生学会做人、掌握做事本领和健康生活，促进学生身心健全发展具有特别重要的基础意义。小学劳动教育的基础性集中体现对学生的早期引导性。与小学阶段的德育、智育、体育、美育的基础引导性教育一样，小学劳动教育依旧承担着教育筑基的基础性工作和铸魂性使命，是引导学生“扣好人生第一粒扣子”的教育路径；而与德育、智育、体育、美育不同的是，小学劳动教育对于学生劳动知识的感悟、劳动意识的萌发、劳动习惯的养成具有启发和开导性作用。小学劳动教育不仅对于个体一生劳动素养的培育具有基础性作用，而且对于中学、大学等阶段的劳动教育更具有奠基性作用。

(二)阶段性

阶段性是小学劳动教育开展的纵向发展规律。小学劳动教育的阶段性主要体现为劳动教育必须遵循小学生身心发展的客观规律，依照学生成长的阶段性进行统筹设计与实施，真正适应并服务于小学生的全面和谐发展。在小学，学生度过了他们人生中极为重要的发展关键期与成长转变期，这种成长与转变集中体现在学生的身心发展与学习认知规律上。身体方面，6～9 岁的学生体格发育平稳，而 10 岁以后随着青春期的到来，体格发育进入快速增长阶段，身体机能不断增强，体力与运动能力不断得到发展。与此同时，学生的大脑也继续发育，大脑内部结构和机能渐趋完善与复杂化，为学生推理、抽象与概括性高级思维的发展奠定了生理基础。心理方面，学生心理发展既具有连续性，又表现出鲜明的阶段性，是一个前后相继、在量变基础上实现质变的心理过程。认知方面，依据皮亚杰的认知发展理论推断，小学生基本已从前运算阶段过渡至具体运算阶段，正在迈向形式运算阶段，小学生以具体形象思维为主，他们的抽象概括思维处在发展阶段。因此，小学劳动教育必须遵循学生身心及其认知的阶段性发展规律来开展与实施，即依据学段进行有侧重的、前后有序承接的劳动教育，既依托学生的体脑与心智实施劳动教育，又在劳动教育中发展学生的体脑与心智思维，具体来看，低学段劳动教育主要侧重于物化的劳动内容，中、高学段劳动教育则要充分关注学生思维的可塑性并培植学生的高级思维能力。

(三)综合性

综合性是小学劳动教育开展的功能属性。就劳动教育对时代的意义而言，一方面，新时代中国特色社会主义教育的发展需要劳动教育的奠基；另一方面，劳动教育是助推五育融合的起始点和凝结点。① 就劳动教育对个体的价值而言，劳动可以“树德”“增智”“强体”“育美”。可见，劳动教育的作用是综合的，劳动育人的功能是综合的，劳动教育是“综合育人”的必由之路与关键举措。基于劳动教育综合育人的需求定位和功能定位，在实践中，劳动教育的开展也应把握综合性这一育人指向。这也是小学劳动教育必须一以贯之的核心准则与实践标准。小学劳动教育综合性的实践定位即劳动教育应注重学生劳动意识的生发与提升，注重劳动知识的了解与简要习得，注重劳动技能的初步掌握与应用，注重劳动情感的培育与劳动意志的锤炼，引导学生在劳动要素全面渗透的劳动教育中逐渐培养自己的劳动兴趣，体认并树立劳动价值与道德观念，在真切的劳动投入中愿意劳动、珍惜劳动、热爱劳动，进而起到综合育人的作用。

二、小学劳动教育的内容特征

(一)生活性

生活性是小学劳动教育内容的根本出发点与实践落脚点。“教育回归生活”是新课程改革所倡导的基本理念之一，它要求教育应以生活为本，“把生活作为本源”，强调了教育与生活之间的必要关系与密切联系，小学劳动教育的内容也应是取之于生活、用之于生活的生活化的、鲜活的、生动的教育与实践内容。同时，这也是小学劳动教育对象小学生的生活经验有限性与待发展性所决定的，在学生的认知里，劳动更多是生活场域中的劳动，而学生力所能及的劳动也大多是生活中的简单劳动。陶行知先生曾说：“教育只有通过生活才能产生作用并真正成为教育。”可见，教育本身既与生活相生相伴，又在生活中得以发展、完善而彰显教育之“真”的内涵与意蕴，教育也唯有与生活联结起来才可被称为“教育”。因此，劳动教育既要发挥劳动的效用，又要体现教育的真意，就必须回归到生活中的劳动，必须回归到学生的生活世界，必须回归到学生的生活日常和成长必需。② 这就要求小学劳动教育的内容必须回归到生活层面，以学生日常的生活经历和需要为出发点，在日常生活中开展生活性的劳动教育，进而让师

---

① 徐长发：《新时代劳动教育再发展的逻辑》，载《教育研究》，2018(11)。

② 王鹏：《小学开展劳动教育应坚持四个回归》，载《教学与管理》，2020(14)。

生主动扎根生活，自由自觉地进行劳动生活，在日常的劳动生活中提升生活力，进而促进幸福生活的可能与达成。

(二)具身性

具身性是小学劳动教育内容的内在要求与实践必然。劳动教育是关于劳动、通过劳动、在劳动中的教育，而劳动又是一种有目的、有意识、有组织的实践过程，因而劳动教育是在劳动实践进程中的教育，是在劳动实践情境创设中生成性的教育。小学劳动教育的对象，即小学生，尽管他们的身心尚在发展之中，但他们仍然是劳动过程的实践主体；小学生并不全然是被动的，而是主动的、具身性的存在，因而小学劳动教育的内容必然是为学生的主体性全面发展服务的劳动。梅洛·庞蒂提出“具身的主体性”，认为“人是活生生的、具有能动性和创造性的主体，其主体性是通过身体与世界的互动而实现的”①。因此，要让小学生真正进入劳动教育，真正成为劳动教育的实践主体，小学劳动教育内容应具备“具身性”的特质，让学生全身心地投入劳动实践，投入劳动情境，让学生通过自己的身体充分地在劳动实践中去互动，去发挥能动性，去创造性劳动。这也就要求小学劳动教育内容要为学生创设合适的劳动情境，为学生设计发展性的劳动活动，为学生提供内涵丰富的劳动体验，以引领学生具身性地进入劳动实践涵养劳动素养与品格。

(三)获得性

获得性是小学劳动教育内容的必然导向与结果强化。理性审视，劳动本身是令人肢体困乏的、劳累的，劳动消耗着个体的脑力与体力，那么何以让人愿意投入这种疲累的劳动，又如何让劳动具有吸引力，使学生产生兴趣，从而让劳动成为学生自主自觉的一种日常生活，并深化为一种义务责任呢？答案在于获得感。尤其是对于尚处在具体形象思维中的小学生而言，具体可感的劳动收获是最大、最有效的劳动的激励手段与强化物。获得性的内容特性在苏霍姆林斯基丰富而生动的劳动教育实践中被深刻证明。苏霍姆林斯基以对照组的方式观察了学生劳动教育的实施状况，发现一个班级孩子在制作归自己所有的刺绣和小匣子时爱上了这项工作，但让他们去教学实验园地和集体农庄里劳动时他们的纪律表现却极差。情况在另一个班级却截然不同。另一个班级的孩子最先为集体农庄的托儿所制作与上个班级孩子完全一样的物品，如刺绣、小匣子等，但这个班在从事教学实验园地的劳动时却表现出了高度的责任感，极好地

① 叶浩生：《西方心理学中的具身认知研究思潮》，载《华中师范大学学报(人文社会科学版)》，2011(4)。

完成了集体劳动。① 这个对比实验进一步澄清了获得性的全面意义，小学劳动教育要让学生感到获得性并以此来投入劳动，不仅在于要给予学生劳动成果的物质激励，更在于引领学生体会劳动的社会性意义与其价值，获得性是具有双重内涵的，兼具了物质性与精神性的获得感。

三、小学劳动教育的组织特征

(一)系统性

系统性是小学劳动教育组织的过程性特征，也是教育育人环节整体性的必然要求。小学劳动教育组织的系统性具有三方面的具体表现与要求：其一，系统性要求学生参与劳动的过程必须是完整的，即学生参与的是整体性的劳动过程，而并非仅仅是劳动过程中的某个操作环节，更不是某种机械性的重复操作，劳动过程的完整性意味着学生对劳动有着全程、全方位、全方面的感知、经历、体验与把握；其二，系统性要求小学劳动教育应然有一个与知识教育等同的独立的教育地位，拥有一系列完整的内部教育要素，如专门的小学劳动教育教材、专业的小学劳动教育课程、小学劳动教育大纲、小学劳动教育师资等；其三，系统性要求小学劳动教育教学与课程开发的过程应然是整体而全面的，它应当有完整的流程与程序，教育教学应包括教学设计、实施、反思等具体过程，而劳动教育课程则内含课程开发、实施及评价等环节。小学劳动教育组织的系统性是符合劳动教育独立地位与综合育人意义的，是需要通过劳动教育实践不断深化、可持续建设与推进的。

(二)协同性

协同性是对小学劳动教育组织过程中资源利用与开发的特征概括。必须明确这样一个前提：小学劳动教育并非仅仅是小学的教育任务与责任，它还是家庭教育的核心要义与重要内容，更是社会教育的使命担当及其人才培养的现实需求。因此，小学劳动教育是学校、家庭与社会三者共同致力于完成并实现的教育使命与愿景。基于上述的定位性认识，小学劳动教育的组织、开展及具体实施完全不应当受限在学校范围内，不应该被禁锢在小学校的“校墙之内”，尤其是在资源的利用与开发方面，小学劳动教育必须充分地将“走出去”与“引进来”相结合，积极争取校外资源的支持。“走出去”意味着小学劳动教育要充分开拓其实施场域，引领并鼓励小学生面向广阔的生活世界，如家庭、社区、生产企业，进行真实情境下的劳动体验与实践活动。“引进来”意味着

---

① 苏霍姆林斯基：《苏霍姆林斯基论劳动教育》，第 15 页，萧勇、杜殿坤译，北京，教育科学出版社，2019。

小学劳动教育要广泛吸纳并利用校外劳育资源来自我建设与完善，把家庭的日常生活劳动、家长的职业背景、企业的生产过程、社区的公益服务、职业院校的专业师资与课程等有利的、优质的劳动教育资源吸引、借鉴、迁移到学校的劳动教育实践中来。

（三）本土性

本土性是小学劳动教育组织的发展要求与质量保证。小学劳动教育的组织应当是灵活多样、丰富多元、具有鲜明个性化特征的，以建设成“一校一品”甚至“一校多品”的劳动教育学校品牌为目标导向与成果呈现。实际上，劳动虽然是通用的，但各个地区因其社会历史文化变迁与发展轨迹的不同而演化生产出了各具特色的劳动文化、风俗习惯、劳动工艺及技巧等劳动相关衍生物，如民间的能工巧匠，木匠鲁班、造纸的蔡伦、纺织的黄道婆，等等；又如各地独特的劳动号子，四川的《太阳出来喜洋洋》、重庆的秀山花灯调《黄杨扁担》等。此外，劳动还是区域发展的动力支撑，区域经济发展的样态很大程度上决定了该区域劳动的特定化样态，从而也产生了南北、沿海与内陆等的劳动类型的差异，因此，小学劳动教育的组织应走向特色化建设，既根植于本校的历史沿革，立足于本校的办学理念，又从区域经济发展、社会历史文化中汲取养分，凝练提纯为学校特色化的劳动教育主题，打造独具特色与匠心的劳动教育品牌，实现差异化、个性化、本土化的劳动教育品牌与校本化课程建设，让劳动教育也扎根本地土壤，让本地土壤孕生特色化的劳动教育，让特色化的劳动教育培养出具有独特个性品质与素养能力的时代新人。

本章小结

新时代，“劳”在“培养德智体美劳全面发展的社会主义建设者和接班人”教育目标中的回归，突出表明劳动教育是新时代教育立德树人根本任务实现的重要路径与关键举措，而唯有当我们澄清了劳动及劳动教育的内涵，明晰了小学劳动教育的维度，了解了小学劳动教育内容、组织等特征之后，我们才能真正把握劳动这把育人的钥匙，也才能真正发挥劳动对学生的教育影响，让小学劳动教育成为小学教育的特色旗帜与重要组成，让小学劳动教育成为立德树人的综合渠道。

章后练习

1. 请简要对比杜威与陶行知劳动教育思想的异同。
2. “小学劳动教育是身心统一的教育。”请谈谈对此的理解。

3. 在实践中，小学劳动教育的具身性主要体现在哪些方面？

4. 请阐释小学各学段的劳动教育在具体实施过程中的主要差异。

5. 请以生活性为切入点，设计一个小学劳动教育的活动。

拓展阅读

1. 马克思 . 1844 年经济学哲学手稿[M]. 北京：人民出版社，1979.

2. 孙大君 . 手脑结合与人的教育——陶行知、苏霍姆林斯基教育思想研究[M]. 南京：东南大学出版社，2018.

3. 江苏省陶行知思想研究会 . 陶行知文集[M]. 南京：江苏教育出版社，1991.

第二章

小学劳动教育的价值

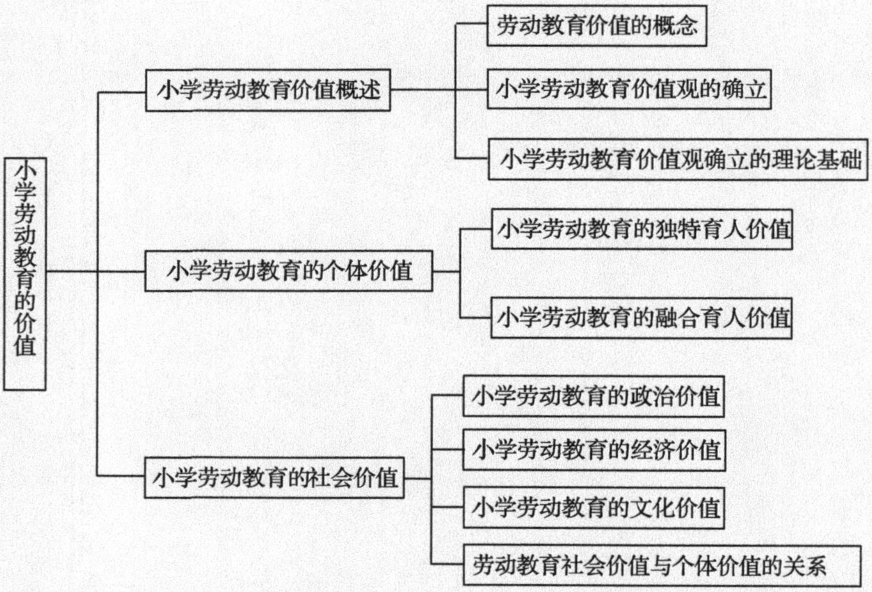

章前导语

劳动教育作为我国全面发展教育体系中的重要构成部分，在促进人的发展和社会发展方面具有特别的价值。2018 年，习近平总书记在全国教育大会上指出，要“培养德智体美劳全面发展的社会主义建设者和接班人”“必须牢固树立劳动最光荣、劳动最崇高、劳动最伟大、劳动最美丽的观念，让全体人民进一步焕发劳动热情、释放创造潜能，通过劳动创造更加美好的生活”。习近平总书记的讲话充分表达了通过劳动教育价值观念的确立来充分实现劳动教育在新时代的价值，更好地落实和完成立德树人的根本任务。

第一节 小学劳动教育价值概述

小学劳动教育有何实施的必要？小学劳动教育对于主体有何价值？对这两个问题的回答有助于提升教育者对劳动教育的价值认同，提升实践过程中对劳动教育的认同感。理解小学劳动教育的价值，首先应当理解价值与价值观，清楚劳动与劳动教育价值的理论基础。

一、劳动教育价值的概念

明确劳动教育价值的含义，首先需要明确价值和教育价值的含义。

在日常生活中，人们经常把“价值”一词用于对具体事物和人的行动是否有意义或是否有用做出判定。但是，价值作为哲学的一个基本概念，对“价值是什么”的回答是很复杂的，不同的价值论派别对价值的本质给予了不同的解释。从价值关系出发来解释价值在目前的价值论研究中较为普遍。“‘价值’这一哲学概念的内容，主要是表达人类生活中一种普遍的关系，就是客体的存在、属性和变化对于主体人的意义。”①价值与价值观密切关联。价值观是人们确认和评定人的价值行动在好与坏方面的正当性原则或标准。总之，价值是切实存在于我们广阔的生活世界中，作为一种话语，越来越被日常化表达。人的价值行动离不开价值观的确立和引导，有什么样的价值观决定了采

① 李德顺：《价值论：一种主体性的研究》，第 6 页，北京，中国人民大学出版社，2013。

取什么样的价值行动。

教育价值是教育理论研究的一个核心主题，也是教育实践的价值追求。人类通过不同的实践活动追求各自特定的价值。价值追求是人的本性所在，以实现人的价值生活为目的。在哲学的意义上，真、善、美、圣始终被看作人类崇高的价值追求。价值追求受价值观支配，构成人类实践活动和历史运动的基础与根据。社会越进步，人的价值追求越多元，价值创造力就越强盛，价值实现形式也就越多样。教育作为培养人的价值实践活动，指向促进人的全面发展和社会进步。教育价值是教育对人的发展和社会发展所发挥的意义。

教育价值是一个多维向度的价值体系，因为教育是一个复杂、开放的社会系统，“社会、教育、人三者之间的内在联系”①在宏观和微观不同层面上构成了复杂的教育价值关系。我国教育理论界一般把教育价值区分为个体价值和社会价值两大方面。教育的个体价值是教育的内在价值或本体价值，教育的社会价值是教育的外在价值或工具价值。教育价值通过具体不同的教育实践活动来实现，以不断促进个体和社会走向全面发展。人的全面发展的价值实现主要是通过全面发展教育即德育、智育、体育、美育和劳动教育来落实的。全面发展教育的每一方面都有特别的价值，同时又作为一个辩证统一的教育整体，共同承载了对人的全面发展的促进价值，这就是人的全面发展教育价值体系。

劳动教育价值是人的全面发展教育价值体系中的一个重要方面。劳动教育价值是劳动教育在促进人的发展和社会发展方面所体现的价值，主要通过劳动的实践活动方式发挥对人的发展的促进价值，进而实现对社会发展的促进价值。

劳动具有发展人的本体价值。人通过劳动占有并不断发展作为人的存在的自由性，这是劳动教育价值属性的根基，也即劳动教育的本体价值或个体价值。劳动作为人类运用体力和脑力创造物质财富和精神财富的社会实践活动，劳动教育通过促进人的体力和智力的发展而不断促进社会的历史发展，所以说，劳动的工具价值也决定了劳动教育所具有的工具价值或社会价值。劳动教育过程中劳动的价值属性决定了劳动教育的价值实现。劳动教育价值实现受制于一定的劳动观以及劳动教育价值观。劳动教育应该追求怎样的价值反映在人们的劳动教育价值观中。

劳动教育价值与德育价值、智育价值、体育价值、美育价值共同构成了一个全面发展教育的价值体系。各教育价值之间既相互独立，又有机统一。因为对劳动和劳动者的肯定具有鲜明的价值取向，所以强调劳动教育就是特别肯定其具有的促进人的发展和社会发展的价值。同时，因为劳动有综合性特点，所以通过劳动而展开的劳动教育为促进社会政治、经济、文化等方面发展的社会价值实现打下基础。

---

① 叶澜：《教育概论》，第1、299页，北京，人民教育出版社，1999。

小学劳动教育价值是小学教育阶段实施劳动教育所追求实现的教育价值。因为小学教育具有基础性和全面性特点，所以小学劳动教育价值也体现了基础性和全面性的特点。小学劳动教育面向全体儿童实施普通的基本劳动知识和劳动技能教育，培养学生的基本劳动素养，以促进学生身心全面发展。小学生接受劳动教育，对于帮助小学生学会做人、掌握做事本领和健康生活，促进学生身心健全发展具有特别重要的基础意义。小学劳动教育价值集中体现为促进小学生身心和谐发展，进而相应地发挥促进社会政治、经济、文化等方面发展的社会价值。

二、小学劳动教育价值观的确立

劳动教育价值是在劳动教育的实践过程中创造和实现的，离不开一定的劳动教育价值观对劳动教育实践的引导。劳动教育价值观是对劳动教育价值所持有的一般认识和根本看法。劳动教育价值观在劳动教育的开展过程中具有非常重要的地位，决定了劳动教育的目的、任务和内容等。

劳动教育价值观的确立是对劳动教育价值在观念和认识上的确认与树立，直接取决于两方面的影响：一是劳动观，主要是劳动价值观；二是教育价值观。劳动教育价值观建立在一定的劳动观立场上，劳动观是决定劳动教育价值观观念基础。一般来说，人们如何认识劳动，就会如何认识人，因而就会如何认识劳动教育。当然，劳动教育价值观作为一种教育价值观，必须与总体的教育价值观相一致，毕竟劳动教育价值的发挥是为了更充分地实现总体的教育价值。劳动教育价值观作为一种教育价值观，随着人类劳动发展、教育发展和社会发展会发生时代性的变化。在不同的历史时代，对劳动教育的价值认识及其实践会有不同强调与着力点，因此，要开展真正意义上的劳动教育，就必须树立符合时代教育要求的正确的劳动教育价值观。

小学劳动教育价值观是小学劳动教育实践的观念基础。小学劳动教育价值观的确立一方面体现了劳动教育价值观确立的共通性、总体性内涵；另一方面体现了劳动教育价值观确立在小学阶段的具体性、针对性。小学劳动教育价值观的确立必须立足于特定时代小学生的生活状况、劳动特点及具体要求，确立合适的劳动教育目标。

三、小学劳动教育价值观确立的理论基础

劳动教育价值观的真正确立需要建立在科学的理论基础上。马克思主义劳动价值观及其人学基本理论为劳动教育价值观的确立提供了科学的理论遵循。

(一)马克思主义劳动价值观

马克思主义劳动观从根本上说是关于劳动的哲学观，关涉人类社会发展的广阔领域，揭示了劳动对于人的生存与发展、人类社会的发展的价值。马克思主义劳动观具有丰富的内涵，主要体现在六个方面。

第一，劳动创造人本身、创造生存条件、创造社会生活和创造历史的劳动创造观。"劳动是为每个人设定的天职"①，生产劳动创造人的生存基础。正是劳动使人真正成为人，并不断地丰富和发展人性，促进人的体脑发展。同时，通过劳动不断创造新生活、新文化，"劳动是推动人类社会进步的根本力量"②。人人都应成为劳动创造的主体，通过劳动实现人类共同生存与发展。

第二，自由从事劳动、平等参与劳动并享有劳动成果和发展自己劳动能力的权利观。劳动在本质上是自由的，"被看作个人自己提出的目的，因而被看作为自我实现"③。作为权利的自由劳动中，劳动主体能够自由从事劳动，劳动权是人的一个基本权利，以劳动谋求人的生存与发展。劳动平等是社会平等的根基，平等就在于以同一尺度——劳动——来计量，每个人都像其他人一样只是劳动者，一种劳动不再支配其他劳动。④ 劳动平等包括平等参与劳动和平等享有劳动成果分配，并随着劳动发展和社会发展最终达成全面充分的社会平等。发展劳动能力是维护人的发展权的基础，让人们共同享有人生出彩的机会。

第三，崇尚劳动、尊重劳动者的劳动尊严观。劳动是尊严产生的基础，是获得和提升人的尊严的价值尺度。劳动是个人尊严实现的根本方式，全社会要充分尊重劳动，都应该"围绕着劳动这个太阳旋转"⑤，使劳动者真正成为社会的主人。劳动尊严是劳动主体即劳动者价值实现的集中体现。劳动最光荣、劳动最崇高、劳动最伟大、劳动最美丽的劳动价值观全面彰显了人作为劳动者的人格尊严。劳动尊严是直抵人性的尊严。一个美好的社会应该是形成崇尚劳动、尊重劳动者的价值共识的社会。

第四，劳动展现美、体验美、创造美和享受美的劳动审美观。劳动是审美的，展现了人的生命活动的灵动、惊奇和生命的力量，让人体验到劳动的美好。劳动创造过程就是美的创造过程，人"懂得处处都把内在的尺度运用于对象；因此，人也按照美的规律构造"⑥。劳动发展人自身就是人对自身的美的创造。劳动是人类与外界沟通和与

---

① 《马克思恩格斯文集(第 1 卷)》，第 184 页，北京，人民出版社，2009。

② 中共中央宣传部：《习近平谈治国理政》第一卷，第 44 页，北京，外文出版社，2018。

③ 《马克思恩格斯全集(第 46 卷下册)》，第 1 页，北京，人民出版社，1980。

④ 《马克思恩格斯全集(第 3 卷)》，第 435 页，北京，人民出版社，2009。

⑤ 《马克思恩格斯全集(第 18 卷)》，第 627 页，北京，人民出版社，1964。

⑥ 马克思：《1844 年经济学哲学手稿》，第 58 页，中共中央马克思恩格斯列宁斯大林著作编译局译，北京，人民出版社，2000。

自身心灵交流的最优美的方式。

第五，劳动实现人生幸福的劳动幸福观。幸福与劳动不可分离，唯有劳动能从根本上实现人的幸福。劳动通过满足人的自由生存与发展需要，确证人的本质力量，并通过劳动促进人的全面发展来实现人的幸福。“劳动是财富的源泉，也是幸福的源泉。”①无论是个体幸福生活的获得还是共同体幸福的实现，“幸福都是奋斗出来的”②。

第六，人类经由劳动获得解放的劳动解放观。劳动发展推动人的解放。劳动生产力发展是劳动解放的根本力量。劳动发展推动人的社会交往发展，进而促进人的解放。人的解放就是从必然王国走向自由王国。人的最终解放就是建立在个人全面发展和他们共同的、社会的生产能力成为从属于他们的社会财富这一基础上的自由个性。

(二)马克思主义人学基本理论

教育作为培养人的社会实践活动，直接与人的发展关联，因此，如何看待人性和人的发展，也即持有什么样的人性观和人的发展观，在一定意义上决定了教育活动中的儿童观、学生观和教育价值观等。人性观和人的发展观问题是人学理论的基本问题。马克思主义人学基本理论是中国特色社会主义教育学的理论基础，也是劳动教育价值确认与实现的理论基础。马克思、恩格斯是马克思主义人学的开创者，为马克思主义人学理论确立了基本的指导思想。马克思主义人学理论是一个科学的理论体系。其中，马克思主义的人性论、人的发展观和人生观作为马克思主义人学理论的核心内容③，为劳动教育价值的确认与实现提供了人学理论基础。

第一，在人性论及人的本质观上，马克思、恩格斯肯定“自由的有意识的活动”即劳动是“人的类特性”。劳动作为自觉地改变世界的创造性活动，是人的存在的类本质属性。马克思、恩格斯还以“现实的人”为出发点，把人的劳动本质现实性地肯定为“一切社会关系的总和”，即人的社会性本质。人在共同劳动的社会关系中现实性地形成人的本质规定性，因此，人的本质又是社会性的，而不是先验的、抽象的规定。人是劳动的类存在，是通过劳动在结成一定社会关系中形成的现实性、社会性存在。劳动是教育培养人的一个根本立足点，特别是通过有计划、有目的、有组织的专门教育劳动，促进人的本质生成。

第二，在发展观上，马克思主义坚持辩证唯物主义发展观，肯定人的发展性。发展是人的生存活动的结果，也是人的生存活动的条件。人的发展是人的本质决定的，同时，人的本质也是不断生成发展的，随着劳动的社会关系发展不断历史性地发展。

---

① 习近平：《在同全国劳动模范代表座谈时的讲话》，载《人民日报》，第2版，2013年4月29日。

② 习近平：《国家主席习近平发表二〇一八新年贺词》，载《人民日报》，第1版，2018年1月1日。

③ 陈尚志等：《人学新论》，第39～54页，北京：人民出版社，2015。

人总在一定的社会关系中通过改变和创造新的社会关系即社会环境进而不断发展人的本质。

人的一切具体发展都可以归结为劳动。人通过劳动成为人，在劳动中展现自我和实现自我。人的自我实现即人对自身生命的生产。正是劳动创造了人自身，也不断创造和推动了人的历史发展。人的发展和社会发展是互为条件、相互制约、相互促进的历史过程。

人的发展的理想目标是人的自由全面发展。人的自由全面发展指向人类全体，真正体现了人的自由发展、平等发展和全面发展，是人的本质的全面占有。劳动是人实现自由全面发展的根本途径，教育与生产劳动相结合是推动实现人的自由全面发展的现实途径。习近平总书记在2018年全国教育大会上特别强调了德智体美劳全面发展的教育，指出了劳动教育在当代人类发展中特别的育人价值和社会价值，这是马克思主义关于人的全面发展及教育思想在新时代的发展。

第三，在人生观上，首先，马克思主义揭示了人生过程是人有意识的、能动的发展自我和实现人生价值的过程。立人、做人是对人的生命本质的占有和确证。人通过主观能动性的发挥，合乎人性地不断激发自己的生命潜能，提升自己的生命力量，完善自己的人格品质，满足生命的内在发展要求。其次，马克思主义基于人的社会性本质，肯定人生是立足社会、融入社会的社会化过程，是追求人的社会价值实现的过程。人的发展和人生价值实现总离不开一定的社会前提。人通过各种具体的劳动形式以及社会活动方式融入社会群体，把一定社会的思想观念、价值准则和行为规范内化到个体的心理结构中，以适应一定社会的发展要求，实现个体的社会价值。在一定的社会价值观引导下，人自觉地、创造性地运用自己的体力和脑力劳动来追求人生自我价值的实现和人生社会价值的实现。总之，人的价值的实现是个体的自我价值和个体的社会价值的统一实现。劳动是实现人生价值的最基本方式。

第二节
小学劳动教育的个体价值

劳动教育的个体价值是指劳动教育作为教育的重要组成部分所能发挥的促进个体发展的育人价值。劳动教育的个体价值可以从劳动教育的独特育人价值与融合育人价值两个方面来看。劳动教育的个体价值是针对所有发展个体的。小学劳动教育的个体价值面向全体小学生，是劳动教育价值在促进小学生个体发展方面的实际体现。正是由于小学教育对于学生发展的基础性和全面性的价值诉求，劳动教育的个体价值在小学阶段体现得更为生动。

一、小学劳动教育的独特育人价值

劳动教育的独特育人价值是指劳动教育具有相对于德育、智育、体育、美育而言的特别育人价值。对于整体的人的发展来说，德育、智育、体育和美育的育人价值虽然都指向人的全面发展，但都只是指向人的发展的一个具体方面，而对人的全面发展所提出的要求因实施途径的规定性而使价值实现具有了特别规定性。对于劳动教育来说，因为人类劳动活动对于人的身心素质方面的要求具有全面性、综合性，所以劳动教育具有全面、综合的育人价值。

(一)劳动的独特育人价值决定了劳动教育的独特育人价值

劳动教育的独特育人价值以劳动本身所具有的独特育人价值为根基。劳动不仅是人认识世界、改造世界的过程，更是个体认识自身、确证自身、发展自身的途径或中介。个体作用于外在事物的同时，外在事物反作用于个体，使人即主体更好地认识自我、调试自我、改变自我。劳动的特质在于劳动不仅是个体谋生的工具，更是自我存在的方式和自我实现的手段。个体在劳动中愈发获取精神的满足和心灵的充盈，劳动便愈发成为个体发展的一种自我需要。劳动使人原有的自然生命力得以释放和延展，不断展现、丰富和发展人的本质力量，使人能够获得身体和精神的满足，确证自我存在的意义与价值，实现对完满人性的涵养。因此，劳动是人的本质性活动，是人之为人的特性完满展现的活动。

总之，劳动能够使人认识到自身作为生命存在的独特性，同时不断发展自身生命的独特价值性。劳动所具有的育人价值基于个体为生存与发展而诉诸自身与自然关系的需要，个体在满足自身生存与发展需求的劳动过程中不断获得自然生命的充盈、精神生命的绽放和社会生命的丰富。

(二)劳动教育锤炼体格、涵育人性、完善人格和塑造共同生活品质

劳动的育人价值使得劳动教育具有了独立、综合的育人价值。劳动教育通过劳动活动的途径，以培养真正的劳动的人为目的。真正的劳动的人具有人作为劳动存在的体格、人性、自我人格和共同生活品格，即具有健康协调的体格、完满的人性和人的品格。劳动即人全面发展自身的方式，劳动内在地提出了人的完整性发展要求，“人以一种全面的方式，也就是说，作为一个完整的人，占有自己的全面的本质。”①劳动教育通过个体的劳动体验，使个体充分认识到劳动对于人的生存与发展所具有的意义，以

① 《马克思恩格斯全集(第1卷)》，第189页，北京，人民出版社，1995。

促进个体体格、自我意识、自我人格、自我价值和公共精神的发展。劳动教育是对人的身心全面和谐发展的完整教育。因此，小学劳动教育具有促进儿童身心全面和谐发展的特殊价值。

(三)劳动教育不断促进个体自由全面发展

劳动教育突出人的主体性、实践性、自觉性，发挥劳动教育所具有的不断解放人性的价值，将人从异化劳动和异化人性的束缚中解放出来，获得更充分自由的发展，收获幸福人生。促使人的自由全面发展是劳动教育的价值根基。① 劳动教育随着人类劳动发展和社会发展，促使人的主体性不断发展与解放，进而使人不断走向自由全面发展。人的自由全面发展是一个不断推进的历史过程，“整个历史也无非是人类本性的不断改变而已。”②人类本性的改变是人作为劳动主体的身心完整发展，是人的智性、德性和审美性等方面的自由性不断得到激发和超越的全面发展。人的主体性发展，实质是人在劳动实践中不断走向以人自身为目的的全面发展。实现人的自由全面发展是马克思主义劳动价值观的理想追求。劳动教育立足于劳动解放人，促进人的主体性的发展，以人的自由全面发展为理想，正是人类自身发展的历史使然。劳动教育是通向人的自由全面发展的必要路径。因此，小学劳动教育具有解放儿童、回归儿童、促进儿童自主性发展的特殊价值。

二、小学劳动教育的融合育人价值

劳动教育的融合育人价值是指劳动教育在德育、智育、体育、美育方面以及与它们之间相融合过程中发挥的育人价值。劳动教育育人价值的综合性要求劳动教育必须与德育、智育、体育、美育相融合。《中共中央国务院关于全面加强新时代大中小学劳动教育的意见》明确指出：“劳动教育是学生成长的必要途径，具有树德，增智，强体，育美的综合育人价值。”③劳动教育中的“劳动”是体力与脑力并用、身心合一的劳动，是融合了德育、智育、体育和美育的育人价值的教育活动。包括小学劳动教育在内的全部学校劳动教育都具有鲜明的融合育人价值。

(一)劳动教育的德育价值：以劳动培育个体道德品质

“劳动是道德之源，人类的创造性劳动是道德素养的本源，也是精神素养的基

① 程从柱：《劳动教育何以促进人的自由全面发展——基于马克思主义劳动观和人的发展观的考察》，载《南京师大学报(社会科学版)》，2010(3)。

② 《马克思恩格斯全集(第1卷)》，第172页，北京，人民出版社，1995。

③ 中共中央国务院：《中共中央国务院关于全面加强新时代大中小学劳动教育的意见》，载《人民日报》，第1版，2020年3月27日。

础。”①在日常劳动过程中，劳动带给学生直观的情绪体验，给予学生习惯性的愉快或痛苦的感觉，对学生产生重要的道德影响。劳动教育便是将这种直接道德影响进行强化，寻求道德教育良机，塑造学生良好的道德品格。

第一，劳动教育使个体体悟到“身体德性”的重要性。劳动教育使学生在劳动中生动地认识自身的身体结构，重视对身体的保护，感受身体的强健对个体人生及他者、社会的重要意义。在劳动中，一切伤害身体的事情与违背身体健康规律的行为都是自身的道德过失，这种后果给家庭与后代造成严重影响。劳动教育通过让个体感悟自身生命对自身及他者的重要性，以此唤起个体对自身生命的尊重与爱护，承担起自身对自我生命与他者所肩负的道德责任与义务。

第二，劳动教育通过劳动塑造学生高尚的道德情感。劳动教育应培养学生勤劳努力的优良传统品性，锤炼学生爱劳动的精神品质，在劳动中体悟各行各业劳动人民的辛劳，从而增强对劳动人民的情感，尊重各行各业的劳动者，塑造个体正确的道德情感与高尚的道德情怀，最终形成热爱社会主义与爱国主义的高尚道德情感。

第三，劳动教育通过劳动最终塑造优良的个体道德品格。劳动教育应培养学生的善良、同情心、真诚、乐于助人等一系列道德品质，塑造健全人格，涵养人性之善。在劳动中让个体体会人之为人的责任和素养，学会关心和爱护一切美好的自然万物，从而防止自私自利的滋生，成为善良、富有同情心的道德人。

(二)劳动教育的智育价值：以劳动增进个体智力与智慧

劳动与智力发展、劳动教育与智育之间的联系十分密切。

第一，劳动教育通过在劳动中获得劳动知识促进学生智力的发展。智力的发展以知识的获得为基础，知识的内化促进智力的发展，正所谓“实践出真知”。在劳动及劳动教育中，个体获得劳动知识、生产知识，将所学理论知识在实践中加以深化和巩固，智力才能得到更好的发展。正如苏霍姆林斯基所说：“劳动是智力发展的丰富源泉，是思想的发源地。”②在劳动中，个体的思维更加灵活，智慧更加丰富深刻，视野更加宽广，求知欲更加强烈，因此，爱劳动的人日益聪颖，懒惰的人则越发堕落。

第二，劳动教育以体力劳动促进个体心智的发展。“身体乃是心智的基础，心智的发展决不能以牺牲身体的发展为代价，身体与心智的发展应同时得到充分的照顾。”③劳动教育实现了身体与智力的双重发展，在增强学生身体素质的基础上对于培养学生的

---

① 苏霍姆林斯基：《让少年一代健康成长》，第182页，黄之瑞、张佩珍等译，北京，教育科学出版社，1984。

② 苏霍姆林斯基：《少年的教育和自我教育》，第9页，姜励群译，北京，北京出版社，1984。

③ 赫伯特·斯宾塞：《教育论：智育、德育和体育》，第157页，王占魁译，北京，中国轻工业出版社，2016。

观察能力、注意能力、记忆能力、想象能力、思维能力等一系列的综合智力能力系统也起着重要作用。“体力的充沛对于个体精神生活——智力的发展、思维、注意、记忆及专心程度具有决定作用。”①此外，劳动教育促进学生智力的发展，不仅在于劳动知识的获得和思维能力的提高，而且在于劳动思维品质的塑造。在劳动中增强学生思维的创造性、灵活性与批判性，这实质上体现了劳动的创造性。

第三，劳动离不开智慧和思想的积淀，劳动教育促进人类智慧的提升。劳动教育应该立足于人类劳动发展和科技发展，开启人的思想智慧，培养人的创造性能力。正如马克思所说，工匠创造劳动产品中，脑中已经存有劳动的大致思想，这需要长期的智慧积淀。不管是体力劳动还是脑力劳动，都需要具备智慧的思想和创造性意识与能力，科学智慧和创造精神的融合所形成的创造性人类精神劳动是劳动教育扩展人性的价值所在。

(三)劳动教育的体育价值：以劳动锤炼体格和提升身体运动能力

人的发展与人生价值的实现以自然生命的完善为前提条件。“一个人要想取得人生的成就，必须首先‘做个好的动物’，也是一个民族获得繁荣发展的首要条件。”②

第一，劳动教育“养护和发展身体健康状态”③。在日常生活中，许多人因身体羸弱而不能应对工作需要。因此，当前加强劳动教育(尤其以体力劳动为主的教育)显得非常重要。劳动教育应“符合学生年龄特点，以体力劳动为主，注意手脑并用、安全适度，强化实践体验，让学生亲历劳动过程，提升育人实效性”④。身体健康是个体生命力得以展现的基础，劳动恰恰是个体生命力的表现，一方面，需要健康的身体支撑生命的一切活动，让生活活动能够顺利展开；另一方面，在体力劳动中锤炼身体，增强体质，保持身体健康，从而让生活更有质量、更加美好。生命健康在于运动，体力劳动也是一种生命运动。

第二，劳动教育健壮体格，激活和发展身体力量，提升身体运动能力。儿童从小就有好动的倾向，在自然劳动中获得快乐感受，规定的“体育运动”不能够代替自然冲动驱使下的劳动所带来的价值。劳动教育能够以体力劳动促进个体生命不断延展，以此增强个体体格的发展，促使生命价值的实现。劳动教育在体力劳动中首先体现为一种自然倾向，即身体的运用，如此必然带来体能的激发与增进、体格的健壮发展以及

---

① 苏霍姆林斯基：《帕夫雷什中学》，第 2 页，赵玮等译，北京，教育科学出版社，1983。

② 赫伯特·斯宾塞：《教育论：智育、德育和体育》，第 199 页，王占魁译，北京，中国轻工业出版社，2016。

③ 娄雨：《什么是“劳动的独特育人价值”》，载《中国教育学刊》，2020(8)。

④ 中共中央国务院：《中共中央国务院关于全面加强新时代大中小学劳动教育的意见》，载《人民日报》，第 1 版，2020 年 3 月 27 日。

身体运动能力的提升。

第三，劳动教育锤炼心理品质，促进身心健康发展。在劳动教育的体力劳动过程中，身体的锻炼带来心理的运动，一方面，促进个体的心理健康发展，正所谓“心灵的快乐是健康的一半”，劳动教育通过劳动能够促进个体心灵的愉悦与心理压力的释放，从而促进个体身心品质和谐健康发展；另一方面，劳动可以锤炼不畏艰难、吃苦耐劳、艰苦奋斗的个体意志品质，在塑造个体健全身体的过程中，焕发个体的乐观精神与持之以恒的毅力，使个体产生克服一切艰难险阻的力量，以此应对身处社会的身体和精神的双重重压，促进个体身心健康全面发展。

(四)劳动教育的美育价值：以劳动发展审美与创造美的能力

美育是运用审美形象的感染作用塑造人的知情意等符号实践能力的教育形式，目的是实现人的全面发展。劳动教育是培养学生发现美、创造美与感受美的有效途径。马克思主义认为“劳动生产了美”①。在劳动的过程中，人们总倾向于按照美的规律来创造劳动产品，而非仅仅满足于实用性的需要。劳动教育以“劳动”为教育内容，实质上是以“美”为教育内容；劳动教育培养学生的劳动素养，实质上培育学生的“美”的素养。

第一，劳动教育以自然界为劳动场域，使学生在劳动中发现自然美、劳动美与自身美。首先，自然美是万物之美的源泉与始基，自然美的根本意义便在于诞生生命与展现生命。劳动教育使学生在自然中感受自然万物之美，感受生命之美。其次，在劳动中学生身体强健、动作优美、体态端正，力求劳动的过程与结果都臻于完善，在劳动中展现个体动态和谐的美丽身姿和思维灵活的逻辑美，寻求自身的完美。最后，劳动教育使学生在劳动的合作关系中体验人与自然万物的生态美、人与人之间关系的和谐美、人自身的肉体美与心灵美。由此可见，劳动教育使学生在劳动中发现美，“关心美，关心人们相互关系中的美，为崇高理想而奋斗的美，思想生活中的美”②。

第二，劳动教育通过让学生亲自进行劳动，进一步培养学生创造美的能力。通过劳动，个体按照内心的目的和愿望来改造外部世界，并且能以美的形式来表达。人在劳动中赋予劳动产品色彩、形状等，塑造劳动美，并追求特定的具有美感的劳动形式，创造自身美。

第三，劳动教育通过弘扬劳动观念、劳动精神，唤醒并满足学生的审美享受，树立正确的审美价值观。学生通过亲身体验劳动过程，在劳动过程中全身心投人，充分绽放自己的生命活力，真正体会劳动的快乐，获得劳动美的享受。劳动教育所提倡和

---

① 《马克思恩格斯全集(第3卷)》，第269页，北京，人民出版社，2002。

② 苏霍姆林斯基：《让少年一代健康成长》，第12页，黄之瑞、张佩珍等译，北京，教育科学出版社，1984。

宣扬的劳模精神、工匠精神等都肯定了人在改造外部世界中所具有的自由精神与力量，能够充分唤起学生的价值认同，由此唤起学生对自由美的享受。同时，学生在劳动中的每一次思考和行动都经过内心的仔细“筹划”，劳动过程是学生和自己的心灵进行生动对话的过程，是学生感受与自我心灵和谐沟通的美的过程。

总之，劳动教育所强调的劳动过程是肉体的锻炼、心灵的专注、投入与创造的能动性的活动过程，需要劳动主体身心并用、协调统一。“新时代的劳动教育是教人求真、至善、臻美的有机统一整体。”①劳动教育融合德育、智育、体育、美育，共同造就德智体美劳全面发展的人。小学劳动教育需要为学生全面发展奠基，为学生整个人生发展打下坚实基础，因此，劳动教育促进个体身心全面和谐发展的价值显得尤为重要。小学劳动教育需要面向全体小学生，聚焦个体全面发展的价值诉求，并为未来的劳动生活做好准备。

第三节 小学劳动教育的社会价值

劳动教育的社会价值是指劳动教育在满足社会政治、经济、文化等方面的价值。劳动教育对于整个社会的繁荣稳定发展具有不可替代的重要价值。就小学劳动教育来说，因为小学教育阶段着力于为小学生进一步发展打下基础，促进小学生身心和谐发展，并在总体上提高全民族的文化素质，所以小学劳动教育的社会价值是其育人价值在社会政治、经济和文化发展等方面的进一步体现。小学劳动教育的社会价值与其育人价值是统一的。

一、小学劳动教育的政治价值

劳动教育的政治价值是政治与劳动教育之间价值关系的反映，主要指向一定政治觉悟的劳动人才培养、劳动价值观的传播以及具有劳动素养的国家治理人才的培养三个方面。

(一)劳动教育通过培养具有政治觉悟的劳动人才服务于国家建设

劳动教育所培养的劳动人才应该是具有一定政治立场和思想道德品质的人才，自

① 徐海娇：《重构劳动教育的价值空间》，载《中国教育学刊》，2019(6)。

觉服务于国家政治活动的需要。劳动人才培养总是在一定教育制度和社会制度下进行的，服从于国家政治制度和政治体制的安排，其价值就在于能够服务于国家建设需要。劳动教育培养什么样的人、为谁培养人是教育问题，更是政治问题。因此，小学劳动教育必须立足于一定政治需要，培养拥护社会主义、坚信共产主义理想信念的未来劳动人才。

(二)劳动教育通过传播一定劳动价值观服务于政治需要

劳动教育需要落实思想政治教育，传播政治纲领、路线方针和具体政策，特别是有关劳动及其教育的思想认识、价值观体系。劳动和教育事关民生，关乎整个社会的价值创造。小学劳动教育应通过宣传劳动思想引领年青一代树立积极的劳动价值观，自觉抵制社会上消极错误的思想观念。学校还可以通过劳动教育研究，为国家在引导劳动变革和指导人才培养改革的政策决策中发挥支持作用。

(三)劳动教育培养具有劳动素养的国家治理人才

劳动促进人的发展和社会发展的价值实现，在国家治理层面上，国家需要具有劳动素养的政治人才。政治领导与社会管理人才如果具有劳动素养，特别是专业劳动的知识与能力、劳动意志品质和劳动情怀，就能够站在广大劳动人民的利益立场上，发挥模范带头作用，科学决策与管理，敢为人先、甘于献身。小学劳动教育可以通过选树优秀人才案例，以榜样示范的形式影响儿童，培养未来参与或服务国家治理的人才。

我国劳动教育必须坚持社会主义性质，坚持为人民服务的宗旨，发挥综合育人的价值，培养德智体美劳全面发展的社会主义建设者和接班人。劳动是个人、社会和国家的发展之本，只有通过劳动教育不断培养我国社会主义建设的新力量，社会主义事业才能不断走向兴旺发达。

我国劳动教育需要在小学阶段启蒙小学生的政治觉悟，逐步树立作为劳动者应该具有的政治思想观念，特别是形成正确的马克思主义劳动观，发展基本的劳动素养，为成长为服务于我国社会主义事业的建设者和接班人打下坚实基础。

二、小学劳动教育的经济价值

劳动教育的经济价值是指劳动教育在发展社会经济方面的价值。劳动教育必须服务于经济建设，促进经济发展，为广大人民追求更加美好的社会生活提供基础。劳动教育的经济价值主要体现在三个方面。

(一)教育是劳动力再生产的重要手段，劳动教育更是如此

劳动教育直接服务于劳动力培养，提升人的劳动素养，特别是提高生产力中人的要素——劳动者的生产劳动能力水平，使他们能够更自觉地从事劳动，做到辛勤劳动、诚实劳动和创造性劳动，为社会创造物质财富和精神财富，满足社会经济发展需要，发挥其促进社会经济发展的价值。小学作为未来生产关系中人的要素的间接培养者，对未来劳动者的生产能力的锻炼具有基础性作用。

(二)劳动教育通过科学知识再生产、技术设计与发明以及文化创意等促进社会生产力的发展

劳动教育通过聚焦于当代人类高科技劳动，通过科技创新，促进社会生产力的发展和劳动发展，从而发挥促进社会经济转型和产业升级的发展价值。以新材料技术、人工智能、量子技术、基因工程、核聚变技术、虚拟现实和清洁能源等为标志的最新技术革命推动了世界经济结构和格局、生产生活方式的变革。小学劳动教育虽然不能直接聚焦于科学与技术生产，但通过引导学生参与初步的生产性劳动，能够增加学生未来参与科技生产的可能性，使学生形成健康的科学观、技术观。

(三)劳动教育培养人在社会经济生活中正确的价值观念

对社会物质财富和精神财富的生产、消费、交换和分配是人类经济活动的主要内容。财富生产的经济活动离不开劳动主体，即劳动的人或称劳动者。人作为劳动者的主体意识需要教育的培育，使其能够自觉成为社会劳动者。同时，在一定的物质生产条件下，在劳动资源和劳动成果的分配、分享过程中，还需要通过劳动教育引导人们形成正确的劳动利益观和良好的生活消费观，自觉抵制享乐主义和消费主义给经济社会发展带来的消极影响，使人们在经济生活和社会生活中培育和谐的劳动交往关系。小学生的劳动利益观和生活消费观处于正在形成的时期，引导他们在多元文化的社会浪潮中树立正确的劳动经济观具有至关重要的作用。

总体而言，对于小学劳动教育来说，其经济价值更具间接性、潜在性和基础性的特点。劳动具有“经邦济世”的价值。劳动是由劳动者定义的劳动，所以说，劳动价值是劳动者创造的价值。小学劳动教育的经济价值首要的是培养小学生在经济生活中的观念意识和劳动能力。作为劳动者的意识、正确的劳动利益观和消费观的培养需要在小学劳动教育中扎根。小学劳动教育还需要培养小学生一定的劳动能力和劳动习惯，为劳动能力的进一步发展和健康的经济生活打下坚实基础。

三、小学劳动教育的文化价值

文化是人类劳动的创造、继承与发展。劳动教育以劳动文化为内核，具有保存与传承优秀劳动文化、抵制与扬弃异化劳动文化以及创造与发展新劳动文化的价值。劳动文化实质上是人类劳动所体现的价值精神，“作为人类文化发展中的一个特别意指，是人类文化发展及劳动发展的精神积淀与提升”①。劳动文化既是人类文化精神的构成内容，又是人类文化精神全面建构的基础。

(一)劳动教育保存与传承优秀劳动文化

劳动本身是一种文化，劳动过程就是文化产生和发展的过程。因此，劳动教育也是一种文化教育，以劳动文化为核心内容，激活、传承优秀劳动文化，让人类在劳动的生存和发展中所积淀的劳动思想、丰厚劳动成果和优秀劳动品质得以延续和保存。劳动文化本身就具有育人的价值，客观上具有再生产和承续自身的价值。

勤劳智慧的中华民族通过劳动实践，总结和积累了深厚的劳动思想，构成了中华民族独有的文化精神内涵。中华民族以自强不息的精神创造了灿烂的古代文明。近代中国深受殖民压迫，但中国人民为实现民族独立和国家富强，不屈不挠、负重前行。中华人民共和国成立后，广大劳动人民为改变落后面貌，不畏艰辛、勇敢拼搏，创造了一个个发展奇迹，社会主义建设事业取得了举世瞩目的成就。总之，中华民族源远流长的文明史形成并积淀了崇尚劳动的文化精神。热爱劳动、崇尚劳动、勤劳俭朴、自强不息、吃苦耐劳等劳动品质成为中华民族的性格符号。其中，勤劳俭朴是中华民族的传统美德，是中华民族优秀精神品质；自强不息是中华民族劳动文化品格的集中体现。

彰显中华民族优秀劳动文化、促进中华民族劳动文化在新时代的发展是劳动教育的价值使命。小学劳动教育通过充分挖掘中华传统文化的劳动精神要素，弘扬工匠精神、劳模精神，培养学生辛勤劳动的意识和意志品质，充分继承和发扬中华民族由农耕文明衍生而来的自强不息、勤劳勇敢的劳动精神品质。只有通过劳动教育，才能真正实现优秀劳动文化的“薪火相传”。

(二)劳动教育抵制与扬弃异化劳动文化

随着社会的变化，劳动文化并不总自然健康发展，可能良莠不齐，需要通过劳动教育反思、批判异化的劳动文化，劳动教育实现抵制与扬弃异化劳动文化的价值。

---

① 程从柱：《论劳动教育的生命意义》，载《当代教育科学》，2020(9)。

人类劳动的发展过程中，伴随物质劳动和精神劳动分工以及私有制的产生，劳动异化不可避免，并被阶级性、制度性强化。同时，人类劳动发展也是对异化劳动的不断扬弃。一方面，异化劳动在文化上总体性表现为精神劳动文化主导、统治物质劳动文化，脑力劳动文化主导、统治体力劳动文化；另一方面，由于劳动分工、私有制度以及由社会生产力发展带来的物质产品的丰富，加之人性的被动性一面，在具体的对待劳动的文化态度及其生活方式上，异化劳动文化表现为不愿自主劳动、消极劳动、否定劳动、鄙视劳动、不尊重他人劳动成果、剥夺占有他人劳动以及贪图安逸享乐、物欲消费的生活方式。

自 20 世纪中期以来，大众消费文化崛起且呈盛兴之势。在消费社会里，消费刺激和主导了生产。高度专门化、技术化、市场化的商品生产以及各种商品营销手段与社会服务，使得个体特别是年青一代很容易在追求时尚和身体舒适的消费文化影响下，弱化自主投身劳动特别是体力劳动的意识和能力，不再勤勉和执着于劳动。年青一代更容易受消费文化的影响，在家庭的生活消费支持下贪图享受、逃避日常劳动，甚至沉溺于游戏化、娱乐化、新异性的商品消费带来的快感中。

因此，劳动教育尤其是小学劳动教育在劳动的文化价值观层面上，需要通过反思和批判现实的劳动文化，发挥抵制、扬弃异化劳动文化的价值，实现劳动文化不断健康发展。

(三)劳动教育创造与发展新劳动文化

劳动创造生活、创造历史，也就是创造文化。人是劳动的存在，也就是文化的存在。劳动教育培育、创造新文化是劳动创造人本身、创造历史的本质要求。通过劳动教育发展人自身、发展社会，就是不断创造新的劳动的文化世界。新劳动文化反映了人类劳动发展和社会发展的新要求。劳动教育紧跟时代发展步伐，更新和创造更多具有时代特色的先进劳动文化尤其是区域劳动文化，体现了劳动教育所具有的价值自觉。

劳动教育的社会文化价值在新时代集中体现在实现中华民族伟大复兴的中国梦的伟大征程中，使劳动者能够担当新时代使命，“把党和国家确定的奋斗目标作为自己的人生目标，以民族复兴为己任”①，努力创造一种契合新时代发展要求的劳动文化。小学劳动教育在文化价值方面对于传承我国优秀劳动传统、抵制落后异化的劳动文化、创新劳动文化来说具有特别重要的基础作用。小学教育阶段的儿童可塑性特别强，小学劳动教育价值的充分实现是更高级劳动教育价值实现的基础。

---

① 习近平：《在全国劳动模范和先进工作者表彰大会上的讲话》，载《人民日报》，第 2 版，2020 年 11 月 25 日。

四、劳动教育社会价值与个体价值的关系

劳动教育的个体价值与劳动教育的社会价值之间关系密切，二者的关系是相辅相成、密不可分的统一关系。

个体价值与社会价值虽然外在地表现为劳动教育价值的两个不同层面，但究其内在关系却是辩证统一的，并且以促进人的自由全面发展为共同的最高目标。一方面，社会是由无数个人及其相互间错综复杂的关系构成的；另一方面，个人依靠社会而生存，脱离社会的个人无法获得全面发展。我们无法脱离个人谈论社会，也不能脱离社会谈论个人。对于个体来说，劳动教育具有增德、益智、健体、育美的综合育人价值；对于整个社会来说，劳动教育能够在政治、经济、文化等方面发挥重要价值，实现社会和国家的繁荣稳定发展。个人的综合素质的全面发展是社会繁荣稳定的重要前提，社会的稳定发展反过来促进个人的全面发展，因此，劳动教育的个体价值与社会价值是相互促进、辩证统一的。

劳动教育具有综合育人的价值，现实性的基本目标在于提升人的劳动素养，从而使人们以积极主动的态度参与社会劳动，满足社会劳动发展需要，为推动社会发展创造价值，促进社会健康、和谐发展。劳动教育着重强调为下一代全面的劳动素养打下基础，并不仅仅是针对一定职业劳动需要的教育，也不仅仅是对劳动观的教育。劳动教育服务于人的个体及共同生活的需要，以劳动的态度、劳动的精神与一定的劳动能力对待劳动的生活，让生活在劳动中变得更美好。劳动教育突出人类劳动的价值指向，以人的劳动生存为基础，生产创造物质产品和精神产品，提供各种社会服务，维持、改善和提升人们的社会生活环境条件，满足人们社会生活的各种需要。劳动不仅促进个体全面和谐发展，而且促进社会全面和谐发展，二者是协调统一的。

新时代我国以实现中华民族伟大复兴为现代化建设的宏伟目标。民族复兴必须面对当今复杂的国际竞争局面，而劳动力素养是衡量一个国家国际竞争力和体现一个国家综合国力的重要指标。党的十九大报告强调指出，教育强国是中华民族伟大复兴的基础工程，必须把教育事业放在优先位置，深化教育改革，加快教育现代化，办好人民满意的教育；要全面贯彻党的教育方针，落实立德树人根本任务，发展素质教育，推进教育公平，培养德智体美劳全面发展的社会主义建设者和接班人。

总之，社会政治、经济、文化的繁荣稳定终究以身处其中的人的自由全面发展为根本目的。随着人类社会发展，人的自由全面发展这一共同主题使得劳动教育的个体价值与社会价值的关系更加凝聚和密切，劳动教育聚集起更加强大的促进人的自由全面发展、增进人类幸福的能量。人的德智体美劳方面的综合发展最终指向人的自由全面发展。

本章小结

劳动教育的价值是人的全面发展教育价值体系中的一个重要方面。马克思主义劳动价值观及其人学基本理论是劳动教育价值观确立的理论遵循。劳动教育的个体价值可以从劳动教育的独特育人价值与融合育人价值两个方面来看待；劳动教育的社会价值体现在社会政治、经济、文化等方面。劳动教育对于整个社会的繁荣稳定发展具有不可替代的重要价值。劳动教育的个体价值与社会价值之间关系密切，二者之间相辅相成、密不可分。小学劳动教育价值集中体现为促进小学生身心和谐发展，进而相应地为促进社会政治、经济和文化等方面发展打下基础。

章后练习

1. 劳动教育的融合育人价值主要体现在哪些方面？

2. 劳动教育的个体价值与社会价值体现在哪些方面？请举例说明。

3. 结合当前我国教育发展劳动发展的现实状况及时代要求，谈谈小学劳动教育应该发挥怎样的个体价值和社会价值？

拓展阅读

1. 苏霍姆林斯基．苏霍姆林斯基论劳动教育[M]. 萧勇，等译．北京：教育科学出版社，2019.

2. 赵荣辉．劳动教育及其合理性研究[M]. 北京：中央民族大学出版社，2012.

3. 曾天山，顾建军．劳动教育论[M]. 北京：教育科学出版社，2020.

第三章

小学劳动教育的政策解读

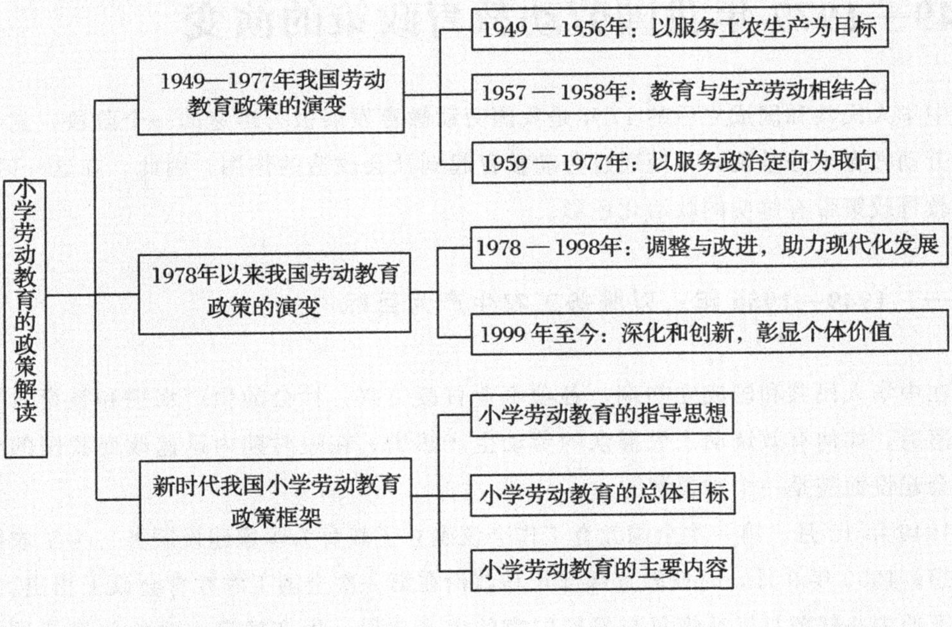

章前导语

自中华人民共和国成立至今，我国的劳动教育发展已有70余年的历史，受政治、经济、文化和社会变迁等因素的影响，我国劳动教育政策演变呈现阶段化的特点。政策是国家权力意志的体现，劳动教育政策是国家对劳动教育培养什么样的人这一根本问题的回答。要深入把握我国劳动教育政策的发展方向，就不能不了解劳动教育政策的变迁历史。本章通过中华人民共和国成立以来劳动教育政策的梳理，试图分析我国劳动教育在小学实施和发展的背景和政策演变趋势，最后解读新时代我国小学劳动教育政策的意蕴。

第一节
1949—1977年我国劳动教育政策的演变

中华人民共和国成立后的17年是我国劳动教育发展极为迅速的一个阶段，党和政府对劳动教育十分重视，希望通过劳动教育起到社会改造的作用，因此，在这一时期，劳动教育政策带有鲜明的政治化色彩。

一、1949—1956年：以服务工农生产为目标

在中华人民共和国成立初期，各项事业百废待兴，社会的生产水平和教育水平都十分落后，如何有效调动人民群众的劳动生产热情，在短时期内迅速改变我国的经济和社会建设面貌是一个重要课题。

1949年12月，第一次全国教育工作会议确立了教育为国家建设服务、为工农服务的思想。1950年9月，时任教育部部长马叙伦在第一次全国工农教育会议上指出："当前国家的中心任务是迅速恢复与发展国家的生产建设。生产建设主要的依靠就是在生产战线上的工人和农民这两支大军。如果我们在教育上不能配合着这两支大军的思想觉悟提高，文化技术提高，就不可能在生产建设上出现我们所要求的新的劳动态度和创造的精神；我们的生产建设任务将要受到损害；我们教育工作也就脱离了实际。为

此，我们对于这一个问题的正确的解决，是迫不及待的。”①可见，教育为工农服务、为生产建设服务的指导方针是由中华人民共和国成立初期的社会发展任务和需求决定的。

1951 年 8 月，政务院发布了《中央人民政府政务院关于改革学制的决定》，规定要设立面向青年和成人的初等学校：一是工农速成初等学校，修业年限为二至三年，招收工农干部和其他失学劳动者，施以相当于小学程度的教育，学生毕业后得经过考试升入工农速成中学或其他中等学校；二是业余初等学校，招收工农劳动者和其他青年与成人，施以相当于小学程度的业余教育，修业年限暂不规定，以学完规定的课程为毕业，毕业后，学生得经过考试升入业余中学或其他中等学校；三是识字学校(冬学、识字班)，以扫除文盲为目的，修业年限不定。在学校教育里，国家发布了一系列关于强化劳动教育的指示，要求在学生当中加强劳动宣传和引领，培养爱劳动、会劳动的学习风气。

经过几年的发展，我国的小学教育规模迅速扩大，小学毕业生明显增多。由于社会经济条件的限制，大批量的小学毕业生的就业和升学需求难以满足。此时，在教育为工农服务、为生产服务的方针引领下，政府多次出台关于组织小学毕业生参加劳动生产的指示。

1953 年 11 月，《中央人民政务院关于整顿和改进小学教育的指示》分析了当时学校教育所面临的状况：“四年多来，全国小学教育已经恢复并且大大超过了解放前的规模。目前小学生人数已达五千五百余万，较之旧中国历史上小学生数最高年份(一九四六年)增加了百分之一百三十五……由于人民群众政治觉悟提高，经济生活上升，对文化要求日益增长，现有的学校还不能完全满足群众子女入学的要求，特别在工矿区和大城市问题更严重。”②对于如何解决规模不断扩大的小学毕业生的出路问题，该指示进一步指出：“今后在相当长的时期内，小学学生毕业后，主要是参加劳动生产，升学的还只能是一部分。因此，在学校平时教育中不应片面强调学生毕业后如何升学，而应强调毕业后如何从事劳动生产，培养学生热爱劳动的思想感情和劳动习惯，克服目前有些学生轻视体力劳动的倾向。”③虽然小学教育的规模和水平实现了飞跃，但是由此带来的大规模的无法升学和就业的小学毕业生群体成了一个社会问题，在此背景下，通过树立劳动意识、引导参加劳动生产(主要是农业生产)使这一群体趋向稳定，就成为教育政策制定者的主要考虑。

1953 年 5 月，中共中央批转教育部党组《关于解决高小和初中毕业生学习从事生产劳动问题的请示报告》时明确指出：“目前中小学毕业生之所以普遍发生紧张的升学问

---

① 中华人民共和国教育部工农教育司：《工农教育文献汇编(农民教育)》，第 6 页，北京，人民教育出版社，1979。

② 华东师范大学教育系教育学教研室：《教育学参考资料》，第 9 页，北京，人民教育出版社，1980。

③ 同上。

题，主要由于过去几年中央教育部对中小学教育的指导思想上有忽视劳动教育的偏向，在教学改革中，在教师思想改造中，都没有着重批判鄙视体力劳动和体力劳动者的剥削阶级的教育思想，也没有向广大群众和学生明确地阐明中小学教育的性质与任务，使旧中国遗留下来的鄙视体力劳动和体力劳动者的错误的教育思想，继续支配着广大教师和学生，这是中小学教育方针上一个带原则性的错误，中央教育部应在这方面进行公开的自我批评。”①紧接着，1954 年 8 月，人民日报发表了一篇社论：《必须做好动员组织中小学毕业生从事生产劳动的工作》。该文指出：新中国成立的时间短，还不可能马上就完全解决城市中的就业问题……家在城市的中小学毕业生中有一部分人目前的就业问题是有一定困难的……目前农村正在大力开展以互助合作为中心的农业增产运动，需要大量吸收有一定文化科学知识和政治觉悟的青年学生参加农业生产和互助合作运动；农业生产对中小学毕业生的容纳量是巨大的，现在需要量很大，以后的需要量更大。

尽管政策导向是将受教育者引向农村，引向劳动生产，人民群众的升学热情仍然十分高涨。党和政府认识到，必须在学校的课程和日常教育生活中渗透劳动教育，改变人们鄙薄劳动的观念意识。1955 年，教育部制订了《小学教学计划》，要求在小学阶段从一年级到六年级增加“手工劳动”课程，使学生学会一些基本的劳动生产知识，学会使用一些简单的劳动生产工具。② 1956 年，教育部下发了《关于普通学校实施基本生产技术教育的指示(草案)》，指出：“我们培养出来的学生，不仅需要具有文化科学的知识，同时还要具有现代生产的基本知识和技能。”③同年 7 月，教育部发布了《关于1956—1957 学年度中小学实施基本生产技术教育的通知》，要求在中小学有步骤地实施基本生产技术教育。

在此阶段，小学劳动教育政策的主要目标是让学生了解一定的劳动生产知识，学会一些生产技能，以利于学生毕业后直接从事生产劳动。没有继续升学的学生或多或少地获得了相关培训，他们在农村和城市生产建设中发挥了积极作用。因此，培养学生热爱劳动的意识和劳动习惯对国家社会的经济建设是大有裨益的，可以使未来的劳动者克服鄙薄劳动、不愿劳动的观念，并树立为工农服务、为生产服务、为社会奉献的理念。

二、1957—1958 年：教育与生产劳动相结合

1957 年，随着我国政治经济形势的变化，劳动教育的地位大幅提升，全国范围内

① 曾天山、顾建军：《劳动教育论》，第 444 页，北京，教育科学出版社，2020。
② 何东昌：《中华人民共和国重要教育文献(1949—1975)》，第 508 页，海口，海南出版社，1998。
③ 同上，629 页。

掀起了劳动教育的高潮。同年，毛泽东同志在《关于正确处理人民内部矛盾的问题》中明确提出："我们的教育方针，应该使受教育者在德育、智育、体育几方面都得到发展，成为有社会主义觉悟的有文化的劳动者。"从此培养社会主义劳动者的教育方针在中央意志层面得到明确承认。1957年3月，人民日报就劳动教育发表社论《劳动教育必须经常化》，指出中小学校要把劳动教育经常化，培养学生的劳动精神和劳动技能，做好将来参加劳动生产的准备。1957年4月，人民日报再次发表社论《关于中小学毕业生参加农业生产问题》，自此，中小学校开始把生产劳动列为正式课程。

1957年6月，周恩来总理在《第一届全国人民代表大会第四次会议政府工作报告》中指出："全国学生的家长们和社会舆论都应该鼓励学生参加生产劳动，特别是农业生产劳动。要继续批判一部分家长和干部轻视体力劳动，阻挠学生参加工农业生产劳动的错误思想和行动。教育部门应该根据上述教育方针，在过去几年教育改革的基础上，对现行的教育制度、教育内容和教学法，彻底地稳步地加以改进。"①在中央政府教育方针的指示下，把教育与生产劳动相结合的呼声越来越高。1958年2月，时任教育部副部长董纯才在第一届全国人民代表大会第五次会议上做了题为《加强思想教育、劳动教育，提倡群众办学、勤俭办学》的教育工作报告，劳动教育被确定为勤俭办学、勤俭建设国家、多快好省建设社会主义的重要途径。"一切学校，均把生产劳动列为正式课程，并在不同时期，根据实际情况，对……劳动时间作明确规定，同时开设了属于教育与生产劳动相结合范畴的多门课程。"②

1958年8月，《红旗》杂志发表了陆定一的《教育必须与生产劳动相结合》一文，指出必须遵循教育为政治服务的方针、教育与生产劳动相结合的方针，必须按照马克思的劳动教育原则来办。1958年9月，中共中央、国务院正式发布了《关于教育工作的指示》，指出"教育工作在一定时期内曾犯过教育脱离生产劳动、脱离实际，并在一定程度上忽视政治、忽视党的领导的错误"，并提出"党的教育工作方针，是教育为无产阶级的政治服务，教育与生产劳动相结合"，具体的做法则是"把生产劳动列为正式课程。每个学生必须依照规定参加一定时间的劳动。今后的方向是，学校办工厂和农场，工厂和农业合作社办学校"。③ 从此，教育与生产劳动相结合的指导方针从理念到实践得到了全面贯彻，生产劳动在学校教育中的地位越发突出，以参与生产劳动为核心特征的劳动教育在全国层面得到大力提倡和普遍推广。但同时也应该看到，尽管教育与生产劳动相结合的方针起到了理论联系实际的作用，然而，在学校教育中过分强调体力劳动使得学校劳动过多，以致教育质量下降，甚至产生了"读书无用论"的观点，在一

① 曾天山、顾建军：《劳动教育论》，第445页，北京，教育科学出版社，2020。

② 肖川、丁东、劳凯声等：《教育与生产劳动相结合问题新探索》，第307页，长沙，湖南教育出版社，1998。

③ 中央文献研究室：《建国以来重要文献选编：第十一册》，第56页，北京，中央文献出版社，1995。

定程度上妨碍了教育的正常发展。

扩展资料

劳动教育必须经常化[①]

向学生进行劳动教育，培养学生的劳动观点，教育学生热爱劳动和热爱劳动人民，应当是学校教育的经常任务，任何时候都不能放松。我们知道，过去劳动人民是被压迫被剥削的阶级，他们的劳动受到轻视。现在，我国劳动人民的联盟已经成为人民民主专政的基础，人们已经公认劳动是光荣的。这是学校进行劳动教育的根本条件，也是鼓舞学生接受劳动教育的重要社会因素。因此，劳动教育是可以在学校中顺利进行的，而且是为学生所欢迎的。学生不仅在中小学里要受到劳动教育，在高等学校里也要受到劳动教育。

有的人不重视中小学的劳动教育。这是他们还不了解我国中小学教育任务的缘故。今天发表的教育部负责人的谈话指出："中小学教育属于普通教育的性质，它的任务主要是提高人民文化水平，以适应社会主义建设对具有一定的政治觉悟、文化教养和健康体质的劳动后备力量的需要；另外，也要为高等和中等学校输送一定数量的合格的新生。因此，中小学生毕业后应当是大多数从事工农业生产劳动，而升学的只能是毕业生中的一小部分，这是理所当然的。"因此，中小学毕业后不能升学的学生参加生产劳动，是国家教育事业的一条根本方针，也是不能升学的中小学毕业生应走的一条根本道路。

不但这样，我们人民教育的根本目的是促进社会生产力不断发展，提高社会的劳动生产率。学生升学固然是为了进一步提高政治和文化的水平，以便毕业后更好地参加生产劳动；不能升学而立即就业的中小学毕业生也是直接有助于社会生产事业的发展的。为了给中小学毕业生参加劳动生产打下思想基础、做好准备，学校必须进行经常的劳动教育。这就是要培养学生成为改造世界的劳动者。这对于正在成长中的青年、儿童的整个道德面貌、意志和性格的形成将起到重大的作用。劳动教育是共产主义教育的根本内容的一部分。中小学生即使升学了，也要继续受到劳动教育。轻视劳动、轻视劳动人民的观点是剥削阶级的观点，这是最可耻的。而劳动却能创造人类的物质财富和文明，它是最光荣的。

为了把劳动教育经常化，学校应当结合日常教学工作，做出合理的安排，具体生动地进行教育，特别是要增加劳动生产的课程。在进行劳动教育中，要注意同爱国主

① 载《人民日报》，1957-03-16。有部分改动。

义教育、集体主义教育、纪律教育、勤俭建国的教育结合起来。不仅要使学生在课堂讲授中受到教育，而且要使学生在各种劳动实践中，从思想感情、技能、习惯等方面受到教育。安徽省合肥第二中学领导方面和教师在教学中注意结合劳动实践来培养学生的劳动观点。三年多来，学生已经养成劳动的习惯，真正体会到劳动光荣的意义，不能升学的毕业生就愉快地走上了劳动生产的岗位。这个事实告诉我们，学校经常地进行劳动教育，就会收到良好的效果。

根据许多学校的经验，向学生进行劳动教育的方法是很多的。组织各种报告和讲座，让学生在实验室、学校园地和各种课外活动中广泛地从事各种实习；或者通过青年团和少年先锋队，组织学生参加各种富有教育意义的社会劳动；这些办法都可以采用。此外，学校还要鼓励学生参加家庭劳动。学校在安排和进行这些活动的时候，要同学生的学习很好地结合，应当注意不要过分加重学生的负担，不要妨害学生的正常学习和健康。

学校对于毕业班学生的劳动教育应当从学生实际情况出发。有的学生为了升学，过分紧张，影响了身体健康。也有的学生怕考不上学校，感到前途渺茫。学校应当使学生认识清楚：不管将来升学还是参加劳动生产，都应该认真地把功课学好，不必过分紧张；但是又应该鼓励学生用正确的学习方法，努力获取知识，满怀信心地走上未来的生活道路。学校应当全面地说明：无论是升学还是参加劳动生产，都是为国家所需要的。有的学校只注重对毕业班学生进行劳动教育，而忽视对全体学生进行劳动教育，这是不对的。

对学生进行劳动教育，仅靠学校方面的努力也还不够。学生除了在学校受教育的时间外，要受到家庭的教育。家长平时对子女的要求和态度给他们的影响很大。因此，家长对子女应当有正确的态度，从日常生活中给子女以劳动教育，帮助子女避免和克服消极因素的影响。北京市有的中学为了动员家长更好地协助学校教育子女，组织了家长委员会，分别联系学生家长，交流教育子女的经验。这对于巩固学校教育的成果有很大好处。

劳动教育是一项重要的政治思想工作。要把这个工作做好，并且保持经常化，就需要党委的关怀。各级党委在指导学校进行政治思想工作时，要重视劳动教育，经常了解劳动教育的进行情况，充分动员教师和家长的力量参加这项工作，使学生耳濡目染，从各方面受到劳动教育的熏陶。为了保证和提高对学生进行政治思想工作的水平，取得良好的效果，各级党委有必要加强学校政治思想工作的力量；并且指定一些党委委员经常向学生做报告。开展劳动教育的社会宣传不仅要依靠党组织各方面的力量，还必须有党委撑腰才能首先解决各级干部的思想问题，坚定教育行政部门和学校领导人员的信心。许多地方反映：干部思想不通常常成为开展劳动教育的阻力。各级党委要教育干部，用正确的态度对待子女升学和从事劳动生产的问题。所有的高级干部和高级知识分子都应该首先对自己的子女进行劳动教育，鼓励子女准备参加生产的必要知识和技能。

各地中小学校在过去几年来，结合教学活动，向广大学生进行了劳动教育，有了一定的成绩，并且积累了一定的经验。各地教育部门和学校应当总结和交流劳动教育的经验；在这个基础上把劳动教育提高一步，并且使它经常化。

案例分析

教育必须与生产劳动相结合(节选)①

最近几年，在教育方针的问题上，有过长期的争论。在今年4月和6月中共中央召开的教育工作会议上，解决了一系列的理论问题和实际问题。

中国共产党的教育方针，向来就是，教育为工人阶级的政治服务，教育与生产劳动相结合；为了实现这个方针，教育必须由共产党领导……

教育首先是传授和学习知识。但什么是知识？传授和学习的目的是什么？对这些问题，我们共产党人的理解是同资产阶级的理解不一样的。资产阶级教育学者的大多数认为，只有书本知识才是知识，实践的经验不算知识。所以他们认为，教育就是读书，读书愈多的人就愈有知识，有书本知识的人就高人一等。至于生产劳动，尤其是体力劳动和体力劳动者，那是下贱的，那是“绝路”。资产阶级教育学者另外有一些人，则认为教育即生活，生活即教育。他们既不把生活理解为阶级斗争和生产斗争的实践，又不强调理论的重要性，因而实际上走到取消教育。资产阶级的上述两种似乎绝对相反的观点来自一个共同的根源。他们说，人是没有阶级之分的，教育学是一门超阶级的学问。

我们共产党人的看法与此不同。我们认为，教育学是社会科学。一切社会科学都要跟政治走，教育学亦不例外。人们是为了进行阶级斗争和生产斗争而需要教育的。我们认为，世界上的知识只有两门。一门是阶级斗争的知识。这种阶级斗争是以经济地位划分的人的集团之间的斗争，这种斗争已经存在了几千年。现在，在我国过渡时期内，还有阶级斗争。在将来，阶级消灭之后，虽然阶级斗争没有了，但是还有人民内部的矛盾，因而一万年还会有毒草，即是说，还会有真理和谬误之间的斗争，先进和落后之间的斗争，对于生产力的发展的促进派和促退派之间的斗争。另一门是生产斗争的知识，即人类与自然做斗争的知识。而哲学则是这两门知识的概括和总结。哲学之所以重要，是因为辩证唯物主义的哲学给人们提供正确的思想方法……毛泽东同

① 载《红旗》，1958(7)。有部分改动。

志说："学生们的书本知识是什么知识呢？假定他们的知识都是真理，也是他们前人总结生产斗争和阶级斗争的经验写成的理论，不是他们自己亲身得来的知识。他们接受这种知识是完全必要的，但是必须知道，就一定的情况来说，这种知识对于他们还是片面性的，这种知识是人家证明了，而在他们则还没有证明的。最重要的，是善于将这些知识应用到生活和实际中去。所以我劝那些只有书本知识但还没有接触实际的人，或者实际经验尚少的人，应该明白自己的缺点，将自己的态度放谦虚一些。"缺乏理论的、偏于感性的或局部的经验，也是一种片面性的不完全的知识。毛泽东同志说："真正的理论在世界上只有一种，就是从客观实际抽出来又在客观实际中得到了证明的理论，没有任何别的东西可以称得起我们所讲的理论。"教育的目的，就是使学生得到比较完全的知识，而不是片面性的不完全的知识。这就要求教师也要有比较完全的知识。

社会主义建设，要求鼓足干劲、力争上游，要求实行勤俭建国，也要求技术和文化，要求多快好省地培养出大批的又红又专的技术人才。为了满足社会主义建设的这个需要，也要实行教育与生产劳动相结合。列宁说过："如果不把青年一代的教学和生产劳动结合起来，未来社会的理想是不能想象的；我们不可能把脱离生产劳动的教学和教育或者把脱离相应的教学和教育的生产劳动，提到现代技术水平和科学知识现状所要求的那种高度。"教育与生产劳动相结合的方针，必然提高教育的质量，不仅在智育方面是如此，在德育、体育方面也是如此。劳心与劳力分离的教育方针不能适合社会主义建设的需要。

我们的社会，是以社会主义的所有制为经济基础的。适合于社会主义所有制的政治制度是无产阶级专政。我们的教育是为无产阶级专政服务的，因而我们的教育就必须一反以往几千年的旧传统，采取教育与生产劳动相结合的方针，来消灭脑力劳动与体力劳动之间的差别，这也就是消灭历史上一切剥削制度的残余，使人类进入共产主义社会。教育与生产劳动相结合的方针，是工人阶级和一切劳动人民所需要的。这个方针是符合于人民的愿望的，因此一定会胜利。反之，劳心与劳力分离的方针，既然不适合社会主义的经济基础，不符合人民的需要，虽然有几千年的传统，也迟早被人民唾弃。

分析：如何看待文章中对劳动教育的阶级属性和政治功能的强调？我们应当如何理解教育与生产劳动相结合这一教育方针的时代性？

三、1959—1977 年：以服务政治定向为取向

1959 年后，随着"大跃进"运动的失败和"反右倾"斗争的开展，劳动教育的政治化和工具化色彩愈来愈明显。实际上，从《教育必须与生产劳动相结合》一文中已经可以

看出，劳动教育的政治化目的越来越强，将劳动教育用于思想改造的观点开始显现。在20世纪50年代末和60年代初，劳动教育开始被用作改造干部和知识分子的手段。

“大跃进”运动和“反右倾”斗争结束后，经过20世纪60年代初的调整，1964年5月，中共中央、国务院转发教育部《关于克服中小学负担过重现象和提高教学质量的报告》，再次强调要克服鄙薄劳动、轻视农业生产劳动的现象，在中小学里要适当增加劳动课。在这一背景下，两种教育制度的形式得到进一步确立。1964年11月，中共中央转发江苏省委《关于发展半工(耕)半读教育制度的规划(草案)》，批示以后全日制中学和高等学校将不再发展，国家将主要教育资源投入办半工半读、半农半读的中等和高等教育。1965年12月，毛泽东同志在一次会议上批评了学校教育理论脱离实际的问题。

在当时的社会背景下，学校教育逐渐走向了另外一个极端，即否定理论教育和文化知识教育的意义，劳动课程成为学校教学的主要课程，劳动教育取代了正规教育的地位。在“文化大革命”中，教育部党组指出，为了使青少年免受资产阶级思想的腐蚀，要“组织他们学习和劳动，加强思想政治教育，有计划地输送他们上山下乡”①，由此，劳动完全取代了正常的教学。1967年，《关于小学无产阶级文化大革命的通知(草案)》指出，要从教师队伍中清除“地、富、反、坏、右”分子，并且“就地劳动改造”②，劳动本源的教育意义被遮蔽。

整体来说，虽然这一阶段的劳动教育地位空前，但也产生了影响较大的负面结果，由于文化理论教育被忽视，师生主要忙于劳动生产，学校教育质量下降，人才培养出现断层，对国家社会经济发展事业造成了不良影响，偏离了劳动教育应有的发展方向。

第二节
1978年以来我国劳动教育政策的演变

“文化大革命”结束后，国家政治、经济、社会等各领域迎来了深刻的拨乱反正，教育系统也不例外，全国教育工作逐渐正常化。改革开放政策确立的以经济建设为中心的指导方针对劳动教育政策产生了重大影响，随着国家现代化建设事业的深入开展，劳动教育政策也与时俱进，呈现出不同的阶段性特点。

---

① 何东昌：《中华人民共和国重要教育文献(1949—1975)》，第1400页，海口，海南出版社，1998。

② 同上，第1412页。

一、1978—1998 年：调整与改进，助力现代化发展

1978 年 4 月，邓小平同志在全国教育工作会议上的讲话特别指出："为了培养社会主义建设的合格的人才，我们必须认真研究在新的条件下，如何更好地贯彻教育与生产劳动相结合的方针。""各级各类学校对学生参加什么样的劳动，怎样下厂下乡，花多少时间，怎样同教学密切结合，都要有恰当的安排。更重要的是整个教育事业必须同国民经济发展的要求相适应。""我们的国民经济是有计划按比例发展的，我们培养训练专家和劳动后备军，也应该有与之相适应的周密的计划。"①从此，劳动教育政策由过去的为政治服务、为阶级斗争服务的价值取向，转向为经济建设服务的新目标。同时可以看到，在此阶段，劳动教育仍然深受计划经济体制的影响。由于经济发展是有计划的，经济建设所需要的人才的数量和规格也应当有所规划，在此背景下，劳动教育要如何开展、在什么阶段开展、以什么形式开展都要遵循人才培养计划的需要。

1981 年，教育部相继颁发《全日制五年制小学教学计划(修订草案)》《全日制六年制重点中学教学计划(试行草案)》《全日制五年制中学教学计划(试行草案)的修订意见》，提出开设劳动技术教育课的要求。这一时期，劳动技术教育的主要目的是培养学生的劳动意识和劳动习惯，是对改革开放前过于追求劳动教育的生产效益的一种纠偏。1981 年 6 月，中国共产党第十一届六中全会通过《关于建国以来党的若干历史问题的决议》，明确提出要"坚持德智体全面发展、又红又专、知识分子与工人农民相结合、脑力劳动与体力劳动相结合的教育方针"②。这是党的教育方针的一次重大转折，在新的表述中已经不再有"教育必须为无产阶级服务"的说法，并且将脑力劳动也定性为劳动的一部分，与体力劳动具有同等重要的意义，知识分子的劳动价值由此得到充分肯定。1982 年 10 月，教育部颁发《关于普通中学开设劳动技术教育课的试行意见》，这是中华人民共和国成立以来首次在官方政策文件中对劳动教育提出了考核标准，标志着劳动教育逐渐与学校课程深度融合，走向正常化。

与此同时，在 20 世纪 80 年代初，由于国民经济尚处于恢复发展阶段，国家能够投入的用于教育事业的经济资源十分有限，勤工俭学的教育制度仍然得到了保留。1983 年 2 月，国务院批转教育部、国家计委、国家经委、财政部《关于进一步开展勤工俭学活动的请示》和《中小学勤工俭学暂行工作条例》，要求各地中小学要从实际出发，因地制宜地积极开展多种形式的勤工俭学活动，要坚持社会主义方向和自力更生、艰苦创业的精神，根据当地的自然条件和学校的可能，宜工则工、宜农则农(含林、牧、

① 曾天山、顾建军：《劳动教育论》，第 446 页，北京，教育科学出版社，2020。

② 同上，第 447 页。

副、渔)，为教学和科研服务，为生产服务，为人民生活服务；要按照中小学教学计划的规定，组织学生参加生产劳动或公益劳动；要正确处理教育与生产劳动的关系，使生产劳动与政治思想教育、教学结合起来；不得随意增减教学和劳动时间，防止学生不参加劳动或参加劳动过多的偏向。勤工俭学的主要任务是“通过劳动实践对学生进行思想政治教育，培养学生热爱劳动、热爱劳动人民、热爱科学、爱护公共财物、有理想、讲文明、懂礼貌、守纪律、艰苦奋斗的道德品质。理论联系实际，结合教学开展一些科学实验、科学种田活动，培养学生运用理论知识解决实际问题的能力，并使学生学到一定的生产知识和劳动技能。搞好生产，创造物质财富，为改善办学条件和师生福利提供一定的条件”①。此阶段的勤工俭学在内容上和任务要求上相较以前更加合理，不再盲目地追求让劳动教育来代替正常的学校教育，并注意防止因为过于追求生产效益而使学生劳动过多的倾向。劳动教育和勤工俭学要在不妨碍学校日常教学的基础上开展，虽然创造物质财富、改善办学条件也是勤工俭学的目的，但是主要目的在于培养学生的劳动观念和劳动能力，养成艰苦奋斗的道德精神。

1986 年 4 月，时任国务院副总理兼国家教委主任李鹏在第六届全国人民代表大会第四次会议上做了《关于中华人民共和国义务教育法(草案)的说明》，在贯彻党的教育方针方面提出“应当贯彻德、智、体、美全面发展的方针，适当进行劳动教育，使青少年儿童受到比较全面的基础教育”②，在这里，劳动教育的地位首次被定位为学生全面的基础教育的一部分。1986 年 6 月，全国中学劳动技术工作座谈会在苏州召开，国家教委办公厅 8 月印发了《全国中学劳动技术教育工作座谈会纪要》，该会议指出：从全国范围看，约有半数甚至更多的学校没有开设劳动技术课；教育界和社会片面追求升学率的现象，劳动技术教育作为一门新兴综合学科对场地、设备、师资等条件的新要求，以及社会、家长、教师和学生对其重要性的认识不够，是导致劳动技术课不能正常开设的重要原因。③ 由此可见，虽然在改革开放前劳动教育受到大力推崇，在学校教育向文化知识教育的传统回归后，不重视劳动、鄙薄劳动的现象也有回头，这也说明在以文化理论知识作为教育考核重心的情况下，提倡劳动教育、提高劳动教育的地位一直都是艰巨的任务。

1986 年 10 月，时任国家教委副主任彭珮云在中学德育大纲研讨会上的讲话明确提出：把德育作为德智体美劳五育全面发展的一个有机组成部分，使五育互相配合、互相渗透、互相促进。劳动教育作为五育全面发展的一部分的观点开始广泛传播。此后，在国家教委颁发的一系列文件中均出现了五育并举的表述。1988 年 3 月，第七届全国

---

① 湖南省教育厅：《全国中、小学勤工俭学暂行工作条例》，见中国政府网，2005 年 10 月 9 日。

② 曾天山、顾建军：《劳动教育论》，第 448 页，北京，教育科学出版社，2020。

③ 同上。

人民代表大会第一次会议通过的《1988年政府工作报告》提出“我国教育事业的根本任务是为社会主义建设培养合格的劳动者和各类专门人才。各级各类学校要努力使学生在德、智、体、美各方面得到发展，并适当加强劳动教育”①。虽然在全国层面的教育政策中，劳动教育尚未取得与德智体美四育相当的教育目的定位，但是显然政策制定者已经认识到了劳动素质是一个全面发展的人不可缺少的部分。1988年12月，中共中央印发了《关于改革和加强中小学德育工作的通知》，将“爱劳动”确立为中小学德育的五项基本内容之一，要求进行劳动教育，认真培养学生的劳动观点、劳动习惯和勤俭节约、艰苦朴素的精神；把劳动和劳动技术教育作为中小学教育的一个重要内容，列入教学计划并进行考核；开展劳动教育要因地因校制宜，根据学生的不同年龄段加以安排。② 可以看出，劳动既是德育的内容，又是德育的手段，热爱劳动被列为中小学生的道德精神要求，同时，劳动精神也只能通过劳动本身来养成，而不可能通过别的方式。为了使劳动教育经常化和规范化，《国家教委1989年工作要点》要求“进一步加强中小学的劳动教育，推动各地积极创造条件，使小学、中学都能按教学计划安排开设劳动课、劳动技术课和组织社会实践活动，并推动地方编写有关教材，尽快建立和落实校内外劳动基地”③。

1991年9月，第七届全国人民代表大会常务委员会第二十一次会议通过了《中华人民共和国未成年人保护法》。第十三条规定：“学校应当全面贯彻国家的教育方针，对未成年学生进行德育、智育、体育、美育、劳动教育以及社会生活指导和青春期教育。”④未成年学生接受劳动教育的权利首次在法律层面被承认和落实。1992年8月，教育部颁发了《九年义务教育全日制小学、初级中学课程计划》，规定在小学阶段设置劳动课，在中学阶段设置劳动技术课，使学生“通过自我服务劳动、家务劳动、公益劳动和简单的生产劳动，初步掌握一些基本的劳动知识和技能，培养正确的劳动观念、良好的劳动习惯、热爱劳动和劳动人民的感情”⑤。中小学的劳动教育课程进一步规范化。随着社会主义市场经济体制的确立，社会经济发展再次面临新形势和新考验。

为了适应社会主义市场经济发展的要求，实现党的十四大所确立的战略任务，迎接21世纪的挑战，1993年2月，中共中央、国务院印发了《中国教育改革和发展纲要》，明确规定“教育必须为社会主义现代化建设服务，必须与生产劳动相结合，培养德、智、体全面发展的建设者和接班人”的教育指导方针，教育与生产劳动相结合的原则再次得到确认，同时提出“加强劳动观点和劳动技能的教育，是实现学校培养目标的

---

① 曾天山、顾建军：《劳动教育论》，第449页，北京，教育科学出版社，2020。

② 同上。

③ 同上。

④ 同上，第450页。

⑤ 国家教委：《九年义务教育全日制小学、初级中学课程计划(试行)》，载《课程．教材．教法》，1992(10)。

重要途径和内容。各级各类学校都要把劳动教育列入教学计划，逐步做到制度化、系列化。社会各方面要积极为学校进行劳动教育提供场所和条件”①。由此，教育与生产劳动相结合的原则重新获得重视，并被视作应对新阶段育人挑战的工具和手段。1994年6月，在全国教育工作会议上，江泽民同志强调了教育同生产劳动相结合的问题，他指出：“学生适当参加一些物质生产劳动，应成为一门必修课，不是可有可无，这一点务必要充分认识和高度重视。”②所以，新时期的教育与生产劳动相结合不是无的放矢，不是以生产劳动取代正常的学校教育，而是在学校教育里保证劳动教育的课程地位，在劳动教育应有的教学计划内，让学生充分地体验劳动，获得劳动知识和技能。1994年7月，国务院印发了《关于“中国教育改革和发展纲要”的实施意见》，要求“各级各类学校都要进一步贯彻教育与生产劳动相结合的方针，采取多种形式促进学校教育与社会的紧密结合。要把劳动教育列入教学计划，逐步做到制度化、系列化。社会各方面要积极为学校进行劳动教育提供场所”③。1998年6月，教育部办公厅出台《关于加强普通中学劳动技术教育管理的若干意见》，强调要把劳动技术教育纳入督导评估内容的指标体系，把是否开设劳动技术课、是否重视劳动技术教育与考核评优挂钩。

至此，改革开放后的中小学劳动教育的重建、调整和规范化基本完成。这个阶段劳动教育政策的特征，一是不再强调劳动教育的阶级属性、政治属性，而是注重发掘劳动教育的内在本质属性，将劳动教育的育人功能摆在突出的位置，重视劳动技能和劳动精神的培养；二是劳动教育政策主要关注劳动教育的制度保障层面，从教育目标、教育内容、教育场所和教育评价方面都做出了相应的规定和调整；三是劳动教育政策注重呼应社会主义现代化建设的需要，根据国民经济发展的实际，在学校教育中设置相应的劳动教育课程。

二、1999年至今：深化和创新，彰显个体价值

1999年，即将进入21世纪，我国学校教育迎来了又一次影响深远的教育观念和制度变革。随着社会经济发展，个体价值得到越来越多的重视和提倡，以人为本的教育理念逐渐成为主流的教育思潮。重视人的素质发展，抵制和反思过去唯书本、唯成绩的陈旧教育观念，是人们在即将进入21世纪时普遍持有的教育理念。1999年，国务院批转教育部制订的《面向21世纪教育振兴行动计划》，明确提出实施“跨世纪素质教育工程”，整体推进素质教育，拉开了素质教育从典型示范转向整体推进和制度创新的序

① 曾天山、顾建军：《劳动教育论》，第451页，北京，教育科学出版社，2020。
② 同上。
③ 同上。

幕。同年，中共中央、国务院发布《关于深化教育改革全面推进素质教育的决定》，并召开了以素质教育为主题的全国教育工作会议，进一步强调了实施素质教育的重要性和必要性。该文件关于劳动教育特别指出，要“加强和改进对学生的生产劳动和实践教育，使其接触自然、了解社会、培养热爱劳动的习惯和艰苦奋斗的精神”①。可见，劳动素质是人的素质结构的重要部分，劳动教育也应当是素质教育的重要内容。

2001年5月，国务院发布《关于基础教育改革与发展的决定》，将“坚持教育必须为社会主义现代化建设服务，为人民服务，必须与生产劳动和社会实践相结合，培养德智体美等全面发展的社会主义事业建设者和接班人”作为21世纪基础教育改革与发展的基本方针。同年6月，《基础教育课程改革纲要(试行)》出台，并规定从小学至高中设置综合实践活动并作为必修课程，其内容主要包括：信息技术教育、研究性学习、社区服务与社会实践以及劳动与技术教育。在培养目标和做法上，强调“学生通过实践，增强探究和创新意识，学习科学研究的方法，发展综合运用知识的能力……试行通过‘绿色证书’教育及其他技术培训获得‘双证’的做法。城市普通中学也要逐步开设职业技术课程”②。在中小学设置多年的劳动课和劳动技术课从此被作为综合实践活动课程的一部分。这体现出整个学校教育目的开始转向对学生综合素质的培养，注重联通不同学科的知识内容，通过综合性课程和融合性课程来培养学生的综合能力。但是，在实施过程中，由于劳动教育课程不再拥有独立的课程地位，劳动教育有被窄化为技术教育的倾向，其劳动属性逐渐被弱化。

2013年以来，党中央开始加强重视中小学劳动教育。2013年儿童节前夕，习近平总书记在参加“快乐童年放飞希望”主题队日活动时指出，少年儿童从小就要立志向、有梦想，爱学习、爱劳动、爱祖国，德智体美全面发展；强调生活靠劳动创造，人生也靠劳动创造，希望广大中小学生从小就要树立劳动光荣的观念，自己的事自己做，他人的事帮着做，公益的事争着做。③ 2013年4月，习近平总书记在同全国劳动模范代表座谈时提出：“全社会都要贯彻尊重劳动、尊重知识、尊重人才、尊重创造的重大方针，维护和发展劳动者的利益，保障劳动者的权利。要坚持社会公平正义，努力让劳动者实现体面劳动、全面发展。”④以习近平总书记的讲话为引领，在全社会层面形成崇尚劳动、热爱劳动、尊重劳动的思想潮流势在必行，劳动教育的重要地位逐渐回归。2014年4月，习近平总书记在劳动模范座谈会上进一步提出，特别是要通过各种措施

① 曾天山、顾建军：《劳动教育论》，第452页，北京，教育科学出版社，2020。

② 同上，第453页。

③ 中华人民共和国教育部：《切实加强中小学劳动教育 培养热爱劳动热爱创造的社会主义建设者和接班人——教育部基础教育一司负责人就〈关于加强中小学劳动教育的意见〉答记者问》，见中华人民共和国教育部官网，2015年8月3日。

④ 习近平：《习近平在同全国劳动模范代表座谈时的讲话》，见中国共产党新闻网，2013年4月28日。

和方式，教育引导广大青少年牢固树立热爱劳动的思想，牢固养成热爱劳动的习惯，为祖国发展培养一代又一代勤于劳动、善于劳动的高素质劳动者。

2015 年 7 月，教育部、共青团中央和全国少工委联合印发了《关于加强中小学劳动教育的意见》，指出新时期的劳动教育“旨在通过劳动教育，提高广大中小学生的劳动素养，促进他们形成良好的劳动习惯和积极的劳动态度，使他们明白‘生活靠劳动创造，人生也靠劳动创造’的道理，培养他们勤奋学习、自觉劳动、勇于创造的精神，为他们终身发展和人生幸福奠定基础”①。劳动素养首次进入国家的教育政策方针，反映了新时期的劳动教育研究成果。劳动素养是劳动者在劳动过程中与之相匹配的劳动心态和劳动技能的综合概括，只有态度没有劳动技能，或者虽然从事劳动但没有积极向上的劳动态度，都不能算具备良好的劳动素养。此时，劳动教育注重通过形成劳动素养来帮助学生实现有价值和幸福的人生，体现了新时代劳动教育政策对于个体生活追求的尊重。

2017 年 1 月，国务院印发了《国家教育事业发展“十三五”规划》，明确指出要强化学生实践动手能力，要求“践行知行合一，将实践教学作为深化教学改革的关键环节，丰富实践育人有效载体，广泛开展社会调查、生产劳动、志愿服务、公益活动、科技发明和勤工助学等社会实践活动，深化学生对书本知识的认识。加强劳动教育，充分发挥劳动综合育人功能。制定中小学生综合实践活动指导纲要，注重增强学生实践体验，鼓励有条件的地区开展中小学生研学旅行和各种形式的夏令营、冬令营活动”②。2018 年 9 月，习近平总书记在全国教育大会上强调，要坚持中国特色社会主义教育发展道路，努力构建德智体美劳全面培养的教育体系，形成更高水平的人才培养体系。明确劳动教育为全面培养的教育体系的重要部分，在人的全面发展中，劳动素质与德智体美拥有同等重要的地位。

2020 年 3 月，中共中央、国务院印发了《关于全面加强新时代大中小学劳动教育的意见》，对加强新时代劳动教育进行了整体设计，阐明了劳动教育的基本内涵，明确了劳动教育的总体目标，健全了劳动教育课程，规定了劳动教育的基本内容，强化了劳动教育评价。该文件指出，劳动教育是中国特色社会主义教育制度的重要内容，直接决定社会主义建设者和接班人的劳动精神面貌、劳动价值取向和劳动技能水平；长期以来，各地区和学校坚持教育与生产劳动相结合，在实践育人方面取得了一定成效；同时也要看到，近年来一些青少年出现了不珍惜劳动成果、不想劳动、不会劳动的问

---

① 中华人民共和国教育部：《切实加强中小学劳动教育 培养热爱劳动热爱创造的社会主义建设者和接班人——教育部基础教育一司负责人就〈关于加强中小学劳动教育的意见〉答记者问》，见中华人民共和国教育部官网，2015 年 8 月 3 日。

② 国务院：《国务院关于印发国家教育事业发展“十三五”规划的通知》，见中华人民共和国教育部官网，2017 年 1 月 10 日。

题，劳动的独特育人价值在一定程度上被忽视，劳动教育正被淡化、弱化；对此，全党全社会必须高度重视，采取有效措施切实加强劳动教育。随后，教育部于2020年7月印发了《大中小学劳动教育指导纲要（试行）》，对劳动教育的性质与理念、目标与内容、实施路径与方式、评价与保障等方面做了具体规定。由此可见，新时代劳动教育政策的出台是对经济发展中出现的鄙薄劳动的现象做出纠正的努力，要重新树立一种热爱劳动、珍惜劳动成果的社会风尚和观念。在这个背景下，劳动的道德教育价值凸显。

进入21世纪后，我国的劳动教育政策依然大力强调教育与生产劳动相结合，但更多的是凸显生产劳动的道德教育功能，通过学生劳动来创造经济价值的作用日益弱化；与之相反，在之前的阶段，在学校里开展生产劳动的一个重要考虑是弥补办学经费的不足，改善学校的办学条件。这表明，随着社会经济水平的日益提高，我国已不再需要学校的生产劳动来补充教育经费。同时说明我国的经济发展也不再需要依靠简单劳动。新时期的劳动教育政策更加关注劳动教育的教化意义，关注对个体发展的影响作用以及个体价值的彰显意义。

第三节
新时代我国小学劳动教育政策框架

2020年3月，中共中央、国务院印发的《关于全面加强新时代大中小学劳动教育的意见》是劳动教育政策进入新时代的重要标志，就新时代全面贯彻党的教育方针、加强大中小学劳动教育进行了系统设计和全面部署。深刻理解和把握《关于全面加强新时代大中小学劳动教育的意见》中对劳动教育的指导思想、总体目标和主要内容的表述，对学习贯彻中央精神，全面加强小学劳动教育具有重要意义。

一、小学劳动教育的指导思想

《关于全面加强新时代大中小学劳动教育的意见》指出，新时代大中小学劳动教育的总体指导思想是：以习近平新时代中国特色社会主义思想为指导，全面贯彻党的教育方针，落实全国教育大会精神，坚持立德树人，坚持培育和践行社会主义核心价值观，把劳动教育纳入人才培养全过程，贯通大中小学各学段，贯穿家庭、学校、社会各方面，与德育、智育、体育、美育相融合，紧密结合经济社会发展变化和学生生活实际，积极探索具有中国特色的劳动教育模式，创新体制机制，注重教育实效，实现知行合一，促进学生形成正确的世界观、人生观、价值观。

可以看出，新时代劳动教育指导思想的提出是以当前我国青少年劳动教育的现实问题为基础的。劳动教育一直是中国特色社会主义教育制度的重要内容，对于培养社会主义建设者和接班人具有重要战略意义。然而，随着社会经济的快速发展和人民生活水平的日益提高，体力劳动和生产劳动的意义有被弱化的倾向。尤其是2000年以后，劳动教育由于失去了课程上的独立地位，有被逐渐淡化的趋势，与此同时，受消费主义、享乐主义和成功主义等糟粕文化的影响，一些青少年形成了鄙薄劳动的不健康观念，与社会主义建设者和接班人的培养要求有较大差距。习近平总书记在2018年全国教育大会上强调，劳动教育即劳动、生产、技术和劳动素养方面的教育，旨在培养学生正确的劳动观点、劳动态度、劳动习惯，使学生获得工农业生产基本知识和技能。因此，培养青少年的劳动精神、形成劳动技能并服务于工农业生产一直是党的重要方针。劳动教育的实施要加强与生产劳动的结合，要使广大青少年真正在劳动实践中体会劳动成果的来之不易，形成爱劳动、会劳动、主动劳动的意识。要防止把劳动教育上成文化理论课，避免劳动教育与生产实践相脱离。

二、小学劳动教育的总体目标

《关于全面加强新时代大中小学劳动教育的意见》指出，新时代大中小学劳动教育的总体目标是：通过劳动教育，使学生能够理解和形成马克思主义劳动观，牢固树立劳动最光荣、劳动最崇高、劳动最伟大、劳动最美丽的观念；体会劳动创造美好生活，体认劳动不分贵贱，热爱劳动，尊重普通劳动者，培养勤俭、奋斗、创新、奉献的劳动精神；具备满足生存发展需要的基本劳动能力，形成良好的劳动习惯。

首先，马克思主义认为，劳动创造了人，劳动是创造价值的唯一源泉，人民群众是物质财富和精神财富的创造者，教育要与生产劳动紧密结合。劳动教育在马克思主义教育观中占有重要地位。要坚持社会主义教育制度，就要在根本上牢固树立马克思主义教育观，要重视劳动，坚持教育与生产劳动相结合，使受教育者成为服务社会主义建设事业的合格劳动者。其次，从传统文化来说，我国历来有“苦其心志、劳其筋骨”的劳动育人文化，古代先哲早已认识到，劳动不仅有强身健体的作用，而且有树德、增智、育美的综合育人价值。不管在哪个时代，创造历史的始终是劳动者和奋斗者，重学历、轻劳动既不符合历史进步的潮流，也与中华民族勤劳奋进的传统精神相悖。

要明确新时代劳动教育的总体目标，同时需要牢牢把握劳动教育的基本内涵。《关于全面加强新时代大中小学劳动教育的意见》指出：劳动教育是国民教育体系的重要内容，是学生成长的必要途径，具有树德、增智、强体、育美的综合育人价值；实施劳动教育重点是在系统的文化知识学习之外，有目的、有计划地组织学生参加日常生活劳动、生产劳动和服务性劳动，让学生动手实践、出力流汗，接受锻炼、磨炼意志，培养学生正确劳动价值观和良好劳动品质。可见，在党和国家的教育方针中，劳动教育是学校课程不可缺少的一部分，它不是学生在学习文化理论课程之外的一种有益补充，而是具有自身独一无二的重要价值和地位。劳动教育的实施以学生参加劳动实践为根本原则，劳动精神和劳动技能只有在出力流汗的劳动过程中才能真正养成。新时代的小学劳动教育要旗帜鲜明地反对一切不劳而获、贪图享乐的思想，让勤俭、奋斗、奉献的劳动精神在儿童身上生根发芽，培养践行社会主义核心价值观、传承中华民族优良文化的时代新人。

三、小学劳动教育的主要内容

《关于全面加强新时代大中小学劳动教育的意见》指出，新时代的劳动教育要根据教育目标，针对不同学段、类型学生的特点，以日常生活劳动、生产劳动和服务性劳动为主要内容；结合产业新业态、劳动新形态，注重选择新型服务性劳动的内容。小学低年级要注重围绕劳动意识的启蒙，让学生学习日常生活自理技能，感知劳动的乐趣，知道人人都要劳动。小学中高年级要注重卫生和劳动习惯的养成，让学生做好个人清洁卫生，主动分担家务，适当参加校内外公益劳动，学会与他人合作劳动，体会到劳动光荣。

从政策要求来看，小学劳动教育的内容以日常生活劳动为主，在中高年级可以适当渗透服务性劳动的内容。由于小学阶段儿童的身体和心智发展远未成熟，因而尚不适宜大规模参加对身体条件和技能水平要求较高的生产劳动。对儿童来说，最重要的是通过日常生活劳动来形成劳动观念和劳动意识，使儿童喜欢劳动，形成对劳动的正确认知和态度。在小学阶段可以设置校园劳动、家务劳动和休闲劳动等模块，在低年级阶段可以通过整理课桌、美化教室、美化校园等校园劳动来使学生学会使用学习工具和劳动工具，形成维护环境的责任意识，通过整理内务、清洁厨房等简单家务劳动形成参与家务劳动的意识，通过动植物养护等劳动内容形成尊重生命、尊重自然的意识，在中高年级阶段，通过参加校内外公益劳动，培养学生的公共精神，通过学习电器使用、食物制作等复杂家务劳动学会生存，学会自我服务和自我管理，通过制作小产品培养学生的动手技能和创造精神。

本章小结

我国小学劳动教育政策反映了国家的育人取向，我国的劳动教育政策发展具有明显的阶段性。中华人民共和国成立后的17年，我国的劳动教育得到了迅速发展，这一时期的劳动教育政策具有明显的政治化色彩。改革开放以来，随着国家现代化建设事业的深入开展，劳动教育政策与时俱进，开始助力现代化发展，并彰显个体价值。2020年出台的劳动教育系列政策标志着我国劳动教育进入新时代，并对劳动教育的指导思想、总体目标和主要内容做了明确规定，为我国小学劳动教育的具体实践提供了行动指南。

章后练习

1. 从中华人民共和国成立至改革开放前，我国劳动教育政策演变的特点是什么？

2. 改革开放以来我国劳动教育政策演变的特点是什么？

3. 请结合中共中央、国务院《关于全面加强新时代大中小学劳动教育的意见》，分析论述新时代我国小学劳动教育的指导思想、总体目标和主要内容。

拓展阅读

1. 何东昌．中华人民共和国重要教育文献(1949—1975)[M]．海口：海南出版社，1998.

2. 毛泽东．毛主席论教育革命[M]．北京：人民出版社，1967.

第四章

小学劳动教育的目标设计

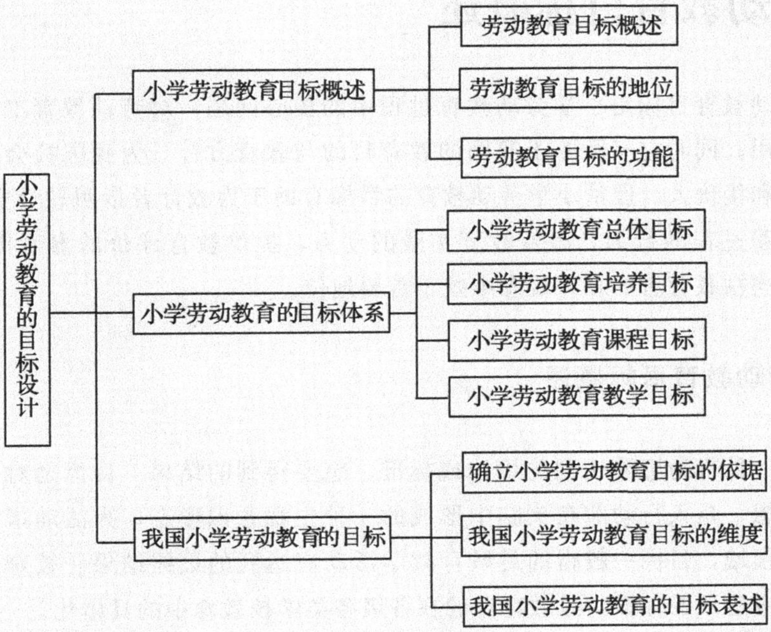

章前导语

小学阶段是劳动意识的启蒙与奠基阶段，小学劳动教育应培养小学生正确的劳动价值观和积极主动的劳动意识，树立正确的劳动观点和劳动态度，养成良好的劳动行为习惯，掌握基础的劳动知识和劳动技能，发展劳动创造潜能。制定科学、合理、可行的小学劳动教育目标对于指导小学劳动教育的开展有重要意义。小学劳动教育目标的制定受不同因素的制约，在制定小学劳动教育目标时，应结合小学劳动教育目标的不同维度，充分考虑各制约因素的影响，从而制定出更加科学、可行的小学劳动教育目标。

第一节
小学劳动教育目标概述

小学劳动教育目标是小学劳动教育过程中的核心问题，对劳动教育工作具有全程性的指导作用；同时它又服务于我国的教育目的与教育方针，为我国社会主义现代化培养建设者和接班人。厘清小学劳动教育的目标有助于为教育者指明教学实践的方向，规范教育实践过程的行为，激发教育实践的动力，提供教育评价的参考体系，等等。教育目标应当在教育者的教育观念中处于首要地位。

一、劳动教育目标概述

目标是一种行为想要达到的境地或标准、想要得到的结果。目标是对活动预期结果的主观设想，是人行动前在头脑中形成的一种主观意识形态，为活动指明行进的方向。在教育领域，目标一般指的是教育教学活动应达到的最终结果。教育目标是指所培养的人才应达到的标准，是教育目的在各级各类学校教育中的具体化。

受特定政治、经济、文化等因素影响，劳动教育目标在不同历史发展阶段不断进行改革与调整。合理的劳动教育目标需要经过一个长期的探索过程，需要来自实践和理论的不断修正和完善。中华人民共和国成立初期，我国中小学劳动教育的推进旨在改造旧时期“重知识、轻劳动”的思想，培养有社会主义觉悟的有文化的劳动者，并通过劳动教育使学生获得一些基本的生产知识，学会使用一些简单的生产工具，发展创造才能，并养成正确的劳动态度，努力解决当时中小学毕业生的就业问题。“文化大革命”的到来使劳动教育成为阶级斗争的工具，用来培育无产阶级政治思想。在这一时期，劳动教育的政治意义上升到前所未有的高度，甚至与其他的教学活动对立。劳动教育的内涵被窄化为体力劳动，劳动教育完全取代了基础文化知识教育。之后在改革开放的推进过程中，我国中小学的劳动教育被具体定义为劳动技术教育，劳动教育目标又演变为培养服务于社会主义现代化建设的技术型人才。新时代、新背景下的劳动教育目标以人为本，着眼于提升人的劳动素养，促进人的全面发展。相较于之前劳动教育凸显的政治功能、社会功能，新时代劳动教育的目标着重体现了劳动的育人功能，着眼于人的发展的价值诉求，以提升学生的劳动素养核心，促进人的全面发展。①虽然不同时期劳动教育目标的价值取向与内容结构有着不同的侧重点，但劳动教育的思想改造性与服务现实性始终贯穿其中。

二、劳动教育目标的地位

德育、智育、体育、美育、劳动教育共同构成了我国全面发展的教育体系。劳动教育与德育、智育、体育、美育特点各异又密切联系。苏霍姆林斯基认为劳动是道德之源，对学生劳动态度与劳动价值观的培养是学校德育的重要内容，对劳动知识与技能的训练、劳动习惯的养成又是智育与体育的重要内容，学生在劳动过程中体验的劳动者对美的追求和创造则是美育的内容。德育塑造的世界观、人生观、价值观，体育练就的强健体魄与顽强毅力，智育培养的专业技能，以及美育熏陶下对美的体验，都成为开展劳动教育的坚实基础。因此，中小学劳动教育目标同时具有德育、智育、美育、体育多方面功能。

在定位新时期中小学劳动教育目标时应当平衡好其在德智体美方面的功能关系，明确德育目标的主体位置、劳动认知目标的基本地位以及在体育、创造力、美育等方面衍生目标的辅助地位。作为全面发展的教育体系的构成部分，劳动教育既具有树德、增智、健体、育美的综合育人价值，又具有德智体美各育不可替代的独特价值。② 劳动教育与其他各育构成了我国素质教育的完整有机体，各自都有独特的作用与不可替代的地位，不能相互割裂。弄清楚劳动教育在全面发展教育中的地位有利于推动小学劳动教育的有效开展。

三、劳动教育目标的功能

迈克·唐纳指出，教育目标的具体功能因目标水平的不同而各异，但有着共同的

---

① 骆贵平、汪欢：《我国各时期中小学劳动教育目标的比较探析》，载《课程教学研究》，2020(2)。

② 刘向兵等：《新时代高校劳动教育论纲》，第49页，北京，社会科学文献出版社，2019。

一般功能：明确教育进展的方向，选择理想的学习经验，界定教育计划的范围，提示教育计划的要点，突出评价的重要基础。[①] 劳动教育作为教育的子系统，在彰显教育目标之导向功能、标准功能、调控功能和激励功能的基础上有其特殊性。

（一）为劳动教育教学活动的开展指明方向

目的作为对活动预期结果的设想，是活动开展的导向。目的一经确立就成为人们行动的指南，为人们指明事物的发展方向，预定其发展结果。劳动教育目标为劳动教育教学活动的开展指明方向，起到导向性作用，主要体现在以下几个方面：一是能使劳动教育教学活动避免陷入盲目的状态，能促进教学活动自觉地进行；二是使劳动教育教学活动集中于有意义的方向，有助于有意义的结果的达成；三是提高劳动教育教学活动的效率，使教学活动达到事半功倍的功效。同样地，小学劳动教育目标对小学劳动教育教学活动起导向功能，规定了劳动教育教学活动的基本方向。小学劳动教育目标一旦确立，所有小学劳动教育教学活动都以该目标的达成为导向，如小学劳动教育内容的选择与组织、小学劳动教育方法和手段的选择、小学劳动教育资源的开发、小学劳动教育效果的评价。

（二）为劳动教育的过程和结果提供评价标准

教育评价是教育活动的一个重要组成部分，教育活动进行得是否顺利，教育活动完成后是否达到了预期的目的，都需要通过评价环节来考量，而评价的进行必须有一定的标准。对于教育领域内的活动而言，教育目的就是评价标准之一。判断教育过程是否遵循了合理的发展路线，教育过程是否达到了要求，教育结果是否符合预期的目标，都必须依据教育目的来进行评估。因此，劳动教育目标也能够为劳动教育活动的评价提供标准。

首先，小学劳动教育目标是小学劳动教育课程研制各个环节的基本依据。小学劳动教育课程内容与教学方法的选择、课程与教学组织、课程与教学的实施以及评价等都以小学劳动教育目标为基本依据和基本标准。

其次，小学劳动教育目标为小学学生学习成果提供衡量标准。教学评价的核心部分是看学生的发展变化是否符合预期，测量和评价学生的学习是否达到所应达到的要求和水平，为进一步的教学和活动提供证据。

最后，小学劳动教育目标为小学教师教学活动和行为提供衡量标准。教学评价的对象是多方面的，除了评价学生的学习，还评价教师的教学等。通过评价教师能够调整和修正自己的教学，如教学理念、教学思路、教学方法等，最终有利于劳动教育活

---

① 钟启泉：《现代课程论》，第299页，上海，上海教育出版社，1989。

动和教学的顺利开展。从此角度来讲，教学评价的标准也应是具体的、有针对性的。

(三)调控劳动教育教学活动过程

在任何教育活动的进行过程中，教育目的都应贯穿每一种具体的教育活动。教育目的对具体教育内容的安排、教学活动的形式、教育方法和手段的选择等都具有支配、协调、控制、调节作用。劳动教育作为教育的子系统，其目标能够对劳动教育活动过程起到调节和控制的作用。教学目标是具体的，能够对预期结果的标准和要求做出描述，用目标可以检测教学的效果，及时发现问题，诊断问题的成因，并对教学过程进行有针对性的调控，从而保证教学活动顺利地开展，取得实际的成效。小学劳动教育目标规范了小学劳动教育课程的设置和教学内容，规范了小学劳动教育的管理工作，规范了小学教师的教学行为。在劳动教育实施的过程中，教师通过不断的信息反馈随时矫正出现的各种偏差，促进劳动教育目标更加高效地实现。

(四)激发劳动教育参与者的成就动机

目标是行为结果的预期，确立的目标一旦为人们所认同，并成为人们的内在需要，就会对人们产生强烈的吸引力，这时目标就具有了激励的意义。在教育领域，这种激励的含义在于：学生会将进取目标当作一种鼓舞，在目标实现的过程中体验到成功的喜悦。从这个角度上讲，小学劳动教育目标能够对小学师生的行为产生激励作用。

从学生的角度看，劳动教育目标在激发学生学习动力方面的功能是十分明显的。首先，当劳动教育目标与学生的内部需要相一致时，学生为了满足内部需要，就会为达到目标而努力；其次，当劳动教育目标与学生的兴趣相一致时，这种目标就能够激发学生的学习活动，为实现目标而努力学习；最后，当劳动教育目标的难度适中时，这种教学目标能够较明显地起到激励学习活动的作用。维果斯基的“最近发展区理论”认为学生的发展有两种水平：一种是学生的现有水平，指独立活动时所能达到的解决问题的水平；另一种是学生可能的发展水平，也就是通过教学所获得的潜力。两者之间的差异就是最近发展区。因此，当劳动教育目标指向学生的最近发展区时，可以满足学生的探究欲望和学习需求，激发学生的学习动机。从教师的角度看，由于劳动教育目标是清晰而具体的，所以教师每一次完成教学工作之后都能够及时地了解目标达成的情况，看到学生的发展变化和进步，这有助于教师及时地肯定自我，增强前进的信心。

第二节
小学劳动教育的目标体系

小学劳动教育目标体系由小学劳动教育总体目标、小学劳动教育培养目标、小学劳动教育课程目标和小学劳动教育教学目标四个层次组成。劳动教育总体目标是不同层级、相互联系的各级各类具体目标的集合，是劳动教育活动的总方向，这是第一层次的目标。第二层次是学校的劳动教育目标即培养目标，这是劳动教育目的的具体化，指出了某一特定的学校在劳动教育方面培养人才的质量规格标准。第三层次是课程目标，即学校劳动教育目标具体化的劳动教育课程和劳动教育活动的目标。第四层次是可操作的各种具体劳动教育教学活动目标。各层次之间有着紧密的依赖关系：一方面，上一层次的目标制约着下一层次目标的达成；另一方面，下一层次的目标又是对上一层次目标的落实和具体化。

一、小学劳动教育总体目标

教育总目标即教育目的，是把受教育者培养成为一定社会需要的人的总要求。我国社会主义教育目的的理论基础为马克思主义关于人的全面发展学说。新时代我国的教育目的为培养德智体美劳全面发展的社会主义建设者和接班人。劳动教育是中国特色社会主义教育制度的重要内容，直接决定社会主义建设者和接班人的劳动精神面貌、劳动价值取向和劳动技能水平。劳动教育是学生成长的必要途径，具有树德、增智、强体、育美的综合育人价值。

小学劳动教育的总体目标即劳动教育总目标。根据中共中央、国务院《关于全面加强新时代大中小学劳动教育的意见》的要求，我国劳动教育的总体目标是：通过劳动教育，使学生能够理解和形成马克思主义劳动观，牢固树立劳动最光荣、劳动最崇高、劳动最伟大、劳动最美丽的观念；体会劳动创造美好生活，体认劳动不分贵贱，热爱劳动，尊重普通劳动者，培养勤俭、奋斗、创新、奉献的劳动精神；具备满足生存发展需要的基本劳动能力，形成良好劳动习惯。可见，劳动教育的总体目标主要分为四个维度，即树立正确的劳动观念、具有必备的劳动能力、培育积极的劳动精神、养成良好的劳动习惯和品质。

二、小学劳动教育培养目标

培养目标是各级各类学校根据教育目的的要求，根据学校特色和学生特点制定的培养人的目标，是各级各类学校对受教育者身心发展所提出的具体标准和要求。教育总体目标与培养目标是普遍与特殊的关系，只有明确了教育总体目标，各级各类学校才能制定出符合要求的培养目标；培养目标又是教育总体目标的具体化。教育总体目标是针对所有受教育者提出的，而培养目标是针对特定的教育对象提出的，各级各类学校的教育对象有各自不同的特点，因此，制定培养目标需要考虑各自学校学生的特点。

小学劳动教育的目标是小学生通过劳动教育活动应达到的预期目的或学习结果，是指通过劳动教育，使小学生在劳动观念、劳动能力、劳动精神和劳动习惯及品质方面达到一定质量与规格要求。具体而言，小学劳动教育的培养目标应是培养小学生正确的劳动价值观和积极主动的劳动意识，树立正确的劳动观点和劳动态度，养成良好的劳动行为习惯，掌握基础的劳动知识和劳动技能，发展劳动创造潜能。小学劳动教育培养目标是小学阶段学校劳动教育课程和教学目标制定的直接依据，是小学劳动教育教学活动的出发点和归宿。在小学阶段开展的任何劳动教育活动都应是围绕这种劳动教育目标的，也是为实现这种劳动教育目标服务的。

三、小学劳动教育课程目标

从某种意义上说，所有教育目的都要以课程为中介才能实现。劳动教育培养目标主要是通过学校所设置的劳动教育课程而达成的。培养目标通常不涉及具体的学习领域，为了使劳动教育的课程编制工作切实有效，我们还必须使劳动教育的培养目标具体化，即要设置相应的劳动教育课程并确定课程目标。小学劳动教育课程目标是指小学劳动教育课程本身要实现的具体目标和意图，它规定了小学阶段的学生通过劳动教育课程学习，在品德、智力、体质等方面实现期望的程度，它是确定小学劳动教育课程内容、教学目标和教学方法的基础。

小学劳动教育在实施过程中应整体优化学校劳动教育课程设置，将劳动教育纳入小学国家课程方案，形成具有综合性、实践性、开放性、针对性的小学劳动教育课程体系。根据小学学段的特点，在小学设立劳动教育必修课程，系统加强劳动教育。小学劳动教育课每周应不少于 1 课时，学校要对学生每天课外劳动时间做出规定。除劳动教育必修课程外，其他课程应结合学段特点，有机融入劳动教育内容。不同类型的劳动课程具有不同的劳动教育课程目标，根据课程的组织形式，有劳动必修课程目标、学科融合劳动课程目标、校外实践劳动课程目标和校园文化劳动课程目标；根据劳动的性质，有生产性劳动课程目标、生活性劳动课程目标和服务性劳动课程目标。总体而言，小学劳动教育的课程应以劳动习惯养成为目标，培养小学生对劳动的兴趣。

四、小学劳动教育教学目标

教学目标是课程目标的进一步具体化，是指导、实施和评价教学的基本依据，是师生在学科教学活动中预期达到的教学结果与标准。它一般具有这样几个特征：第一，教学目标具有可操作指标体系；第二，教学目标体现学生学习行为及其变化；第三，教学目标具有灵活性，教师可根据教学实际情况进行调整。教学目标一般表现为学年教学目标、学期教学目标、单元教学目标和课时教学目标。劳动教育总目标的真正落实需要具体化为培养目标、课程目标，最后落脚于教学目标。

布鲁姆将教育目标分为三大领域，即认知领域、情感领域和动作技能领域。根据这个分类标准，作为劳动教育启蒙阶段的小学劳动教育应着重培养学生对于劳动的正确认知、基本的劳动技能和良好的劳动价值观。我国小学劳动教育教学目标的表述在各个时期不尽相同，中华人民共和国成立以前以及成立之初，劳动教育相关课程主要设置为小学劳作课，后改为手工劳动课、劳动课，不同类型课程中的教学目标也完全不同。

第三节 我国小学劳动教育的目标

我国劳动教育的目标制定应当根植于我国的社会政治、经济、文化背景，服务于我国总的教育目的与小学阶段特殊的培养目标，同时也应当符合小学生身心发展的规律。小学劳动教育旨在培养正确的劳动价值观、积淀基础的劳动知识与技能、养成良好的劳动行为习惯、开发良好的劳动创造潜能。

一、确定小学劳动教育目标的依据

劳动教育目标贯穿小学劳动教育实施的全过程。因此，劳动教育目标的科学确定，对劳动教育活动能起到重要的指导意义。

(一)特定的社会政治、经济、文化背景

教育目标的制定受一定的社会政治、经济和文化的制约。作为教育的子系统，劳动教育在不同的社会制度、经济条件、历史发展进程和文化传统下有着不同的内涵和表述形式。不同的发展阶段有着不同的劳动教育目标，不同的社会制度和生产力发展水平，对社会成员提出的要求不同。首先，不同的社会发展阶段有着不同的教育总目标和劳动教育总定位。例如，自新中国成立以来，劳动教育在我国人才培养目标中的地位经历了由新中国成立初期的“培养新中国的建设者——重智轻劳”，到全面建设社会主义时期注重“德智体——教育与生产劳动相结合”，再到改革开放以后强调“德智体美——适当进行劳动教育”，最后到中国特色社会主义进入新时代突出“德智体美劳——加强劳动教育”四个阶段的历史性变迁。① 其次，不同国家的社会政治制度以及文化背景也产生了不同的劳动教育目标。例如，资本主义国家美国和英国倾向于通过劳动教育培养学生的技术素养；德国和瑞典更倾向于通过劳动教育帮助学生认识劳动世界，培养学生为职业选择做准备，具有职业教育的特性；日本和韩国则主要借鉴了西方发达国家的劳动教育理念，在重视培养学生技术素养的同时，也强调劳动教育的职业教育作用。② 作为社会主义制度的中国，更加强调劳动教育在促进人的全面发展中的地位和作用，培养社会主义事业的建设者和接班人。从此角度来讲，小学劳动教育作为劳动教育的一部分，其目标的制定首先要与国家的教育方针相一致，以国家劳动教育总目标为依据。

(二)小学阶段特殊的培养目标

培养目标是各级各类学校对不同的受教育者身心发展所提出的具体标准与要求，它是教育总目标的具体化。由于各级各类的学校所担负的任务不同，学生年龄、文化知识水平等方面的差异，因此各阶段各等级各类型的学校制定的劳动教育目标不尽相同，体现出各自学校人才培养的特色和需要。学校在制定劳动教育培养目标时应当在国家劳动教育总目标的指导下，结合各自教育对象的不同特点、本学校的教育任务以及学校的特色来进行。因此，在与国家劳动教育的方针相一致的前提下，小学劳动教育目标的制定要体现小学教育阶段学校人才培养的特点，体现出小学教育与其他教育等级之间的合理差异。《国家中长期教育改革与发展规划纲要(2010—2020 年)》指出义务教育应“注重品行培养，激发学习兴趣，培育健康体魄，养成良好习惯”。因此，作

---

① 中共中央文献研究室：《建党以来重要文献选编：1921—1949(第十一册)》，第 127 页，北京，中央文献出版社，2011。

② 张熙、袁玉芝、李海波：《劳动教育的国际经验及其启示》，载《教学与管理》，2019(4)。

为义务教育基础性阶段的小学，其劳动教育应更加关注劳动品格、兴趣和习惯的养成。

（三）小学生身心发展的规律

劳动教育目标的确定还受到教育对象的身心发展实际、品德的心理结构及发展规律的制约，制定小学劳动教育目标时还应考虑小学生的生理、认知、情感、性格特征和发展需要。小学教育通常指一个国家学制中较为基础的教育，教育对象一般为6～12岁的儿童。儿童在这个阶段处于身心发展的过渡时期，心理发展还不成熟，在形体上与心理上都具有特定的基本特征，表现为认知、情感、意志和个性等方面的不同。同时，儿童的身心发展具有个别差异性。儿童的身心发展受到遗传、环境、教育以及主观能动性等因素的影响，表现为发展速度、发展水平、发展表现、个性心理特征等方面的差异性。因此，制定小学劳动教育的目标应根据小学生的年龄特点，充分考虑小学阶段学生的身心发展水平，考虑小学生身心发展特征的共性与差异性，尊重他们的兴趣与需要，从而制定更加科学的小学劳动教育各级目标。

二、我国小学劳动教育目标的维度

我国劳动教育的核心目标是培养学生的劳动素养。2016年，北京师范大学发布题为《中国学生发展核心素养》的研究报告，为中国学生发展核心素养提供了总体框架，在实践创新维度下强调：尊重劳动，具有积极的劳动态度和良好的劳动习惯；具有动手操作能力，掌握一定的劳动技能；在主动参加的家务劳动、生产劳动、公益活动和社会实践中，具有改进和创新劳动方式、提高劳动效率的意识；具有通过诚实合法劳动创造成功生活的意识和行动等。小学生的劳动素养是指处于小学阶段的学生在活动中习得的有关劳动的素养，是包含劳动观念、劳动技能、劳动创造力及劳动行为习惯等方面综合提升的一种素养。基于此，小学劳动教育的目标应当包括以下几个维度。

（一）培养正确的劳动价值观

苏霍姆林斯基提出："道德教育的决定性条件之一，就是要努力做到使我们的每一个学生早在童年和少年早期就懂得对别人的生活、健康、精神安宁和福利负有劳动的责任和道德的义务，认识到逃避劳动、不负责任、不尽义务是一种可鄙的品质。"①劳动教育作为一种有目的性的教育，其重要使命就在于进行一种价值教育。劳动价值观不是劳动本身的价值，而是人们对于劳动价值的主观认识。它是人们对劳动的思想认识和根本看法，直接决定劳动者的价值判断、情感取向与行为选择，是劳动素养的核心

---

① 苏霍姆林斯基：《给教师的建议》，第378页，杜殿坤译，北京，教育科学出版社，1984。

内容。正确的劳动观是形成“三观”的重要基础，培养正确的劳动价值观是儿童劳动教育最核心、最本质的目标。“培育学生尊重劳动的价值观，培育受教育者对于劳动的内在热情与劳动创造的积极性等劳动素养。”①

在对小学生开展劳动教育时，最主要的是培养小学生积极主动的劳动意识和劳动价值观，树立正确的劳动观点和劳动态度，养成劳动的习惯，树立劳动平等、光荣的态度和勤劳专注的劳动品质等。正如习近平总书记指出的：“要在学生中弘扬劳动精神，教育引导学生崇尚劳动、尊重劳动，懂得劳动最光荣、劳动最崇高、劳动最伟大、劳动最美丽的道理，长大后能够辛勤劳动、诚实劳动、创造性劳动。”②现在的儿童在家中十分受宠，这容易使他们形成一种错误观念：劳动是家长的事情，我不必管。这种观念延伸到集体中，使得儿童在学校中认为劳动是老师的事情。因此，要首先培养小学生良好的劳动意识，即尊重劳动、具有积极的劳动态度和良好的劳动习惯。小学低年级阶段要让学生懂得“自己的事情自己做”；到中高年级阶段时，要培养学生有质量、有责任地完成劳动的能力，并在劳动过程中发挥学生的积极主动性和大胆创造的精神。

（二）积淀基础的劳动知识与技能

“知行合一”是教育的基本原则。在劳动教育领域，“知”是通过课堂教学环节，学生能够掌握关于劳动的知识。格物致知，贵在明理。劳动知识与技能是个体从事一定劳动所必须具备的知识、技术、技巧以及综合运用这些知识、技术、技巧的能力，是小学生劳动素养提升的必备基础。习近平总书记强调：“素质是立身之基，技能是立业之本。广大劳动群众要勤于学习，学文化、学科学、学技能、学各方面知识，不断提高综合素质，练就过硬本领。”③

劳动教育要使小学生学会基本的劳动生产技能，传递生活经验，进而为形成从事劳动与劳动技术的能力打下基础。例如，小学劳动课要教授学生一些浅显的劳动知识，让学生了解常见事物的基本技术内容及制作的简单加工方法，学会使用和合理选择一些生活中的常用劳动工具等，使小学生初步掌握自我服务劳动的基本技能。在实施方面，应秉承“身体力行，立足劳动直接经验”的观念，可以通过班级值日，清洁教室、校园卫生等途径给学生提供必要的劳动实践机会；在家庭教育中，应培养小学生“自己的事情自己做”的良好行为，教授小学生如何整理玩具、如何清洁个人卫生、如何帮助父母做一些简单的家务等。通过参加力所能及的劳动，小学生掌握基本的劳动知识，了解如何使用劳动工具，并通过劳动成果体验劳动的价值。

---

① 檀传宝：《劳动教育的本质在于培养劳动价值观》，载《人民教育》，2017(9)。

② 习近平：《坚持中国特色社会主义教育发展道路 培养德智体美劳全面发展的社会主义建设者和接班人》，载《中国教育报》，2018年9月11日。

③ 习近平：《“平语”近人——习近平的“劳动观”》，见新华网，2017年5月1日。

(三)养成良好的劳动行为习惯

行为即为举止行动，指受到认知层面的支配而表现出来的外部活动。劳动行为更能体现学生实际的劳动情况。形成良好且固定的行为习惯是学生劳动素养的重要指标。劳动习惯是个体在长期劳动实践训练过程中形成的稳定的行为模式。小学劳动教育应培养小学生自觉进行劳动的日常行为，通过实践或经验来适应劳动，养成良好的生活和劳动习惯或方式。纸上得来终觉浅，绝知此事要躬行。小学劳动教育的实施应贯彻“知行统一”的原则。作为教育的基本原则之一，“知行统一”的“行”是指学校开展的具体劳动实践活动，目的是使学生亲临劳动实践场合，体验劳动的实际感受。学校不仅要重视学生劳动观念的培养，也要加强学生的劳动实践和经验的积累。加强劳动教育课程与实际生活的联结，促进知识与实践的统一，让学生在体验、探索和解决问题的过程中形成良好的劳动素养。就像习近平总书记对大家的勉励：“要力行，知行合一，做实干家……学到的东西，不能停留在书本上，不能只装在脑袋里，而应该落实到行动上，做到知行合一、以知促行、以行求知。”①

但良好的劳动习惯并非一日即成。在小学劳动教育的实施方面，应根据小学生的身心发展特点，采取多样化的教育方式，通过校园兴趣社团、特色课程等为学生提供丰富的教育形式。比如，开设劳动技术课，让学生通过一系列手工课和技能课来提高自己的动手操作能力。教师也要鼓励学生从身边的小事做起，适当地布置一些劳动“作业”，提高学生解决问题的能力。教师也要注意加强家庭与学校间的联系，为家长输入一些先进的教育思想，纠正错误的教育理念，让家长也要求孩子干一些力所能及的家务劳动，如自己叠被子、叠衣服，自己打扫房间、收拾书包等。要鼓励学生积极参加社会公益劳动，不断完善学生的劳动体验，磨砺学生的劳动意志，并且在日常活动中培养学生良好的劳动习惯。

(四)开发良好的劳动创造潜能

“人生最大的快乐是什么！是劳动创造。创造性劳动和艺术创作有相近之处，就是需要高超娴熟的技艺。如果人被自己的劳动所吸引，他就会竭尽全力，使劳动过程和劳动结果都尽善尽美！”②从《关于全面加强新时代大中小学劳动教育的意见》的主要目标来看，对小学生进行创造精神的培养是劳动教育的重要部分。《关于全面加强新时代大中小学劳动教育的意见》明确规定要通过劳动教育，使小学生明白“生活靠劳动创造，人生也靠劳动创造”的道理，培养他们勤奋学习、自觉劳动、勇于创新的精神。培养小

① 习近平：《在北京大学师生座谈会上的讲话》，见人民网，2018 年 5 月 3 日。

② 苏霍姆林斯基：《睿智的父母之爱》，第 192 页，罗亦超译，石家庄，河北人民出版社，2002。

学生的劳动创造精神，就是要培养小学生在日常生活、问题解决、适应挑战等方面所形成的有关创新与实践的意识和能力，以及小学生对知识、技能的综合应用能力。小学生身上存在着不可低估的创新意识和创造能力的萌芽，在劳动教育的实施过程中应注意保护这种萌芽，并通过有效措施使小学生的创新萌芽得到更好成长。例如，在劳动教学中，可根据小学生的年龄特征和发展特点，通过提供丰富的劳动素材，在完成教材内容的基础上设计一些富有想象力和创意的内容，让学生展开想象力去自由制作。无需提供统一的模型和具体的样式，学生们在交流讨论和自我探索过程中完成作品，这能够进一步促进学生创造能力的提升。

三、我国小学劳动教育的目标表述

为构建德智体美劳全面发展的教育体系，加强新时代大中小学劳动教育，2020 年 3 月，中共中央、国务院印发了《关于全面加强新时代大中小学劳动教育的意见》，强调要正确处理文化知识学习与劳动教育的关系，明确提出：要实现知行合一，促进学生形成正确的世界观、人生观、价值观，要在系统的文化知识学习之外，有目的、有计划地组织学生参加日常生活劳动、生产劳动和服务性劳动，让学生动手实践、出力流汗，接受锻炼、磨砺意志，培养学生正确劳动价值观和良好劳动品质。

(一)劳动教育的总体目标

《关于全面加强新时代大中小学劳动教育的意见》对新时代我国劳动教育的总目标做出明确表述：“通过劳动教育，使学生能够理解和形成马克思主义劳动观，牢固树立劳动最光荣、劳动最崇高、劳动最伟大、劳动最美丽的观念；体会劳动创造美好生活，体认劳动不分贵贱，热爱劳动，尊重普通劳动者，培养勤俭、奋斗、创新、奉献的劳动精神；具备满足生存发展需要的基本劳动能力，形成良好劳动习惯。”

2020 年 7 月，教育部在《大中小学劳动教育指导纲要(试行)》中将劳动教育的总体目标进一步细化为劳动观念、劳动能力、劳动精神、劳动习惯与品质四个维度。

1. 树立正确的劳动观念

正确理解劳动是人类发展和社会进步的根本力量，懂得劳动创造人以及劳动创造价值、创造财富、创造美好生活的道理，尊重劳动，尊重普通劳动者，牢固树立劳动最光荣、劳动最崇高、劳动最伟大、劳动最美丽的思想观念。

2. 具有必备的劳动能力

掌握基本的劳动知识和技能，正确使用常见劳动工具，增强体力、智力和创造力，具备完成一定劳动任务所需要的设计、操作能力及团队合作能力。

3. 培育积极的劳动精神

领会“幸福是奋斗出来的”的内涵与意义，继承中华民族勤俭节约、敬业奉献的优良传统，弘扬开拓创新、砥砺奋进的时代精神。

4. 养成良好的劳动习惯和品质

能够自觉自愿、认真负责、安全规范、坚持不懈地参与劳动，形成诚实守信、吃苦耐劳的品质。珍惜劳动成果，养成良好的消费习惯，杜绝浪费。

(二)小学劳动教育的目标

劳动教育是小学教育的重要组成部分，是向小学生有计划地进行劳动教育的主要途径。它对于培养学生热爱劳动，学会劳动，在德智体美劳诸方面和谐发展，成为有理想、有道德、有文化的社会主义公民和建设人才，具有十分重要的意义。在实施上，根据《大中小学劳动教育指导纲要(试行)》要求，小学低年级要注重围绕劳动意识的启蒙，让学生学习日常生活自理，感知劳动乐趣，知道人人都要劳动。小学中高年级要注重围绕卫生、劳动习惯养成，让学生做好个人清洁卫生，主动分担家务，适当参加校内外公益劳动，学会与他人合作劳动，体会到劳动最光荣。

1. 小学低年级劳动教育目标

以个人生活起居为主要内容，开展劳动教育，注重培养劳动意识和劳动安全意识，使学生懂得人人都要劳动，感知劳动乐趣，爱惜劳动成果。

指导学生：①完成个人物品整理、清洗，进行简单的家庭清扫和垃圾分类等，树立“自己的事情自己做”的意识，提高生活自理能力；②参与适当的班级集体劳动，主动维护教室内外环境卫生等，培养集体荣誉感；③进行简单手工制作，照顾身边的动植物，关爱生命，热爱自然。

2. 小学中高年级劳动教育目标

以校园劳动和家庭劳动为主要内容开展劳动教育，体会劳动光荣，尊重普通劳动者，初步养成热爱劳动、热爱生活的态度。

指导学生：①参与家居清洁、收纳整理，制作简单的家常菜等，每年学会1～2项生活技能，增强生活自理能力和勤俭节约意识，培养家庭责任感；②参加校园卫生保洁、垃圾分类处理、绿化美化等，适当参加社区环保、公共卫生等力所能及的公益劳动，增强公共服务意识；③初步体验种植、养殖、手工制作等简单的生产劳动，初步学会与他人合作劳动，懂得生活用品、食品来之不易，珍惜劳动成果。

本章小结

劳动教育作为学生德智体美劳全面发展的主要内容之一，具有树德、增智、健体、育美的综合育人价值。受特定政治、经济、文化等因素影响，劳动教育目标在不同历史发展阶段不断改革与调整，主要有导向功能、标准功能、调控功能和激励功能。小学劳动教育目标体系由小学劳动教育总目标、小学劳动教育培养目标、小学劳动教育课程目标和小学劳动教育教学目标四个相互联系、相互制约的层次组成。小学劳动教育目标的确定受特定的社会政治、经济、文化背景以及小学阶段特殊的培养目标和小学生身心发展的规律等因素的制约。培养正确的劳动价值观、积淀基础的劳动知识与技能、养成良好的劳动行为习惯、开发良好的劳动创造潜能构成了小学劳动教育目标的四个维度。

章后练习

1. 如何看待劳动教育的地位？劳动教育与德育、智育、美育、体育有什么关系？

2. 什么是劳动教育目标？

3. 劳动教育目标有哪些功能？

4. 小学劳动教育目标包括哪几个部分？

5. 制定科学的小学劳动教育目标需要考虑什么因素？

6. 如何理解新时代我国小学劳动教育目标？

拓展阅读

1. 刘向兵．新时代高校劳动教育论纲[M]. 北京：社会科学文献出版社，2019.

2. 中国劳动关系学院劳动教育中心．劳动教育评论(第1、2辑)[M]. 北京：社会科学文献出版社，2020.

第五章

小学劳动教育的课程建构

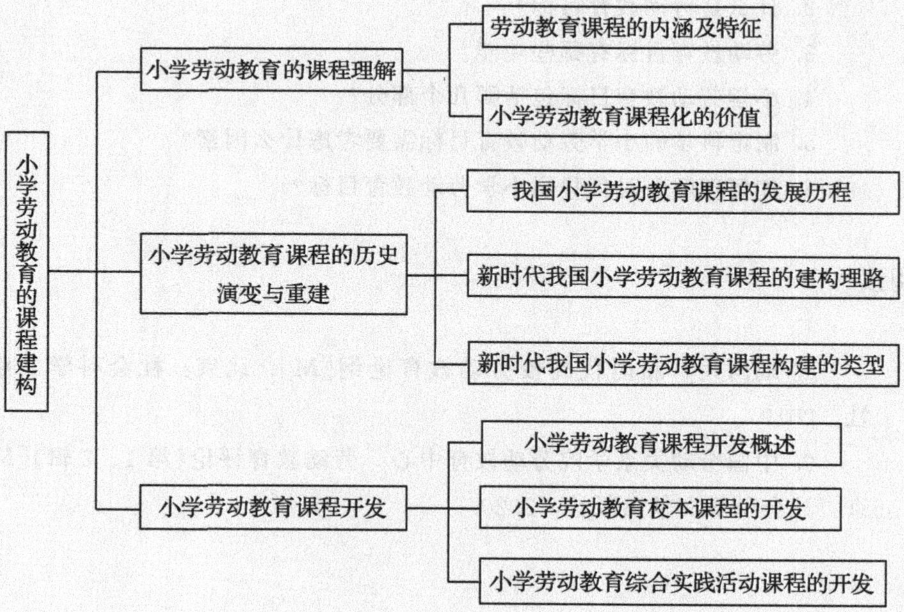

章前导语

劳动教育课程的建构是我国中小学开展劳动教育中的关键一环，是全面贯彻党的教育方针，加快建构我国德智体美劳全面培养的教育体系的重要路径。2020 年 3 月，中共中央、国务院《关于全面加强新时代大中小学劳动教育的意见》明确提出："设置劳动教育课程，整体优化学校课程设置，将劳动教育纳入中小学国家课程方案和职业院校、普通高等学校人才培养方案，形成具有综合性、实践性、开放性、针对性的劳动教育课程体系。"还明确规定："中小学劳动教育课每周不少于 1 课时，学校要对学生每天课外劳动时间作出规定。"基于此，应探索、建构和开发我国小学劳动教育课程体系，确保小学劳动教育全面实施。

第一节
小学劳动教育的课程理解

开发小学劳动教育的课程，建构系统的小学劳动教育课程体系，首先需要厘清小学劳动教育课程的内涵，以及小学劳动教育课程在培养小学生的劳动认知与劳动意识、劳动品质与劳动美德、劳动情感与劳动体验等方面的价值与功能，从而有效地开展小学劳动教育活动。

一、劳动教育课程的内涵及特征

(一)课程的内涵

1. 课程的词源

对课程进行词源分析有助于我们把握课程的性质与本质。在汉语中，"课程"一词最初见于唐宋时期。唐朝孔颖达在《五经正义》里为《诗经·小雅·巧言》中的"奕奕寝庙，君子作之"一句作疏："维护课程，必君子监之，乃依法制。"意为"好大的殿堂，由君子主持建成"。其中的"课程"是指"寝庙"，即殿堂中进行的礼仪活动之类，这与今天在教育中所用的"课程"一词的意思相去甚远。宋代朱熹在《朱子全书·论学》中多次提及"课程"一词，如"宽着期限，紧着课程""小立课程，大作功夫"等。这里的"课程"一词的含义与今天所使用的课程概念已经十分接近，具有学习的功课、学习范围和进程设计方案等意思。

在英语中，课程为 curriculum，起源于拉丁语，它是作为古法语动词 currere 被引入英语中的，意为“跑，跑道”。与其相关的词汇有流动(current)、流通(currency)、信使(courier)等。根据这个词源，最常见的课程内涵是学习的进程(course of study)。curriculum 这个词语是一个隐喻，其喻义是从文学含义中引申出来的。“在跑道上跑”的意义就被引申为一种学程。currere 的动词形式是指“奔跑”，重点在“跑”上，因此，着眼点会放在个体对自己经验的认识上，换言之，课程是一个人对自己生活的重新认识。因为只有在了解他人和这个世界的基础上才能更好地了解自己，所以人际互动成为课程的一项重要内容。

2. 课程定义的主要类型

课程是一个使用广泛且具备多重含义的术语，不同的人基于不同的情境，对课程的理解也有所不同。如亚瑟·K. 埃利斯在《课程理论及其实践范例》一书中列举了一系列的课程定义，将课程作为处方、经验等。舒伯特将西方学者对课程内涵的解释进行了归纳分类：课程作为教育内容或教材；课程是设计的一种活动计划；课程是预期活动的结果；课程是文化再生产；课程是经验；课程是具体的课业；课程是进行社会改造的议事日程；等等。对课程定义的辨析有助于加深我们对课程内涵的理解。

归纳起来，课程的定义有以下几种。

(1)课程即学科或教学科目

将课程等同于学科或教学科目在历史上由来已久。如我国古代的课程有礼、乐、射、御、书、数六艺；欧洲中世纪的课程有文法、修辞、辩证法、算数、几何、音乐、天文学七艺。最早采用英文“课程”一词的斯宾塞也是从指导人类活动的诸学科的角度，来探讨其知识的价值和训练的价值的。将课程作为学科，既可以是复数形式的学科，即广义的课程，指学校所开设的所有学科的总和；又可以是单数形式的学科，即狭义的课程，指学校开设的某一门学科。无论是广义的学科还是狭义的学科，都将课程理解为教学的内容。事实上，学校为学生提供的教育远远超出课程的学科范围，这种定义的实质是强调学校向学生传授静态的知识，而忽视了学习者在学习过程中所获得的真实经验。

(2)课程即有计划的教学活动

该定义将教学的范围、序列和进程，甚至教学方法和教学技术，都作为课程的一部分，是把所有有计划的教学活动都组合在一起，以对课程有一种较为全面的认识。然而，“有计划”多是指有关计划的范围和安排是书面文件，诸如教学计划、教学大纲、教科书、教学参考书、练习册、教师备课的教案等。而很多课程是从学生的实践活动层面来讲的，并非书面计划形态的。因此，将课程作为有计划的教学活动相对窄化了课程的内涵。

(3)课程即学习者的学习经验或体验

杜威根据实用主义经验论，反对将课程作为预先的目的或传统学科，而以儿童的社会经验活动为中心编制课程。该课程定义将课程理解为学生在教师的指导下所获得的经验或体验，以及学生自发获得的经验或体验。这种课程定义突出了学生直接经验在课程中的地位，试图把握学生实际学到什么，课程是指学生体验到的意义，而不是再现的事实或要演示的行为。从理论上讲，将课程作为个人经验很有吸引力，但实践中很难实行。

(4)课程即预期的学习结果

该定义在北美课程理论中较为流行。一些学者认为，课程不应该是活动，而应该直接关注预期的学习结果或目标，把重点从手段转向目的。这要求事先制定一套有结构、有序列的学习结果；所有教学活动都是为达到这些目标服务的。然而，预期发生的事情与实际发生的事情总存在着差异。预期的学习目标是课程决策者制定的，教师作为课程实施者，所实现的经常与预期的学习目标存在出入。研究表明：师生互动、学校文化或隐性课程等对学生的成长有很大的影响。因此，将课程作为预期的学习结果还有待思考。

(5)课程即文化再生产

持该观点的学者认为，任何社会文化中的课程事实上都是这种社会文化的反映，学校教育的职责是再生产对下一代有用的知识和价值。政府有关部门根据国家需要制定所教的内容，教育者的任务则是考虑如何将其转换成可以传递给学生的课程。然而，现实中的社会文化并非合理到可以作为永久的课程存在，课程有时也需要推动社会文化的变革。

(6)课程即社会改造的过程

一些批判教育家认为，课程不再要求学生适应或顺从社会文化，而是帮助学生摆脱社会制度的束缚，为改造社会提供支持。如巴西学者弗雷尔批判资本主义学习课程已成为一种维护社会秩序的工具，使资产阶级处于统治地位，而使广大无产阶层的人民处于从属地位。因此，他主张课程应该使学生摆脱盲目依从外部强加给他们的世界观，这让学生在开发与实施课程中处于主导地位。然而，将学校课程作为社会变革的工具还很难实现。

以上课程定义都存在某些积极特性，但又同时存在缺陷。基于每种课程定义全面地理解课程内涵才是最有必要的。20 世纪 70 年代以后，随着教育理念的更新，课程的内涵又发生了新变化，主要在于：由强调学科内容转变为强调学习者的经验或体验；由强调目标、计划转变为强调过程；由强调教材的单因素转变为强调教师、学生、教材、环境等因素的整合；由强调显性课程转变为强调显性课程与隐性课程并重；等等。

(二)劳动教育课程的多重内涵

劳动教育的课程是学校开展劳动教育的主要依托形式和主要途径，是学校为实现劳动教育的培养目标而选择的教育内容及其进程的总和。根据以上几种对课程定义的理解，对劳动教育的课程内涵可以主要从作为教学科目、学习者的经验或体验、有计划的教学活动这三个层面来理解。

首先，将劳动教育的课程作为一门学科或教学科目，即劳动课。它是学校所开设的所有劳动课的综合，更多指向对学生劳动学科知识的传授。这种学科知识是人类历史关于劳动经验的积累与总结，是一种静态的知识。

其次，将劳动教育的课程作为学习者所获得的经验或体验。它突出学习者的直接经验在课程中的地位，坚持以学生为中心的理念，引导和鼓励学生在劳动实践活动中的主动体验、主动探究，从而促进学生心理经验和劳动知识逻辑经验的共生。

最后，将劳动教育的课程作为一种有计划的教学活动，即关于劳动教育如何实施、如何安排的一整套书面计划，包括关于劳动教育的教学计划、教学大纲、教科书、教学参考书、学生练习册、教师教案等，是对劳动教育所做出的预期安排。

以上关于对劳动教育的课程内涵的三种不同理解与诠释能够明晰在学校中开展劳动教育、开发劳动教育课程的多元化形态。将劳动教育纳入学校课程体系，从横向层面，可以设立劳动教育的必修课程，并将劳动教育与其他学科课程相结合，在其他学科中融入劳动教育内容；以及设立劳动周及劳动月，开展以学生为中心的课外劳动实践活动，让儿童在劳动体验中提升其劳动素养；还需要制定劳动教育的课程大纲、教学计划、劳动课教材等。从纵向层面，在大中小学设立连贯衔接、层层深入的劳动教育课程体系；根据学生的年龄特征及身心发展规律，培养学生良好的劳动意识与劳动习惯，养成认真负责、吃苦耐劳的劳动品质，掌握一定的劳动知识与劳动技能等，具备劳动自立能力和主动服务他人、服务社会的劳动情怀。

(三)小学劳动教育课程的内涵

小学劳动教育课程的内涵也应是多重的。主要体现为三方面：第一，小学劳动教育课程应是小学开设的所有劳动学科课程的综合，是向小学生传授劳动知识，培养其劳动意识、劳动精神等的必修课程；第二，小学劳动教育课程是对小学劳动教育如何实施、如何安排的一套预期的书面计划，以指导小学劳动教育实践的开展；第三，小学劳动教育课程应是基于小学生在劳动实践活动中的探究性体验与经验的综合，是每个学习者所获得的劳动学习经验。

课程实施是对小学生有计划地实施劳动教育的主要途径之一。教育部《大中小学劳动教育指导纲要(试行)》对小学劳动教育内容做出要求：“在低年级，以个人生活起居为主要内容，开展劳动教育，注重培养劳动意识和劳动安全意识，使学生懂得人人都要劳动，感知劳动乐趣，爱惜劳动成果。在中高年级，以校园劳动和家庭劳动为主要内容开展劳动教育，体会劳动光荣，尊重普通劳动者，初步养成热爱劳动、热爱生活的态度。”基于此，应开发多样的小学劳动教育课程，设计多元的劳动课程内容，全面发展小学生的劳动素质。

二、小学劳动教育课程化的价值

小学劳动教育的课程开发及实施对小学劳动教育的开展具有重要的时代意蕴和价值，能够科学、合理、有效地保障小学劳动教育的全面实施。

(一)有助于践行“五育融合”，促进学生全面发展

2015 年，教育部联合共青团中央和全国少工委印发的《关于加强中小学劳动教育的意见》明确提出“以劳树德、以劳增智、以劳强体、以劳育美、以劳创新”[①]。将劳动教育课程纳入中小学课程体系不仅有助于从劳动教育课程的价值层面将德育、智育、体育、美育以及创新教育进行融合与衔接，在劳动教育课程实施中实现以劳树德、以劳增智、以劳强体、以劳育美、以劳创新，有效地建构和践行小学“五育融合”；而且小学劳动课程的实施也将有效地提升小学生的劳动素质，促进其德智体美劳全面发展。

(二)有助于促进小学劳动教育开展的科学化与合理化

劳动教育作为实施素质教育的重要一环，作为培养人的德智体美劳全面发展的主要路径，能够坚持教育理论与教育实践的统一，从而达成“知行合一”的教育目的。开发并实施劳动教育课程，在强调劳动教育实践属性的同时，提高劳动教育课堂教学的理论价值，有助于劳动教育开展的科学化与合理化。劳动教育课程化有助于实现学生科学知识世界与社会生活世界的统一，实现科学世界观与科学方法论的统一。此外，劳动教育课程能够有效地解决小学劳动教育不受重视、流于形式等普遍问题。只有将劳动教育课程纳入小学课程体系，进行整体设计、科学规划，精心选择劳动教育内容，采用合理有效的劳动教育方法，配备专业的劳动师资，才能使得小学劳动教育开展得更加科学且合理。

(三)有助于提升小学劳动教育的有效性

用课程的方式开展小学劳动教育，能够形成一个从客观上衡量劳动教育成效的标

---

① 中华人民共和国教育部、共青团中央、全国少工委：《教育部 共青团中央 全国少工委关于加强中小学劳动教育的意见》，见中华人民共和国教育部官网，2015 年 7 月 24 日。

尺，从而增强劳动教育的规范性、有序性和有效性。通过开发系列劳动教育课程，在课程与教学大纲的指引下，形成基础教育各阶段、各年级相互衔接、层层递进的教育内容体系。例如，小学注重劳动兴趣、劳动意识、劳动态度等方面的教育，中学则注重劳动认知、劳动价值、劳动习惯、劳动技能等方面的教育，从而建构系统的中小学劳动教育实践体系。

同时，小学劳动教育课程的建构能够推进国家与地方、家庭与学校、教师与家长之间的合作，进一步提高各利益相关者对劳动教育的认知与认同，能引起社会各界对劳动教育的重视，积极主动地参与并支持小学劳动教育的开展，完善劳动教育制度建设，落实劳动教育责任。在全社会形成人人讲劳动、勤劳动、爱劳动的良好社会风尚。

(四)有助于实现小学劳动教育的常态化

劳动教育课程化是保证其在小学常态实施的关键。将劳动教育以课程的形式在基础教育中加以落实，才能使劳动教育长期开展，实现学生综合素质全面发展。劳动教育的内容非常丰富，它贯穿于人与自然、人与生活、人与社会等方方面面，既有政治思想教育，也有生活常识学习，还有多样的社会实践活动。只有课程化的劳动教育才能将丰富的劳动教育内容有系统、有条理、有层次地传递给学生，为所有学生提供平等受教育的机会，促进劳动教育在各年龄段常态化开展，以达到长期育人的要求。

(五)有助于联通小学生内在知识世界与外在生活世界

课程化的劳动教育能够使深植于学生个体内心的知识世界与外在的生活世界联通，课本知识变成“活”的教育内容。劳动教育以课程的视角来关注学生的现实生活，引导学生在自然和社会中达到“知行合一”。这是保证学生真正参与劳动教育活动、体验劳动生活、促进身心全面发展的有效路径。

第二节
小学劳动教育课程的历史演变与重建

我国小学劳动教育课程历史悠久，并且在历史的长河中不断演变。中华人民共和国成立以来，劳动教育课程也在不断演变。对劳动教育课程历史演变的考察可以为当今新时代的小学劳动教育课程体系的构建、课程类型的丰富提供经验。

一、我国小学劳动教育课程的发展历程

中华人民共和国成立70多年来，我国劳动教育课程的发展演变大致历经了四个时期：劳动教育课程的形成期，劳动教育课程的激进变革期，劳动教育课程的恢复重建期，劳动教育课程的纵深发展期。[①]其间颁布的主要文件如表5-1所示。

表5-1　中华人民共和国成立以来小学劳动教育课程的主要文件

发展阶段	年份	课程文件
劳动教育课程的形成期(1949—1957年)	1952	《小学暂行规程(草案)》
	1955	《小学教学计划及说明》
	1956	《关于普通学校实施基本生产技术教育的指示(草案)》
	1956	《关于1956—1957年学年度中、小学实施基本生产技术教育的通知》
	1957	《1957—1958学年度小学教学计划》
劳动教育课程的激进变革期(1958—1977年)	1959	《国务院关于全日制学校的教学、劳动和生活安排的规定》
	1963	《关于实行全日制中小学新教学计划(草案)的通知》
	1963	《全日制小学暂行工作条例(草案)》
劳动教育课程的恢复重建期(1978—2000年)	1978	《全日制小学暂行工作条例(试行草案)》
	1987	《全日制小学劳动课教学大纲(试行草案)》
	1992	《九年义务教育全日制小学劳动课教学大纲(试用)》
劳动教育课程的纵深发展期(2001年至今)	2001	《基础教育课程实施纲要(试行)》
	2017	《中小学综合实践活动课程指导纲要》
	2020	《关于全面加强新时代大中小学劳动教育的意见》
	2020	《大中小劳动教育指导纲要(试行)》

(一)劳动教育课程的形成期(1949—1957年)

在中华人民共和国成立初期，我国实行新民主主义教育，以维护政治稳定为宗旨，培养有社会主义觉悟的、有文化的劳动者。1955年以来，随着《小学教学计划及说明》等文件的颁布，我国在中小学教育阶段开始实施劳动教育课程。这一阶段呈现两大特征。一是在劳动教育中进行思想纠偏。1954年，全国出现大批不能升学的中小学生，中共中央随即出台《关于解决高小和初中毕业生学习与从事生产劳动问题的请示报告》，

① 朱德全、熊晴：《我国劳动教育课程的演进逻辑与重建理路》，载《教师教育学报》，2020(6)。

指出中小学教育中存在忽视劳动教育的倾向，在教学改革中未能着重批判鄙视体力劳动和体力劳动者的剥削阶级思想。由此，这一时期的劳动教育课程从目标确立到内容选择再到开展落实，始终强调体力劳动的重要基础作用，并对学生劳动实践或实习做出统一课时规定，以纠正过去忽视劳动教育的错误倾向。二是以生产技术教育为重要内容。这一时期的劳动教育课程主要以“为工农服务，为生产建设服务”为目标，在小学阶段的劳动教育内容上，要求小学自行制作教具、玩具，学生会使用简单的生产工具。劳动教育课程在中小学校得到初步落实，这推动着教育体系不断完善，也为此后教育事业的发展奠定了坚实基础。

（二）劳动教育课程的激进变革期(1958—1977 年)

在 1958—1977 年，由于受政治环境的影响，教育成为阶级斗争的工具，教育与生产劳动相结合被曲解为单纯地参加体力劳动或进行思想改造，导致劳动教育课程并未得到实质性的发展。1958 年，中小学教育教学都存在过分强调生产劳动的倾向，学校经常停课并让学生参加农业生产劳动，由此形成了“有劳无教”“以劳代教”的局面，背离了开展劳动教育的初衷。虽然 1961 年中央开始调整教育教学工作，并颁布了《全日制小学暂行工作条例(草案)》等以建立正常的教学秩序，但在“文化大革命”中，全国教育事业遭受重创，致使该文件中的很多规定并未得到落实，中小学一度缩短学制、精简课程。此时，劳动教育课程虽被保留，但逐渐成为阶级斗争的工具。

（三）劳动教育课程的恢复重建期(1978—2000 年)

1978 年 12 月，党的十一届三中全会召开，迅速拨乱反正，结束了教育事业的混乱局面。随着党和国家的重心向经济建设转移，教育与经济、科技的紧密关系逐渐受到重视。这一时期的劳动教育课程朝着科学化、规范化方向发展。在小学教育阶段，国家教育委员会陆续出台众多关于落实劳动教育的课程文件，劳动教育课程作为必修课程被写入课程(教学)计划，并且课程(教学)计划对劳动教育课程的开设目的、意义、遵循原则、课程目标、课程内容、课时安排、领导管理、考核制度及教学注意事项等方面都做出了具体安排。这使得劳动教育课程的实施有据可依、有章可循，为我国步入 21 世纪后更好地发展素质教育奠定了坚实基础。

（四）劳动教育课程的纵深发展期(2001 年至今)

2001 年，新课程改革的帷幕拉开，劳动教育课程不再独立设置，在小学阶段，劳动教育仅作为综合实践活动的一个板块。这是 1955 年以来劳动教育课程第一次被取消单独设置。劳动教育课程被纳入综合实践活动呈现出两大鲜明特点：一是着力培养学生的创新精神与实践能力，为学生适应社会做准备；二是与语文、数学等学科课程进行整合，以更灵活的跨学科学习方式来塑造学生的劳动价值观，培养学生的劳动技能。然而，这一变革也暴露出劳动教育课程政策刚性作用不强，缺乏相应的学科地位、课程地位的问题。因此，党的十八大以来，国家开始高度重视劳动教育。2015 年的《关于加强中小学劳动教育的意见》和 2017 年的《中小学综合实践活动课程指导纲要》等文件相继出台，为中小学劳动教育课程的开展指明了发展方向，并提供资源保障。2018 年，习近平总书记在全国教育大会上发表重要讲话，将劳动教育纳入教育方针。2020 年，教育部印发了《大中小学劳动教育指导纲要(试行)》，正式将劳动教育课程作为必修课，纳入中小学课程体系。概括而言，这一时期的劳动教育课程虽不免在中小学遭遇缺位的尴尬境遇，但正是诸多困境促进其完成课程内部的自我革新，并在相关政策的支持下朝向纵深发展。当前，劳动教育课程建设正走向跨界融合，要通过跨越课程之“界”、学科之“界”、学段之“界”来实现劳动教育课程全方位、诸领域、各要素之间的深度耦合。

二、新时代我国小学劳动教育课程的建构理路①

(一)明确劳动教育课程的综合育人价值

新时代劳动教育课程应具备综合育人的价值功能，即通过劳动教育课程实施，实现以劳树德、以劳增智、以劳强体、以劳育美，既在德育、智育、体育、美育中进行劳动教育，又让劳动教育返回并进入其他各育，以促进学生的全面发展。具体而言，一是通过劳动教育课程引导学生形成正确的劳动价值观和劳动习惯，从而使学生获得一种自知自察自觉的道德能力，自主提高道德自律意识与个人品德修养；二是通过体验、操作等实践形式，消弭理论知识与实践生活的鸿沟，帮助学生获得真知、增长智慧；三是全面调动学生身体官能，手脑并用、知行结合，实现由外而内的健康成长；四是通过劳动教育课程帮助学生正确认识美，形成健康的审美价值取向。

在时间维度上，劳动教育课程的综合育人价值不仅推动劳动教育课程的教学时间从课上向课后、从周中向周末、从学期向假期纵向延伸，还使客观序列化的教学时间向鲜活动态化的生命时间进行有机渗透，将生命时间寓于教学时间之中，又凭借教学时间延展生命时间的长度，促使学生作为一个完整的人，占有自己的全面的本质。在空间维度上，劳动教育课程的综合育人价值体现为实体空间与虚拟空间的交互。课堂是劳动教育课程的主阵地，但新时代劳动教育课程的教学场域必须向家庭、社区与社会拓展，并在这些实体空间中创设实施劳动教育课程的真实情境。另外，借助仿真、

① 朱德全、熊晴：《我国劳动教育课程的演进逻辑与重建理路》，载《教师教育学报》，2020(6)。

虚拟现实技术构建的虚拟空间也是劳动教育课程实施不可或缺的重要场所。通过互联网模拟逼真的植物栽种、动物饲养、交易市场等虚拟环境，让学生置身“真实”的学习情境，持续、自然地与虚拟环境和真实用户进行交互，在感受、认识与实践的过程中学会诚实劳动、辛勤劳动。

(二)探索劳动教育课程的融合实践样态

中华人民共和国成立70多年来，劳动教育课程或作为学科课程，或作为活动课程，这两种课程形态有各自的理论渊源与观点主张，在实践中曾被视为相互对立的课程类型。然而，二者各有优点与不足：学科课程重逻辑性和基础性但灵活性稍欠；活动课程重主体性和生成性但系统性较弱。然而，在学校教育中，偏废任意一方都不可取，更不应该。因此，劳动教育课程要在新时代真正促进学生全面发展就必须探索一种融合的课程形态——不仅是形式上的统整，更是实质上的融通。

一方面，劳动教育课程要取学科课程之形。作为学科课程的劳动教育课程需要在相应课程地位的保障下，建构完善的劳动教育课程系统，兼顾课程目标的思想性与工具性，确保课程内容的适切性、课程实施的规范性以及课程评价的有效性，进而与其他学科课程在价值理念、内容组织与实施评价上实现统整，实现劳动教育课程层级内的融合。同时，还应消弭劳动教育课程从小学到高中的课程鸿沟，以形塑劳动价值观为主线，串联层级分明的劳动单元主题，实现劳动教育课程设置的联动与连贯，建构起劳动教育课程完整的学段链条，进而形成稳定、开放的课程系统，确保课程层级间的贯通。

另一方面，劳动教育课程要择活动课程之实。活动课程关注学生的知识“发现”与经验生成过程，这一主张与劳动教育课程的主旨不谋而合，因而立足当下而又面向未来的劳动教育课程必须将实践性一以贯之，在实践中不断丰富其活动形式。在跨学科思想的影响下，劳动教育课程与其他课程进行整合，主要有三种设计方式：一是平行设计，即将两门相关学科的类似主题安排在同一时间段教学；二是多学科设计，即围绕一个共同主题将多个相关学科内容进行整合；三是跨学科设计，即将学校课程中所有学科有意识地统合在一起而形成常规的大单元或学程，并通过手工制作、职业体验、种植养殖、卫生劳作等多种实践形式开展劳动教育课程。

(三)构建劳动教育课程的协同育人机制

随着生产、技术等要素与劳动的深度耦合，新的劳动形态不断涌现，进而对学校场域的劳动教育课程提出新的要求。显而易见，仅依凭学校的力量推进劳动教育课程的开展未免势单力薄，因而必须将家庭、社会等主体纳入劳动教育范围，建构学校、家庭、社会的协同育人机制，以保障劳动教育课程“平稳着陆”。

首先，发挥学校的主体作用。学校是实施劳动教育课程的主要力量，必须在塑造学生正确劳动价值观的课程目标下，加强劳动教育课程体系建设，完善课程顶层设计与规划，开发常态化的劳动教育课程。具体而言，学校要明确自身主体地位，依据校情、生情自主开发极具特色的校本劳动教育课程。

其次，凸显家庭的基础作用。家庭是学生成长的第一场所，家庭氛围、家长言行对学生具有不知不觉的影响。劳动教育入脑入心，必须重视家庭建设。一方面，家校双方要形成对劳动教育课程的价值共识。学校需提高劳动教育课程教学的有效性，将其蕴含的价值意义外显为学生不断提升的综合素质，促使家长意识到功利性诉求实际上只是学校教育性目的的表征，进而破除固有的价值观念。另一方面，家校双方需建立劳动教育课程的有效沟通机制。一是“输出”，即通过开展家长教育，以专题讲座等形式系统深入地为家长讲解劳动教育课程的内涵与价值，或者向家长展示学生一系列的劳动作品，立体还原学生劳动素养培养全过程，消除当前家长对劳动教育课程的错误认识。二是“输入”，即通过安排各行各业的家长走进劳动教育课堂，为学生上一堂劳动教育课，或者以亲子劳动的形式让家长亲自参与学生的劳动教育课程。

最后，强化社会的支持作用。社会对劳动教育课程的支持主要表现在舆论引导、资源共享、组织协调等方面。其一，通过舆论引导，形成热爱劳动、崇尚劳动的社会风气。学校、家庭处于社会的大环境中，社会对劳动教育的取向直接影响劳动教育在学校、家庭中的实施效果，因而有必要在全社会倡导尚劳实干的精神，营造劳动光荣的社会风气，从而引导学生尊重劳动、热爱劳动，长大后能够辛勤劳动、诚实劳动、创造性劳动。同时，要借助新媒体平台，大力宣传劳动模范，弘扬工匠精神，营造良好的舆论环境，形成具有导向意义的劳动价值观。其二，通过资源共享，实现各方劳动资源的优势互补。要改变当前中小学与大学、教育行政部门、社会机构等主体之间资源分散封闭的状况，打破各组织间的资源壁垒，将人力、物力、财力等资源要素进行重组与衔接，形成立体多维的资源网，使各方在资源输送上实现优势互补，最大程度地满足大中小学开展劳动教育课程的需求。其三，通过组织协调，保障劳动教育课程的实施。健全劳动教育的保障机制，既需要以政府投入为主体，带动社会、家庭投入，又需要辅以商业保险。社会各组织机构要全力配合学校实施劳动教育课程，统筹协调社会资源，搭建综合育人平台。农业、工业、服务业等各行业要为学校进行校外劳动活动、创建劳动教育实践基地提供帮助和支持，从而构建起全方位的劳动教育协同育人机制。

三、新时代我国小学劳动教育课程建构的类型

新时代的劳动教育是一种回归自然、回归生活的教育，学校劳动教育的内容不囿

于封闭的学校场域，社会、家庭场域都存在着大量具备劳动教育意义的教育内容，而这些内容都会被重视与利用。其中，以课程形态存在的小学劳动教育也是多样化的。一方面，小学劳动教育课程具备综合育人的价值，是融合了德智体美教育价值的劳动教育课；另一方面，小学劳动教育课程的开展形式多样，如通识型劳动教育课程、渗透型劳动教育课程、特色化校本劳动教育课程等。

(一)校内劳动教育课程

2018年9月召开的全国教育大会明确提出构建德智体美劳全面培养的教育体系。我国的中小学普遍地将劳动教育纳入课程体系及对学生的评价体系，以培养德智体美劳全面发展的社会主义建设者和接班人。基于小学阶段儿童的本真特性——喜欢活动，乐于体验，热爱劳动，具有强烈的好奇心和求知欲等——通过加强劳动教育，促进其德智体美劳全面发展，为其全人发展打下坚实基础。除了分别对儿童进行道德品质教育、文化知识教育、发展体力教育、审美教育，劳动教育也具有重大意义。与社会教育和家庭教育相比，学校劳动教育应是最具系统性、科学性、导向性的教育形态。劳动课程是学校对学生进行劳动教育的主渠道。重构对劳动教育的重要性认识，在小学开设必修的系统性劳动教育课程，对学生全面成长、收获美好幸福生活具有奠基和保障作用。

1. 通识型劳动教育课程

2015年，教育部联合共青团中央、全国少工委发布《关于加强中小学劳动教育的意见》将我国中小学劳动教育的目标定位于：通过劳动教育，提高广大中小学生的劳动素养，促进他们形成良好的劳动习惯和积极的劳动态度，使他们明白生活靠劳动创造，人生也靠劳动创造的道理，培养他们勤奋学习、自觉劳动、勇于创造的精神，为他们终身发展和人生幸福奠定基础。基于此，当前我国小学劳动教育的根本目标可以被认为是培养小学生的基本劳动素养。小学生的基本劳动素养包括劳动的情感、态度、价值观和从事劳动的基本实践能力等。因此，小学需要开发具备劳动情感、态度、价值观等类型的通识劳动教育课程，以满足小学生劳动素养提升的要求。①

其中，小学通识型劳动教育课程包括劳动理论课程和劳动实践类课程，以提升小学生的劳动素养。在小学低年级阶段强调以劳动意识启蒙为主，关注学生对日常生活自理能力的学习；在小学中高年级阶段则强调劳动习惯的养成、分担家务、适当参加校内外公益劳动等。劳动理论课程是将学生的现实劳动生活与学科知识结合起来形成的学科课程。劳动理论课程内容的设置需要根据儿童认知发展的特征，且劳动理论课程多数属于国家课程，是在全国统一范围内由国家教育行政部门组织编制劳育课程标

① 卢丽华、于明业：《基于新时代构建中小学劳动教育课程》，载《中国德育》，2020(2)。

准、劳育课程教材，整合劳育课程资源，制定劳育课程管理，保障劳育课程实施条件等所开发的劳动教育课程。劳动理论课程的开展有助于小学生形成正确的劳动认知、劳动价值观，培养其良好的劳动习惯与品质等。

劳动实践类课程是培养学生劳动实践能力的实践性课程。劳动教育实践课程可以将学校的办学理念、教育目标、学科内容进行科学整合实现其客体价值，围绕立德树人的根本任务推进劳动活动课程的实施进程，有助于发扬和彰显现代学校培养学生建设社会主义的良好品质和关键能力的育人价值。小学开展劳动教育实践性课程需要将劳动教育与校园文化建设相结合，引领学生自觉重视技能训练，增强自主劳动意识，提升劳动技能；将劳动教育与学生特点相结合，通过各种劳动教育型社团组织，有序建立各种劳动教育实践基地，引导学生增强劳动技能。此外，综合实践活动课程作为实施中小学劳动教育的重要渠道，应成为小学劳动教育的重要方式，成为培养学生劳动观、劳动素质的重要手段。

2. 渗透型劳动教育课程

劳动教育不是一种独立的教育形式，它需要将各类教育内容连接在实践中。学校开设劳动教育课程的另一种形态就是将劳动教育与其他学科结合起来，建立劳动教育与其他学科之间的紧密联系，实现劳动教育跨学科的深度融合或在学科教学中渗透劳动教育。基于此，跨学科融合课程和劳动教育渗透型课程也成为小学劳动教育课程实施的主要形式。

首先，实施小学劳动教育的跨学科融合课程。小学劳动教育课程实施要以主题为出发点，以培养学生劳动素养为目标，探求各学科之间的内在联系，实现劳动教育跨学科深度融合。学校可以开展主题式劳动教育课程，为小学生提供一个综合开放的自主实践平台。以“劳动创造美好生活”主题活动为例，基于该主题将语文课、德育课、科学课等进行统合，语文教学部分可以涉及有关辛勤劳动的课文学习，德育部分可以涉及赞扬劳动者的章节，科学教学部分可涉及简单手工制作，同时教师带领学生到劳模育人示范基地观摩学习、开展志愿服务等。由此，学生不仅能够基于不同学科视角深入学习劳动知识，提升自主学习能力，还可以促进劳动经验的积累，激发自身参与劳动实践的兴趣。

其次，在各类学科教学中渗透劳动教育。以劳树德、以劳增智、以劳强体、以劳育美即对劳动教育的统领性与综合育人价值的概括。学校劳动教育的实施要建构起一个系统的、完整的人才培养体系，将劳动的价值、理念渗透到各个学科的教学以及学校的日常管理活动中。小学劳动教育课程规划应明确在学校日常管理中渗透劳动教育以及在学科教学中加强劳动观念和态度培养的要求，建立全员参与的实施机制，大力开发渗透型劳动教育课程，让中小学劳动教育成为一个立体的、有机的、灵活的育人体系。例如，在小学语文课、德育课、社会课中可以引入中国传统劳动文化，加大对学生劳动观念和态度的培养，塑造学生的劳动价值观；体育课、美术课、科学课可增设手工劳动，加大对学生动手操作和劳动技能、职业技能的培养。

3. 特色化校本劳动教育课程

将新时代劳动教育有机、有效、有力地嵌入小学教育课程体系，开发特色化校本劳动教育课程是有效途径之一。校本劳动教育课程是以学校为中心，以解决本校劳动教育问题为旨归，由本校教师自己编制、实施和评价的一种劳动教育课程。它是通过对本校学生的劳动教育需求进行科学评估，充分利用当地社区和课程资源而开发的多样性的、可供学生选择的课程。校本劳动教育课程的开发主要依据当前的劳动教育方针、国家及地方的课程计划、学校的劳动教育目标、学校课程资源及学生需求等。它强调以学校为基地，并与外部力量合作，充分利用学校内外的课程资源。

一方面，每所学校都需要重新认识新时代劳动教育的价值和意义；另一方面，学校需要赋予劳动教育新的时代内涵，要用创新的思维去发展劳动教育课程。新时代小学劳动教育课程的实施要打破传统劳动教育观念的束缚，劳动教育的形式应走向多元化。只有这样才能呈献给学生丰富多彩的、贴近生活实践的劳动教育，才能激发学生主体的劳动创造力，让中小学生在劳动教育过程中产生真切的获得感。

创建生活实践导向、富有时代感知力的劳动教育课程，要保障劳动教育内容的时代性和创新性。各地各校在保证开足统一的通识型劳动教育课程的前提下，要因地制宜地开发和利用好学校所在地的特色资源，创设富有地域特色的小学劳动教育课程。例如，各地各校可结合实际开设园艺、非物质文化遗产、农耕、养殖、剪纸、陶艺等特色课程。同时，特色劳动教育课程的创设与实施应坚持思想性、适度性和教育性原则，要把培养中小学生热爱劳动、尊重劳动的情感和态度作为首要目的，要将特色劳动教育课程实施与学生的综合素质培养相结合，促进学生德智体美劳全面发展。

(二)校外劳动教育活动课程

在校外组织的以活动课程形态存在的劳动教育是从劳动教育形式的多样性出发，将劳动教育活动转变为实际的课程，为学生提供具有实践性和挑战性的任务，促使学生在课程中切身体验劳动实践活动。劳动教育活动课程以校内外社会实践活动(活动课程)为载体，落实劳动育人的职责，其根本目的是把更多的社会资源有效运用到劳动教育中。

校外劳动教育活动课程的实施对于小学开展劳动教育具有重要意义与价值。

首先，开展劳动教育活动课程能够有效地实现小学劳动教育的育人价值。将劳动教育活动与校外资源相结合，通过校外劳动教育实践活动，引导学生参加力所能及的生产劳动，丰富劳动体验，增长其劳动技能。校外劳动教育活动课程的实施不仅有助于学生掌握劳动的基本知识和劳动技能，还有助于培养其劳动意识、劳动情感、劳动能力，让学生在劳动中体验幸福、收获成长，更加深刻地理解劳动教育的意义。

其次，开展劳动教育活动课程是保障小学劳动教育科学性和专业性的应然体现。从简单手工、家政等生活劳动到新技术的使用都是劳动教育活动课程的重点内容。劳动活动的内容涉及日常家务、手工制作、非遗传承、学工学农、社会实践、志愿服务等多种形式。劳动教育活动课程能够让学生更加系统地学习有关劳动教育的内容。它作为小学劳动教育的一类重要课程，需要明确教学目标，制定活动课程标准和活动课程纲要，确定每学期的学习内容和时间，严格对课程实施进程进行监督和考核，保证课程开设的科学性。同时，根据小学生身心发展的阶段性特征，应选择合适的课程内容。例如，小学一至二年级处于劳动教育的启蒙阶段，应设置"劳动与生活"活动课程；三至六年级处于劳动教育的实践体验以及行为习惯的塑造阶段，应设置"劳动与技术"活动课程。科学合理地选择劳动活动内容，注重学习阶段之间的衔接，课程设置更加灵活，从而保证小学劳动教育的有效实施。

最后，开展校外劳动教育活动课程是促进校内劳动教育课程常态化的实然路径。布迪厄场域理论认为，劳动课程实施的场域可以分为第一课堂（教室）和第二课堂（教室之外的劳动场地），在特定的劳动场域下对学生进行潜在劳动行为的影响，不仅可以使劳动知识通过校外实践实现"内在化的外在化"，还可以使劳动实践经验在课堂教学中实现"外在化的内在化"，促进学生形成持久、可转换的、潜在的劳动行为倾向系统。学生参加劳动教育活动课程，一方面，可以将学生日常习得的劳动经验转变为课堂上科学、系统的显性知识；另一方面，通过教学和实践两个方面让学生感受到劳动带来的具身体验，在课堂上激发学生的先验经验，在实践中与现实经验相结合，在真实情境下学会将劳动知识迁移和运用，提高学生的劳动意识、动手能力和实践创新能力，增强学生的自我效能感，从而真正地尊重劳动、爱上劳动和学会劳动。

（三）学校－家庭－社会的协同型劳动教育课程

劳动教育是一种生活教育，学生可以在劳动中获得生活体验、生活乐趣，养成一种积极的生活态度与习惯，以更好地适应未来生活。因此，劳动教育课程内容应主要源于生活，课程实施也同样基于现实的生活场域。劳动教育生活化落实到小学劳动教育课程体系中，一方面需要开设专门的、独立的劳动生活体验课程或劳动教育活动课程；另一方面则需要开发教育与生活相融的协同型劳动教育课程。①

协同型劳动教育课程是指基于劳动教育的生活实践属性，打破学校教育的封闭状态，通过建立学校—家庭—社会协同育人的整合机制，将劳动教育由学校延伸到家庭、社会，家庭和社会都要承担相应的劳动育人职责。对家庭而言，家长需要让孩子具备

① 卢丽华、于明业：《基于新时代构建中小学劳动教育课程》，载《中国德育》，2020(2)。

基本的家务劳动技能，养成正确的劳动习惯，形成正确的劳动价值观，等等；对社会而言，社会需要让儿童青少年具备良好的劳动服务意识，增强社会责任感，体会社会主义社会平等、和谐的新型劳动关系，等等。

协同型劳动教育课程的开展要求学校、社会和家庭共同参与、协同合作。其中，家长应鼓励孩子自觉参与劳动，自己动手，随时随地、坚持不懈地进行劳动；鼓励孩子利用节假日参加社会劳动；在建设家庭文化时，树立崇尚劳动的家风，让孩子从小养成热爱劳动的习惯，积极配合，并主动参与学校、社区等组织开展的学生生活技能展示活动，加强对家庭劳动育人的指导等。家庭和社会与学校一起，共同培育德智体美劳全面发展的人。

第三节 小学劳动教育课程开发

课程开发影响小学劳动教育课程能否实现特定教育目标，是否遵循小学生身心发展规律与阶段特点，能否为个体的全面发展以及对社会主义现代化的建设者和接班人的培养贡献力量。课程开发的主体除国家、地方与学校外，作为教育直接实践者的教师同样是关键性的课程开发主体。因此，理解小学劳动教育课程开发、学会小学劳动教育课程开发是教育者不可推卸的责任。

一、小学劳动教育课程开发概述

(一)劳动教育课程开发的内涵

课程开发是根据一定的价值取向，选择、组织课程内容，确定实施流程和评价方式的活动总称。具体还涉及教科书和教学材料的编订与选择、教学参考资料与教具的配备以及基本的操作程序和评价手段的确定等。

劳动教育课程开发则是根据国家劳动教育的育人理念和价值取向，选择与组织劳动教育课程内容，确定劳动教育课程的实施流程和评价方式的活动。

(二)小学劳动教育课程开发的理念

1. 坚持教育与生产劳动相结合

教育与生产劳动相结合是马克思主义教育的基本原理，也是党的教育方针的主要内容。在新时代，劳动教育应该深入学校教育，促进学生学习方式的多样化。学生接受劳动教育的过程就是学习的过程。劳动教育只有与学习相融通，把隐性渗透在各学科中的劳动教育内容集结化、显性化地表达出来，才能更好地实施。因此，在小学劳动教育课程的开发过程中，应重视将教育与生产劳动结合与融通。

2. 坚持劳动教育与生活相沟通

劳动教育离不开生产也离不开生活，劳动是劳动教育的起点，劳动教育的发生机制源于生产和生活，劳动教育课程是与生产生活联系最紧密的课程。因此，劳动教育课程实施应强调学生亲临劳动场域，有亲身的劳动经历、亲近的劳动情感、亲切的劳动认知，要注重学生的身体体验及其活动方式的“具身认知”。在小学劳动教育课程的开发过程中，应注重为小学生开发与生活相联系的经验性劳动教育课程或劳动教育的活动课程，让学生亲身参与，促进其成长与发展。

3. 坚持劳动教育与社会联结

人们在劳动中结成的关系是最基本的社会关系。因此，劳动教育课程内容不能脱离社会，要精心设计、精心选择，紧密联结和体现数字化社会、知识经济时代及经济全球化、现代化的特点，从而彰显劳动教育的时代价值。基于此，在小学劳动教育课程开发中，应注意课程内容与社会问题联结，课程实施进入社会场域，课程目标致力于提升学生适应和改造社会的能力等。

4. 坚持劳动教育与未来同向

劳动的时代性决定了劳动教育要面向未来，要从时代需求中积极挖掘新的内涵，了解未来社会的发展走向。劳动教育要培养学生在今后工作与生活中必备的基本素养、劳动技能、意志品质和公民精神，以此帮助学生在未来的人生中更好地劳动、更好地生活。基于此，在小学劳动教育课程开发中，需要注意劳动教育指向学生自身发展的未来，指向社会经济发展的未来，指向人与社会和谐发展的未来。

二、小学劳动教育校本课程的开发

(一)劳动教育校本课程开发理念

1. 民主决策

劳动教育校本课程开发是从学校整体发展的角度考虑劳动教育课程开发方案，是立足于学校现有的劳动教育资源和优势，为了促进本校学生劳动素养的提升，由本校教师所开发的课程。这决定了学校教师不仅是劳动教育校本课程的开发者，而且是其中的主力军。同时，在劳动教育校本课程开发过程中，要发挥劳动教育课程专家对教师的指导作用，以及学生家长等的监督和建议作用。这些都体现出劳动教育校本课程开发的民主性和民主决策特点。

2. 教师本位

劳动教育校本课程开发应坚持教师本位的理念。第一，新时代劳动教育的内涵及理念已发生转变，这需要教师积极地参与劳动教育校本课程开发的决策，根据国家、社会劳动教育育人理念的转变，制定本校劳动教育课程的开发及实施政策。第二，教师成为劳动教育校本课程设计的主体。教师是劳动教育课程的践行者，同时对本校的资源、优势、学生发展等情况最为了解。第三，教师成为劳动教育校本课程设计的指导者和评价者。教师是课程实施中的主体，又参与课程的决策与设计，他们最清楚课程落实过程中的问题与偏差，因此，教师在劳动教育课程教学指导和评价中具有应用的权利与职责。

3. 问题指向

劳动教育校本课程立足于学校现状，直面具体的学校实践，以解决学校劳动教育问题为要义。学校提出开展劳动教育活动的问题，发掘学校的劳动教育潜能，充分利用教育资源，让学校的教育生命活力持续绽放。

(二)劳动教育校本课程开发条件

1. 明确学校劳动教育理念

根据每所学校独有的优势，如地域特色、文化历史背景、资源优势等寻找开展劳动教育的契机。在劳动教育校本课程开发过程中，学校应仔细梳理自身的办学条件、办学经验、办学宗旨等，从而明确学校开发与实施劳动教育课程的理念，以此为基点进行劳动教育校本课程的开发。

2. 配备高素质劳动教育师资队伍

劳动教育校本课程开发的关键还在于教师，因此，应充分团结校内外高素质的劳动教育教师队伍，建构一个协作、高效的教师团队，对劳动教育校本课程开发进行决策、实施与监督。同时，团队教师之间应分工协作，共同为劳动教育校本课程开发贡献力量。

3. 建立有效的劳动教育评价机制

劳动教育校本课程的开发更加强调学校特色，张扬个性。因此，应该基于本校的实际情况建立一套有效且合理的劳动教育校本课程评价机制，以保证课程持续有序开展与进步。

4. 建立校内外劳动教育资源基地

劳动教育校本课程开发要求学校充分利用和整合校内外的各种资源，尤其要建立劳动教育课程的实践基地。一方面，可以充分挖掘和利用校内外现有的资源；另一方面，可以根据需要，积极创造条件，引进和创造新资源，保障劳动教育课程的实施。

5. 形成配套的劳动教育制度保障

劳动教育校本课程开发需要一套合理的保障制度，如校本培训制度、课程实施制度、经费支持制度等，这就要求学校、社会等共同创造条件，共同建构保障课程实施的有效制度。

(三)劳动教育校本课程开发程序

基于不同的校本课程开发理念，劳动教育校本课程开发的程序有所不同。

斯基尔贝克将校本课程开发的程序分为五步：①分析学校情境；②根据情境分析的结果拟定适切的目标；③建构适切的课程方案；④进行解释和实施；⑤进行追踪调查与方案重建。

经济合作与发展组织(OECD)较为具体地提出了校本课程开发的八个步骤：①分析学生；②分析资源与限制；③制定一般目标；④制定特殊目标；⑤确定方法与工具；⑥评价学生的学习；⑦分配资源、人员、设备与时间；⑧实施、评价与修订。

课程改革专家塞勒等人提出了校本课程开发的问题解决模式，该模式以特定的教育现场为焦点，强调学校与教师的主动参与、民主决策、具体教育问题的解决等。具体步骤包括：①感知问题；②分析问题；③确立目标；④寻找解决途径；⑤找到解决对策；⑥采用或改编现成课程或新编课程；⑦开始使用；⑧评价；⑨继续采用。

基于以上几种校本课程开发程序，劳动教育校本课程的开发也应该根据具体学校、具体情境，有所偏向、有所选择地开展与实施。

第一，分析校内外的劳动教育优势、特色等，包括本校学生的身心发展特点；教师的知识、能力、态度、价值观等；学校劳动教育文化氛围与制度结构；校内外相关资源的衔接；国家劳动教育政策的变革；社会、家庭等对学生劳动教育的期望等。

第二，根据对教育情境的分析，感知和分析劳动教育开展中的问题。

第三，确定劳动教育目标和具体校本课程目标。

第四，建构适切的劳动教育课程方案，并确定劳动教育课程实施的方法、教学资源、工具与时间。

第五，实施课程，评价学生的学习情况。

第六，修订劳动教育课程方案，继续有效开展教学活动。

案例

基于劳动教育的"四个聚焦"校本化特色课程开发①

滕州市在基于劳动教育的校本化特色课程开发中，围绕"四个聚焦"，即聚焦传统文化、聚焦学校文化、聚焦社区资源和聚焦特色教师，形成了符合新时期中小学生成长需求、具有可操作性的劳动课程育人模式。

第一，聚焦传统文化策略。近年来，滕州市教研室指导学校充分挖掘优秀的传统文化资源，积极开发特色劳动课程，一批如松枝鸟、糖画、民间花灯等劳动教育特色课程破土而出。①滕州市实验小学让"松枝鸟"焕发新的生机。2010年末，滕州市实验小学劳动教育课程开发团队将滕州市非遗项目松枝鸟作为校本课程进行研究，并组织教师前往界河镇进行学习，率先在兴趣小组中进行推广。②东郭镇中心小学的糖画创意无限。东郭镇中心小学陈玉萍老师相继参加了三期山东省省级非遗项目培训，学习了糖画技艺，并在学校成立了糖画工作坊，让非遗项目走进了校园。③鲍沟镇中心小学的民间花灯喜庆祥和。鲍沟镇褚村纸灯笼已有两千余年的历史。鲍沟镇中心小学发掘了这一传统文化的价值，把褚村手工灯笼引入社团活动，成立了民间花灯工作坊。

第二，聚焦学校文化策略。为扎实推进依托学校文化开发劳动教育课程的进程，滕州市开展了劳动教育特色品牌创建活动。全面实施素质教育，积极培养创新人才，把学校办出鲜明特色，坚持劳动教育"一校一品"。经过活动推进，滕州市北关小学的叶贴画、姜屯中学的"善创"课程等优秀实践涌现，聚焦学校文化而开发的劳动教育课程逐渐走向成熟，成为区域典型。

第三，聚焦社区资源策略。近年来，滕州市充分开发和利用社区资源，积极开创基地、研学、家校三类课程，不断拓宽劳动特色育人之路，加快推进劳动教育课程深化实施。①集中力量打造综合性素质教育基地。为落实国家推进素质教育的要求，缓解中小学校舍、教学设施不足等问题，在市委、市政府的支持下，在第一职业高中基础上，滕州市中小学素质教育实践基地建立。素质教育实践基地为学生提供了一种新的求知方法和路径，让学生在丰富的活动中尝试各种学习方式，在实践中发现和解决问题，积累和丰富经验，主动获取知识，培养了创新精神和实践能力。②开发丰富多彩的研学课程。滕州市有墨子纪念馆、鲁班纪念馆、北辛文化遗址、滕国古城等文化资源。滕州市教研室组建课题组，专门研究如何将丰富的社区和乡土文化转化成课程资源，引导学校充分利用区位资源，打造特色劳动教育课程。③构建深度融合的家校课程。例如，布置"劳动版"作业，让劳动教育走进家庭，倡导低年级的孩子学会生活

---

① 刘勇、齐国艳：《基于劳动教育的"四个聚焦"校本化特色课程建设》，载《现代教育》，2019(10)。

自理，在家学会穿衣穿鞋、刷牙洗澡、整理书包、摆放餐具、合理作息等；中年级的孩子则需要做一些简单家务劳动，如拖地叠被、整理书桌、洗碗洗袜、做简单菜肴等；高年级的孩子则要会做饭洗衣、整理房间、简单缝纫纽扣、合理理财等。

第四，聚焦特色教师策略。为激发更多教师加入劳动教育课程开发队伍，提升他们开发课程的专业水准，滕州市充分发挥教研系统的引领、支撑作用，先后实施了一系列卓有成效的教研活动，极大地促进了劳动教育校本课程开发的质量和实施效果。①系列课达标。针对劳动教育的"三无"现状，滕州市在全市开展了为期两年的新课改背景下劳动教育课堂教学系列课达标活动。要求在两年的时间内，劳动教育教师的新授课、实践课、方法课、展示课和讲评课等基本课型达到基本规范和标准。②课改标兵评选。为促进全市教师素质的全面提高，建设一支高素质的教师队伍，深入推进课改，创建课改特色，滕州市开展了为期三年的课改标兵评选活动。③课堂教学建模。滕州市开展了课堂建模活动，紧紧围绕"课堂教学效能的提升，课堂教学的优质高效"进行，通过反复磨课与建模，一批"教有模式""教学有法"的劳动教育课堂模式逐渐成熟。④片区联合教研。针对劳动教育专职教师少、在学校内无法有效地开展校本化教研活动的状况，滕州市创新开展了片区联合教研活动。片区教研基于"联盟互助，共享智慧、共谋发展"的愿望，以各校为基点，以发展为愿景，以合作为方式，以教研为中心。⑤课程资源评选。为了实现优质课程资源的共建共享，实现基础教育的优质均衡，滕州市利用四年时间开展优质课程资源评选工作。评选资源包括课程内容、教学设计、教学课件、微课等。通过近二十年的努力，一批综合型、专家型、非遗传承型教师群体脱颖而出，一批特色课程也应运而生。

滕州市以劳动教育为切入点，让学校各显其能，开发实施劳动教育课程，坚持从理念先导、机制保障、教研助力、特色路径、督导评价五个维度积极探索创新，形成了一整套符合新时期中小学生成长需求、具有可操作性的劳动育人模式，各类劳动教育特色课程雨后春笋般涌现出来，孩子的综合素养得到大幅提升，获得社会和家长的一致赞赏。

三、小学劳动教育综合实践活动课程的开发

综合实践活动是从学生的真实生活和发展需要出发，从生活情境中发现问题，进而转化为活动主题，通过探究、服务、制作、体验等方式培养学生综合素质的跨学科实践性课程。它对于提高学生劳动素养、形成正确的劳动价值观具有重要课程价值。

2015 年 8 月，《教育部共青团中央全国少工委关于加强中小学劳动教育的意见》指出："要根据《义务教育课程设置实验方案》和《普通高中课程方案(实验)》，将国家规定

的综合实践活动课程、通用技术课程作为实施劳动教育的重要渠道，开足开好。”①2019年6月，《中共中央国务院关于深化教育教学改革全面提高义务教育质量的意见》中指出：“优化综合实践活动课程结构，确保劳动教育课时不少于一半。”②

(一)劳动教育综合实践活动课程的价值

综合实践活动课程作为小学劳动教育的重要课程形式，对推进学生接受劳动教育发挥着重要作用。

1. 丰富学生的劳动生活经验

综合实践活动能够使学生根据身边的现实生活和接触的社会实际提出自己感兴趣的活动课题，然后集体讨论，最后由学生确定活动主题、开展活动调查、自主设计活动方案，形成对自然、社会、自我的整体认知，帮助学生树立正确的人生态度。学生从劳动活动中领悟生活、接触社会、感知自然，加强学习内容与现实生活之间的联系，丰富自己的劳动生活经验。

2. 增强学生的学习兴趣和活动积极性

综合实践活动课程的开展形式多种多样，活动内容丰富多彩，更能激发学生的学习兴趣与参与热情。例如，教师带学生到手工艺展览中心，观看不同的手工艺作品——刺绣、木雕、泥塑、剪纸等，通过实地考察来激发学生学习的激情和热情；利用多媒体教学设备，为学生寻找一些关于手工艺品制作的视频，在课堂上播放，然后让学生选择一个感兴趣的手工艺品进行制作。不同的实践活动形式为学生提供劳动实践的氛围，激发学生学习的热情和欲望，促进学生参与的积极性。

3. 增强学生的劳动实践能力

劳动教育综合实践活动课程更注重发展学生的生活技能及实践探究能力。人类的认识特征决定了通过亲身实践所获得知识及能力十分重要。综合实践活动课程开发的理念不仅在于学生劳动知识素养的获得，它更注重锻炼学生通过劳动实践掌握生活技能、提高实践操作的能力，更重视小学生的自主性、实践性，并把自主参与、合作实践作为劳动教育活动实施的主要形式，把动手操作作为活动过程的必备条件。

(二)劳动教育综合实践活动课程的开发理念

新时代下小学劳动教育综合实践活动课程的开发需要从以下几方面做出努力。

---

① 中华人民共和国教育部、共青团中央、全国少工委：《教育部 共青团中央 全国少工委关于加强中小学劳动教育的意见》，见中华人民共和国教育部官网，2015年7月24日。

② 中共中央国务院：《中共中央国务院关于深化教育教学改革全面提高义务教育质量的意见》，见中国政府网，2019年6月23日。

1. 强化课程融合

鉴于小学课程门类较多，学生在校时间有限、课时数有限，应发挥综合实践活动课程融合性强的优势，强化学科融合的劳动教育，以及将学科课程与活动课程融合的教育。将劳动教育融入综合实践活动课程之中，既丰富了综合实践活动内容，又能更好地达到劳动教育的目的。

2. 坚持与时俱进

小学劳动教育课程应避免滞后于社会、科技、文化发展，综合实践活动课程既要发挥好“桥梁”作用，又要紧跟时代步伐。例如，当前以“大智移云”为代表的新一轮科技革命引发了人们生活、工作及相互关联方式的颠覆性改变，我们可通过劳动教育综合实践活动课程，让学生在活动中体验新时代的变革、新技术的诞生，实现劳动教育的与时俱进。

3. 注重整体设计

任何教育活动都应蕴含一定的教育要求，简单地在课程中引入日常生活，不是真正的学校教育，更谈不上有效课程。劳动教育综合实践活动课程有着明确育人目标，需要通过精心设计、精心组织、精彩活动来有效落实，为此一般应做到“五有”：有清晰的课程目标、有整体的课程规划、有操作性强的实施方案、有充足的课时保证、有深切的课程体验。

4. 拓宽实践场域

为小学劳动教育综合实践活动课程提供实践基地和活动场域是十分必要的。因此，需要建立健全中小学实践场所开放共享机制，充分利用学校现有综合实践基地、青少年校外活动场所，加快建设校内劳动教育场所和校外劳动教育实践基地，建立综合实践活动课程资源库。政府职能部门应为学校综合实践活动基地的建设提供项目和经费支持，各中小学应与高等学校、职业院校加强合作，为学生提供实践活动和职业体验的场所。

(三)劳动教育综合实践活动课程的开发程序

1. 制定劳动教育目标

综合开发实践活动课程的总目标主要在于：让学生获得亲身参与实践的积极体验和丰富经验；形成学生对自然、社会、自我之内在联系的整体认识；形成自己在周遭生活中主动发现问题并独立解决问题的能力；发展学生的实践能力；使学生养成合作、分享、积极进取等良好的个性品质等。在进行劳动教育的综合实践活动课程开发时，教育者应当摆脱传统劳动教育的局限，将综合实践活动课程的设计理念和目标落实到劳动教育中，从学生劳动知识的获得、劳动态度与情感的培养、劳动技能的掌握等方面来制定完善的目标。

2. 选择劳动教育主题内容

主题内容是劳动教育综合实践活动课程的核心。主题内容设计是否科学、合理将直接决定课程开设的质量。因此，在选择劳动教育主题内容时，应当开阔眼界，从“大自然”“大社会”中寻找各种有益的劳动教育内容，既可以是体力的，也可以是脑力的；既可以是校内的，也可以是校外的；既可以是自我服务性的，也可以是社会公益性的。使得劳动教育内容符合当前综合实践活动的基本要求，符合课程发展的方向。

3. 选择劳动教育活动方式

在开展劳动教育综合实践活动课程中，要将劳动教育当作一种综合教育活动去实施，采取多样化的方式方法，为学生提供展现自我的广阔舞台，让学生在各种各样的动手动脑活动中实现主观精神的全面发展。

4. 确定劳动教育结果的评价方式

劳动教育的目的是促进学生的全面发展，在评价活动结果时，不要只看一时一事所呈现出来的结果，而要将目光放长远，用发展的视角去看待学生的成长，这是劳动教育综合实践活动课程评价的主要价值取向。

案例

济南市历城区小学劳动教育综合实践活动课程的开发[①]

我们在此以济南市历城区为例，将如何通过综合实践活动课程落实好劳动教育进行全面阐述。

(一)建立管理制度，为劳动教育实施保驾护航

济南市历城区教体局以《中小学综合实践活动课程指导纲要》《山东省教育厅关于加强中小学生劳动教育开好综合实践活动课程的指导意见》文件精神为指导，结合区域实际，制定了《济南市历城区关于加强劳动教育落实综合实践活动课程的指导意见》。该文件从充分认识开设综合实践活动课程的重要性、准确把握综合实践活动课程目标、规范综合实践活动课程实施、做好综合实践活动课程保障等方面，对新时代学校如何进一步加强劳动教育，落实好综合实践活动课程提出了具体而又系统的要求，是新时代区域通过综合实践活动课程落实劳动教育的纲领性文件，为各学校落实劳动教育提供了指导。除此之外，历城区教体局还制定了《历城区综合实践活动教研规范》《历城区综合实践活动教师评价意见》等文件。

---

① 冯光国：《综合实践活动框架下中小学劳动教育区域实践——以济南市历城区为例》，载《现代教育》，2019(10)。

（二）构建课程体系，从碎片思维走向顶层设计

历城区教体局的具体做法：一是做好背景分析。引导学校分析自身的办学理念和育人目标，分析学生的需求和学校可以得到的课程资源。二是明晰综合实践活动课程中的劳动教育目标。引导学校在认真分析学生发展核心素养和综合实践活动课程目标的基础上，确定学校劳动教育目标。劳动教育的目标要突出培养学生劳动认知、劳动能力和劳动习惯、劳动精神，引导学生形成正确的劳动价值观，养成良好的劳动素养，让学生爱劳动、能劳动、会劳动、善于劳动、享受劳动。三是在学校劳动教育目标的指导下，确定综合实践活动框架下的劳动教育课程体系。引导学校重点围绕综合实践活动课程中的服务性劳动、技术性劳动和职业体验性劳动整体构建劳动教育课程体系。

课程体系的内容主要来源于《中小学综合实践活动课程指导纲要》中的推荐主题、《山东省小学综合实践活动课程实施方案》中的主要活动内容以及学校在长期实践探索中形成的特色主题。在课程体系架构中要突出活动内容的连续性。如小学一至六年级社会服务的内容可以围绕自我服务、班级服务、校园服务、家庭服务、公益服务和志愿服务，由低到高螺旋式上升来设计，重点培养学生自我服务和服务他人的意识，提高学生的社会服务能力，形成正确的劳动价值观。

（三）科学实施课程，探索有效路径

1. 注重学生真实体验

教育部、共青团中央、全国少工委在《关于加强中小学劳动教育的意见》中指出，要让学生直接参与劳动过程，增强劳动感受，体会劳动艰辛，分享劳动喜悦，掌握劳动技能，养成劳动习惯，提高动手能力和发现问题、解决问题的能力。要引导学校在真实的场馆、场景、场所中开展综合实践活动课程，如在校内外实践基地开展技术性劳动，在社会各行各业中开展职业体验，在真实的社会情境中开展服务性劳动。让学生在真实的实践体验中掌握劳动知识，提高劳动能力，增强劳动情感，形成正确的劳动观念。

2. 注重学校、家庭、社会有机结合

综合实践活动课程实施中要注重学校、家庭、社会有机结合，发挥教育合力，把劳动教育切实落到实处。注重与家庭结合。如劳动技术中的“学做简单的家常菜”活动主题，在有条件的学校，教师可以让学生在学校食堂开展活动，让学生了解家常菜的做法，动手学做家常菜。学生在学校学做家常菜后，教师要让学生在家里为父母做家常菜。这样，学校和家庭才能形成教育合力，学生才能在真实的劳动中实现自我教育。

3. 注重劳动教育的新形态

随着新时代的到来，科学技术的进步，很多传统劳动形式已经消失，劳动形态发生了很大变化。当代社会劳动形态包含着更多脑力劳动，许多复合的崭新的劳动形态，特别是存在于信息产业、文化产业等领域的新型劳动形态正不断涌现，日益改变着劳

动形态的旧格局。当代劳动教育应当密切注意劳动形态的演变，与时俱进开展劳动教育，让劳动教育具有更多的当代性、创新性、主动性，成为孩子们生动活泼全面发展的有益成长平台。

(四)做好课程评价，发挥评价的激励和导向功能

为了更好地促进课程的有效实施，落实劳动教育，历城区教体局制定了《济南市历城区综合实践活动课程评价指导意见》。该文件对课程评价原则、评价内容、评价程序、评价结果及呈现等做了明确规定，重点考察学生爱劳动、能劳动、会劳动、善劳动的实际表现，同时对学生劳动成果做了明确规定：义务教育阶段小学一至二年级学生每学年至少完成1件劳动技术作品，参加力所能及的家务劳动和集体劳动；三至六年级学生每学年至少完成2件劳动技术作品，完成1次社会服务和1种职业体验活动，积极参加家务劳动和公益劳动。每学期，区教体局都要对各学校综合实践活动课程及劳动教育实施情况进行评价。

历城区教体局还设立了“劳动教育节”。“劳动教育节”安排在每年的5月举行，要求各学校学生全员参与，每个人基于自身兴趣开展劳动教育。5月底，每个学校都要举行劳动教育成果展。“劳动教育节”虽然安排在5月，但实际上是一年来学校劳动教育成果的大展示，展示情况将作为区教体局评价学校劳动教育情况的重要依据。通过课程评价，促进了劳动教育的有效实施。

本章小结

劳动教育课程的开发及实施是开展小学劳动教育的重要路径，它有助于提升小学劳动教育的有效性、科学化与合理化，有助于促进学生的全面发展。我国小学劳动教育课程的发展可分为课程形成期、课程激进变革期、课程恢复重建期、课程纵深发展期四个时期。新时代我国小学劳动教育课程的建构需明确劳动教育课程的综合育人价值，探索劳动教育课程的融合实践样态，构建劳动教育课程的协同育人机制等。我国小学劳动教育的课程包括校内劳动教育课程和校外劳动教育课程两种类型。劳动教育课程开发应根据国家劳动教育的育人理念和价值取向，选择与组织劳动教育课程内容，确定劳动教育课程的实施流程和评价方式，尤其要重视劳动教育校本课程的开发和基于综合实践活动的劳动教育课程开发。

章后练习

1. 如何理解新时期劳动教育课程的内涵？

2. 简述小学劳动教育课程的几种类型。

3. 什么是劳动教育校本课程？应该如何开发劳动教育校本课程？

4. 什么是劳动教育综合实践活动课程？应如何开发劳动教育综合实践活动课程？

拓展阅读

1. 曾天山，顾建军．劳动教育论[M]．北京：教育科学出版社，2020.

2. 徐国庆．劳动教育[M]．北京：高等教育出版社，2020.

3. 檀传宝．劳动教育论要：现实畸变与起点回归[M]．北京：北京师范大学出版社，2020.

4. 李琦．劳动教育实践活动手册[M]．北京：电子工业出版社，2020.

5. 方艳丹．劳动教育实践活动设计[M]．北京：电子工业出版社，2020.

第六章

小学劳动教育的教学实施

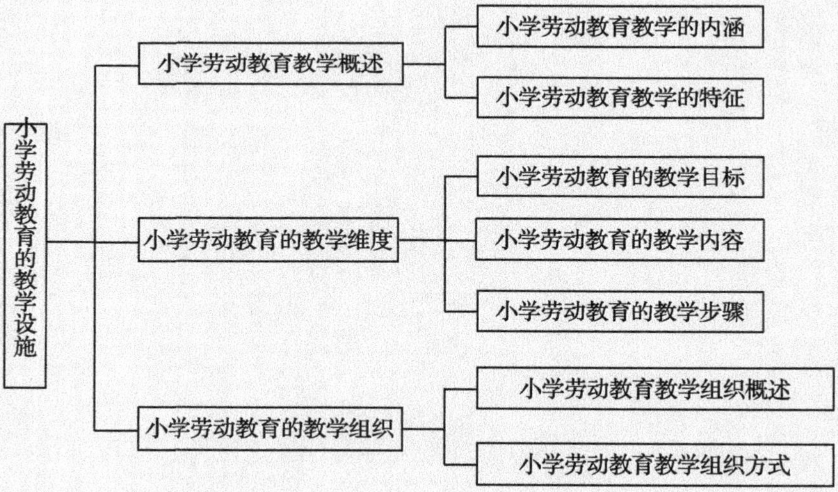

章前导语

教学实施能够推动课程的落地，劳动教育教学内涵及组织形式的明确能够为小学劳动教育教学的实践提供重要参照。教育部在《大中小学劳动教育指导纲要(试行)》中指出，要“将劳动教育纳入人才培养全过程，丰富、拓展劳动教育实施途径”，并对劳动教育的实施途径和关键环节进行了纲领性规定。本章将以此为基础，聚焦小学劳动教育的教学维度和组织实施，明晰小学劳动教育教学的具体内涵和实施方式。

第一节
小学劳动教育的教学概述

教学是学校工作的中心环节，对学生的发展起着极为重要的影响作用。已有的许多研究表明，教师的教学行为是与学生学业成就关系最为密切的影响因素之一。劳动教育教学与学生劳动技能、劳动习惯、劳动价值观等方面的关系最为密切。劳动教育教学与一般教学相比，具有自身的特殊性，具体表现为教学过程更具实践性与生成性，学生在教学过程中更具有主体性。

一、小学劳动教育教学的内涵

(一)教学的一般含义

教学一般是指教导与学习的结合，即教师的教导与学生的学习相统一的复杂活动。具体而言，是指在教学目标的规范下，教师引导学生进行能动的学习，从而使得学生能够在多方面获得主体性发展的互动活动。

教学的主体关涉教师、学生，客体则是教学内容、活动、环境等中介因素。教师与学生通过教学活动发生相互作用，教师在教学过程中，通过直接作用于教学内容、活动、环境等中介因素而间接作用于学生，因而，教学内容、活动、环境等中介因素在教学活动中扮演着重要角色，教师的教学能否取得优异的效果在一定程度上取决于教学组织与教师调配这些中介因素的效果。教师通过组织与调配中介因素，激发学生的学习动机与主体性，促进学生的能动活动，从而使得外在的发展资源内化，实现主体性的发展。在劳动教育的教学实施过程中，这些中介因素的组织和调配就显得尤为重要。

(二)小学劳动教育教学的内涵

劳动教育教学与其他教育类型的教学内涵不尽相同，它虽然属于广义教学中的一部分，但是它有其自身的独特性。具体而言，小学劳动教育的教学是以小学劳动教育目标为导向，以学生在教师的教导下进行的劳动实践活动为过程，以学生获得劳动素养方面的主体性发展为结果的教学活动。

二、小学劳动教育教学的特征

劳动教育教学的特殊性是对根植于教育者心中的传统教学观念的一种颠覆。劳动教育教学的特殊性使得教师的权威地位更加弱化，也使得学生从被动状态转变为主动状态。这种特殊性具体表现为劳动教育教学的具体性、实践性、生成性、主体性等特点。

(一)具体性

就教学内容而言，小学劳动教育教学具有具体性的特征。小学劳动教育教学的具体性是由其实践性带来的，劳动教育特殊的教学方式带来了劳动教育教学内容的具体性。学科知识的教学具有较高的抽象性与概括性，而劳动教育的教学无法做到高度抽象与概括，尤其是小学劳动教育的实践性特点决定了劳动教育的教学必须是以某一课程的典型样板为内容。例如，在进行生活习惯的养成教学时，虽然生活中的一切劳动都可以作为劳动教育的课程资源，但是在劳动教育教学时，教学设计者必须从广泛的课程资源中选择出相对具有代表性的生活习惯案例作为教学内容，进行案例性的项目式教学。

(二)实践性

就教学过程而言，小学劳动教育教学具有实践性的特点。劳动教育教学目标关涉学生的劳动技能、劳动习惯与劳动价值观养成等方面，由于小学劳动技能与习惯的养成必须基于操作，那么小学劳动教育教学过程必须是一个实践性的教学过程。学生在实践性的教学过程中，通过自我与外部的内化与外化活动，不断形成技能与习惯的同时，也能够获得主体自身在劳动意识、劳动价值观等方面的塑造，这是认知性的课堂教学活动难以完成的任务。

(三)生成性

就教学过程而言，小学劳动教育教学具有生成性的特点。与传统的课堂教学相比，劳动教育教学过程更具有开放性与生成性。一方面，劳动教育教学的场域决定了劳动教育教学的生成性。由于劳动教育教学的场域众多，除传统的教室外，食堂、工厂、农田、商场等都是劳动教育教学的重要场所。在这些较为开放性的场域内，教学中的不确定因素较多，教学的效果也难以预设。另一方面，劳动教育的教学设计具有生成性的特点，相对于学科知识的教学设计而言，劳动教育的教学设计会给予学生更多的发挥空间，学生需要更多的自主活动的时间与空间，教学过程中的生成性因素也因此会更多。

(四)主体性

劳动教育教学的主体性特征是针对劳动教育教学过程中的师生关系而言的。与传统的课堂教学相比，小学劳动教育教学过程中教师起到的作用更加偏向引导与组织，更加能凸显学生的主体地位。在传统知识教学的课堂中，教师以一种“知识权威”的形象进行自我呈现，而在劳动教育教学中，教师不再是知识的主导者。由于劳动教育教学更注重的是学生在技能、习惯、价值观等方面而非知识方面的提升，而这些方面的提升恰恰是要在学生主体的能动活动中完成，因而教师不再扮演一种“知识权威”的形象，而是扮演着辅助者、组织者的角色，学生的主体性在劳动教育教学中显得尤为突出。

第二节
小学劳动教育的教学维度

由于劳动教育教学具有具体性、实践性、生成性、主体性等特征，劳动教育教学在教学目标、教学内容、教学步骤方面与传统的教学相比具有其特殊性。理解劳动教育教学的独特性有助于教育者在教学实践过程中更准确地把握劳动教育教学的规律、特点，也有助于教师转变传统教学的方式与观念，更好地进行劳动教育教学。

一、小学劳动教育的教学目标

小学劳动总目标是把孩子培养成手脑并用，身体力行的未来劳动者，具体目标分为五个方面，分别是认知性目标、参与性目标、体验性目标、技能性目标、创造性目标。

（一）认知性目标

了解简单手工工具的使用知识和一些常用加工工具的结构和用途，了解植物栽培、动物饲养等简单知识，了解身边常见事物的基本技术内容及制作的简单加工方法，能识读一些简单的图样，初步学会简单的自我服务劳动、家务劳动和简单的校内外劳动知识。

（二）参与性目标

能坚持参加自我服务劳动，初步承担一些力所能及的家务劳动、校内外劳动，养成初步的生活自理能力，能处理生活中的基本事务，具有生活自理能力、自立精神、热爱生活的态度，具有劳动观念和劳动习惯。增强服务他人、社会的意识，具有积极参与学校和社区生活的意愿。

（三）体验性目标

通过亲身经历，初步体认劳动过程的不易和创造劳动成果的愉悦，愿意与他人分享劳动成果，初步养成良好的劳动习惯。获得“家务劳动我能行”的劳动体验，体验劳动艰辛和劳动创造的快乐，乐意和别人分享自己的劳动成果及欣赏他人的劳动成果，养成良好的劳动习惯。

（四）技能性目标

初步学会一些力所能及的自我服务的劳动技能；形成良好的生活、卫生习惯；初步学会一些简单的家务劳动、校内和校外劳动；尝试参与简单的社会服务活动；初步掌握自我服务、交往服务及社会服务的技能；初步掌握手工设计与制作的基本技能；能正确使用生活中常见的手工工具，并能利用工具安全有效地对材料进行加工。

（五）创造性目标

初步学会利用扎、结、剪、折、粘贴等小技能，进行简单的创意手工制作，初步培养发现问题、解决问题的能力以及与他人协作的能力，初步树立技术意识，实践创新意识，发现问题，并用信息技术设计与制作有一定创意的数字作品，有创意地解决问题。运用常见简单的信息技术解决实际问题，服务于学习和生活。

二、小学劳动教育的教学内容

小学劳动教育可以分为学校、家庭和社会三个方面。个人的成长与社会环境的改变密切相连，而社会环境的改变又与个人的成长密不可分。从劳动教育本身来看，其实施的基本途径是家庭教育，主要途径是学校教育，而社会教育则是前两种教育的延续和拓展。小学劳动教育离不开学校、家庭、社会的密切配合。三者相辅相成，不可分割，共同培养手脑并用、身体力行的未来劳动者。

(一)学校教育内容

学校劳动教育具有系统性、理论性以及价值性的特征，是开展劳动教育的主要场所。学校教育能够提升学生的劳动理论素养和技能，充分展现劳动教育的价值。学校教育可以分为劳动课程和校园实践两个方面。劳动课程可包括：科技与人文创新课、种植课、生物实验、黑板报、木工、编织，陶艺，茶艺，车床等；校园实践可包括：校园“责任田”、班级装饰、勤工俭学、宿舍打扫、校园大扫除、艺术节等。

1. 科技与人文创新课

科技和人文作为文化冷与热的两面，一直没有被有效融合。学校的劳动教育应将科技与人文融合，创设智慧劳育新方案。比如，推出科技与人文融合创新专题课程，将国际流行的竞赛体系，如目的地想象(DI，Destination Imagination)引入课堂的同时，加强在劳动实践中人文主题的挖掘与利用。一方面，在传统工艺、服装设计、家政技术等课程教学中努力吸收中国传统文化元素，传授传统陶瓷技艺、汉服服饰设计、民族特色图案等内容，并指导学生开展实践体验；另一方面，在项目设计、工程设计、产品设计等学习体验环节渗透现代文化理念，特别加强对无害操作、节约资源、绿色发展、合作共享等意识的培养。科技与人文的融合，能够有效提升学生的劳动技能，提高学生的创新意识、核心素养。科技与人文创新课的创设需要注意以下几点：一是开设课程要多样化。用现代科技引领劳动教育的各个方面，在传统工艺、工程设计等多方面注入人文理念，将科学与人文结合。二是学习内容要前沿化。课堂教育内容要紧贴科技前沿，并且与当下价值观相吻合。三是学习资源整合化。创新型的劳动产品需要用到各种学习资源，教师要将资源有机结合从而形成系统化的教学内容传递给学生。四是教学要素融合化。课程的设置要考虑诸多要素，教师要合理设置教学内容，融合科技与人文；学生要发挥主观能动性，大胆创新；教学资源则要与时俱进，充分展现时代的科技、人文精神。

2. 科学实验课

科学课堂离不开实验，然而中小学的实验课堂却往往流于形式。科学知识的获取并非来自学生的实际体验与思考，而是来自教师的直接传授。将科学实验与劳动教育结合，有益于教师在“做中教”，学生在“做中学”“做中求进步”。例如，学习生物遗传规律时，教师可以引导学生“复制”孟德尔的豌豆实验，研究遗传规律。学生通过实际观察、动手操作、思考总结，通过自身经验感知理解遗传规律，从思维层面掌握知识。通过劳动过程获得知识，引导学生体验劳动感知，进行劳动实践与研究，获得劳动创造与审美，最终形成劳动奉献精神。有益于学生树立正确的劳动观，理解劳动教育对于知识构建、自身发展的意义，为学生未来成长与发展打下坚实基础。

3. 种植

我国是农业大国，然而农业发展现代化水平和先进国家却还有一定差距。农作物种植技术的提升对于国家发展大有裨益，农业种植应该列为劳动教育的重要课程。农业课程能够在农事体验、环保酵素制作活动中培养孩子不怕苦、不怕脏、不怕累的劳动品质，让孩子们体验田间劳作、收获农作物的艰辛与快乐。在实际课堂中引导孩子观察农业工具的使用，如对比人工用镰刀收割和机器操控收割农作物的优劣，在实际的劳动过程中激发学生的创新精神和创新意识，培养创新型人才。

4. 养殖

当前多数学生对于养殖业比较陌生，尤其是城市学生。这种认知的匮乏不利于我国养殖业的科学化、现代化发展。养殖是指培育和繁殖动植物，包括家畜养殖、家禽养殖、水产养殖和特种养殖等。以养鱼为例，在教学过程中，首先应向学生普及养殖的相关知识，然后组织学生将鱼苗送进学校或者特定的池塘，等待鱼苗长大，并且定期观察记录鱼苗的成长。养殖劳动课生动有趣的模式摒弃了填鸭式的教育方式，剔除了脱离学生实际生活的空洞教学活动。

5. 木工

木工作为我国的一种传统工艺，其现代价值常常被低估。如果将木工课程纳入小学劳动教育课程，将有利于培养儿童的动手实践能力，激发孩子的想象力，有利于传承中华优秀传统文化。学校在条件允许的情况下可以聘请社会上的木工师傅作为兼职教师，来校或者在作坊、企业为学生进行木工技术指导。木工师傅在课程设计时，应注意将传统的木工技术与现代科技相结合。随着科技的迅速发展，可以利用电脑编程改进传统木工制作。例如，利用编程技术将木头小桌子制作分为划线、锯割、刨削、划线和锯凿锉、装配连接、表面处理六个步骤，可以在节省工时的基础上设计出安全实用的小桌子。科技创新思维的培养是想象力的训练和培养，它既可以将两个毫不相干的实物予以联系并拼接起来而形成新的事物；又可以利用我们已有的知识结构，经过加工处理，和某些事物建立联系而构成更新的形象，这为人类认识自然、改造自然提供了新的突破口，具有较大的创造性。在劳动过程中，学生可以通过劳动工具的改进、劳动类型的变化体会科技的进步以及劳动人民的智慧。

6. 印刷

古代印刷包括古法造纸、雕版印刷等，是人类近代文明的先导，为知识的广泛传播、交流创造了条件。印刷术作为中国古代劳动人民的四大发明之一，却随着现代印刷技术的普及逐渐销声匿迹。

在劳动教育中纳入印刷术，能够激发学生对我国造纸术、印刷术的自豪之情，增强民族自信心和自尊心，完善、健全学生的人格。在进行教学时，可以引导鼓励学生培养创新思维，将互联网技术纳入现代印刷术，将现代技术教育与劳动教育相结合。

7. 校园责任田

城市学生因为缺少接触农田的机会，对种植的理解仅仅来自书本中，故而缺少实际的劳动体验。开设校园责任田，能让学生切身增长种植体验，提升学生的劳动兴趣，培养学生的劳动责任感，让学生感受劳动的成就感。

例如，宝山区馨家园学校有着天然的植物栽种环境，学校抓住优势建设了花园、学园、田园、乐园四园一体育人环境，孩子们可以通过校园责任田的形式种植花草。学生们在花园里种下种子，用行动担任护绿“小卫士”，并借助微信公众号开展科普。

让学生进行农业劳动实践，体验农耕文化；培养科学意识，提高综合素质。在实际开展过程中，教育行政部门可以大力倡导这种方式，让更多的学校参与进来；学校要提供给学生田地资源，并且制定一系列的管理制度保证校园责任田的顺利开展；教师要协助学校做好引导和管理工作；学生要爱护自己和他人的责任田等。校园责任田的实施，必会成为校园一道靓丽的风景线。

8. 校园打扫

我国教育受应试教育的影响，过于注重知识学习而忽略学生的生活能力培养。这导致了很多学生“高分低能”，同时也让学生从小缺少责任心，不利于学生未来的成长与成才。校园打扫可以为学生营造一个整洁、优雅、文明、卫生的校园环境，能够提高全校师生的环保意识，能够让学生们体验劳动的乐趣和成就感。在实际开展过程中，学校要根据时间、空间协调校园打扫的各个方面；教师要督促、管理校园打扫的实施，并在必要时加入学生，和学生一起体会劳动的快乐；学生应在观念上重视校园劳动的重要性，在实际劳动过程中认真完成劳动任务等。通过每日的宿舍打扫、教室打扫、包干区打扫以及定期的集中大扫除，使同学们认识到文明卫生与每个人息息相关，美化环境从自身小事情做起。比如，学生到学校食堂帮厨，自己完成餐桌摆放、饭菜分配、收送餐具等。环保意识需要从小树立，环保实践需要从小落实。

9. 与当地文化融合的特色劳动课

劳动教育应该充分挖掘当地特色资源，让劳动教育与当地文化特色相融合。例如，贵州将布依族文化与数学教育相融合，打造特色劳动课。[①] 民族数学是少数民族在生产生活中间接地、不自觉地使用数学知识和数学技能的一种无意识行为。布依族文化蕴藏着丰富的数学文化，它们主要表现在建筑、服饰、绘画、计量单位及天文历法、宗教等方面。学校基于布依族文化特性，通过一系列实践，包括凝练研究，创新成果；构建理念，设计路径 ；组建团队，搭建平台；挖掘元素，研发资源；编写案例，教学实践来实现特色文化课的建构。课程内容将布依族文化与数学课程有机结合，在讲授“圆内接正多边形”时，引入布依族手摇纺车，介绍勤劳的布依人民和布依粮仓；在讲授“平行四边形和梯形的认识”时，引入布依刺绣，介绍勤劳的布依人民。这些课程内容让学生认识到传统民族文化中劳动人民的伟大创造，既创新了劳动教育的方式，丰富了劳动教育的内涵，又是对传统文化的传承与再创造。

10. 学农、学工、学商实践

农工商是经济的重要支撑，开展学农、学工、学商实践是完善劳动教育内涵的必然要求。在教学过程中，教师在结合学生兴趣的前提下，指导学生从生活中主动获取知识、应用知识，从而发展学生的创新能力、实践能力以及良好的个性品质。学农、学工、学商实践也可在各个小学落实，如北京为学生开设学农学工学商课程，构建广域科全跨时空的劳动教育课程。学工课程主要包括：对接企业单位，积极拓展劳动教育实践基地。学商课程主要包括：劳动教育与艺术节整合，体验商业、服务业。通过学农、学工、学商实践，能够充分开发校内教师特色资源，挖掘校园周边人才资源，锻炼并发展学生的综合实践能力。

(二)家庭教育内容

部分家长娇惯宠爱、舍不得孩子吃苦或者是对孩子学习期望过高，认为会读书、学习好就行，这些现象无不说明家庭教育并未落实到实处。习近平总书记在 2015 年春节团拜会上指出：“我们都要重视家庭建设，注重家庭、注重家教、注重家风，紧密结合培育和弘扬社会主义核心价值观，发扬光大中华民族传统家庭美德，促进家庭和睦，促进亲人相亲相爱，促进下一代健康成长，促进老年人老有所养，使千千万万个家庭成为国家发展、民族进步、社会和谐的重要基点。”家庭劳动教育是一种劳动习惯和劳动意识的教育，主要包括烹饪和家政等。

1. 烹饪

烹饪作为重要的生活技能，在家庭教育中却常常被忽略。家长唯分数论，认为孩子学习烹饪技术是在浪费时间。这种观念违背了培养孩子全面发展的育人观念，不利于培养孩子的独立生活能力，不利于孩子成年以后的个人发展。我国作为美食大国，

---

① 周云水：《粤东北客家花灯与“吊灯”习俗研究》，载《文化遗产》，2016(3)。

烹饪技术源远流长，美食文化博大精深。让孩子体验真实的烹饪过程，体会劳动的艰辛和乐趣。家长应该鼓励孩子主动参与到烹饪中去，鼓励引导孩子掌握烹饪技能。同时，可以将家庭教育与学校教育相结合，共同促进孩子的发展进步。

2. 做家务

家政是个体生活的基本内容和重要内容，儿童的家政教育旨在培养儿童的生活自理技能与能力、家务劳动技能与能力等，除了包含一些基本的家务劳动，如扫地、拖地、洗碗等，也包含简单的电路知识、家庭电器的正确使用方法、简单的电器维修技能等。劳动教育是面向学生生活世界的教育，家政作为最贴近儿童生活世界的事物，应当成为小学生劳动教育的基本内容和重要内容，引起家长和老师的足够重视。家政教育能够帮助教育回归儿童生活世界，培养生活力。家政也是家庭生活的基本内容，家庭是儿童家政教育的主要实施场所。因此，应当推动家长担负起子女家庭劳动教育的第一责任，成为孩子家务劳动的指导者和协助者，依托日常的家庭生活对子女进行家政教育，积极配合学校展开日常生活教育，引导子女从小养成生活劳动技能、良好的生活劳动习惯与品质。

(三)社会教育内容

社会劳动教育具有多样性、实用性、及时性以及补偿性的特点，它能够针对社会需求及时调整劳动教育的内容和形式。社会劳动教育主要包括：社区实践、职业体验、志愿者活动、植树造林等。

1. 社区实践

社区作为社会最小型、最常见的单元，深刻影响着学生的生活体验。每个社区都有自身独特的文化属性，引导学生深入到社区实践活动，能够充分发挥当地的资源优势，加深学生对于当地文化的认同感，健全学生的人格。

在开展社区教育时，可以与学校教育相结合，使得社区教育系统化、完整化。社会工作者可通过动员和协调社区内外资源，有计划、有步骤地发动、组织学生积极参与社区劳动教育活动。学校应与社区进行紧密合作，利用学生力量帮助社区开展各类创建活动，在解决社区实际问题中达到劳动教育的目的。例如，上海沙田学校是九年一贯制学校，位于新中国第一个工人新村——上海市曹杨新村。始建于1951年的曹杨新村是中华人民共和国成立后兴建的第一个工人新村，首批1002户居民全部是工人，而且都是劳模、先进生产者和生产标兵。曹杨新村也因此被称为“劳模新村”。为了追寻劳模足迹，弘扬劳模精神，学校与曹杨村史馆共同设计了《爱教课程——新时代劳动教育》课程，充分利用曹杨村史馆是上海市爱国主义教育基地这个资源优势，组织学生分别通过看、听、行、赞等不同学习体验方式，设计、开展适合自己年龄的学习体验活动。

2. 职业体验

受到应试教育的影响，学校的教育常常与社会需求脱节。学生参与社会体验，可以让孩子提早认识职场、培养团队精神、树立正确的理财观念，让孩子体会父母的辛苦，学会尊重、感恩父母。同时，孩子在职业体验的过程中，能够理解工作、懂得分享、学会合作，体验过程同时培养了他们战胜困难的勇气和决心，提升了他们的各方面素养。职业体验分为多个方面，如在科技园做讲解，在超市当收银员等。学生的职业体验将学校教育与社会教育相结合，以培养学生“职业认知”“社会责任感”为着眼点，通过参与不同职业的体验，培养学生劳动兴趣、磨炼学生意志品质，培养正确的劳动观念。在学校启动“职业体验”课程项目，与区域内多家单位建立职业劳动合作关系，让学生走进真实的职场，开展浸润式体验。以一项“我做小掌柜”的职业体验活动为例，指导教师和家长志愿者带领学生走进学校附近菜市场做半天的“小掌柜”。通过体验，学生们发现卖菜很辛苦，早上五六点钟就要去进菜，菜来了还得分类整理，如何把菜卖出去更是技术活。在指导教师和家长志愿者的鼓励下，学生们慢慢地学会了如何介绍蔬菜、如何用电子秤、如何熟练地找零钱等。当菜卖完之后，大家也体验到了劳动的成就感。

3. 志愿者活动

我国教育秉承“立德树人”宗旨，旨在培养具有核心素养，德、智、体、美、劳全面发展的社会主义建设者和接班人。通过参与志愿者活动，学生提升了自身的能力、责任意识、规则意识和奉献意识。社会志愿活动内容丰富，例如，去敬老院拜访、帮助病残人员等。开展志愿活动的方法多样，一是建立志愿活动理论学习小组。在志愿公益活动中加深小组成员对理论的理解，提升理论与实践的契合度，促进劳动教育的知行合一。二是建立志愿活动兴趣小组。社会工作者可利用社区、街道、各类社会组织等资源，组织开展各类志愿活动，增强学生对劳动课的热爱，让劳动实践向知识化、技能化、艺术化等方面发展提升，给予学生多方面实践的机会。三是建立志愿活动榜样小组。社会工作者应结合学生的身心特点与兴趣，选取典型作为榜样，激发学生开展劳动的积极性。社工可通过宣讲革命先辈的奋斗历史、当代优秀劳动模范的榜样奉献事迹，宣传榜样蕴含的劳动精神与优秀品质。通过建立组内奖励机制，对具有示范引领作用的小组劳动模范予以鼓励。

4. 植树造林

开展植树造林活动，有利于孩子树立正确的环保观念，爱护环境，培养合作互助意识。植树造林活动能够引领广大学生深入生活、了解社会，体会植树造林的魅力。在实际开展中，一是社会工作者应邀请学生及其家庭成员一同参与到制订植树造林计划中。二是要在社会层面树立环保意识，重视植树造林的作用。三是要形成有效的监督机制，保障植树造林的落实。

三、小学劳动教育的教学步骤

根据教育部《大中小学劳动教育指导纲要(试行)》要求，各地和学校要注重围绕劳动教育的目标和内容要求，从提高劳动教育的效果出发，把握劳动教育任务的特点，抓住关键环节，选择适宜的劳动教育方式。建议各地小学按照讲解说明——淬炼操作——项目实践——反思交流——榜样激励这一逻辑有序开展劳动教育教学活动。

(一)讲解说明

围绕劳动为什么、是什么的问题，有重点地进行讲解，让学生懂得劳动的意义和价值。加强劳动观念、劳动纪律、劳动相关法律法规的宣传，指明轻视劳动特别是轻视普通劳动的危害，让学生明辨是非。加强劳动知识技能的讲解，让学生认清事理，掌握实践操作的基本原理、程序、规则和正确使用工具的方法和技术。讲解要与启发思考、示范练习等结合起来。

(二)淬炼操作

围绕如何做的问题，要注重示范与练习，让学生学会劳动。要强化学生的规范意识，让其从最基本的程序学起，严守规则，避免主观随意。要强化质量意识，注重引导学生关注细节，每个步骤、环节都要精准到位。要强化专注品质，注重引导学生对操作行为的评估与监控，做到眼到、手到、心到，有始有终。

(三)项目实践

围绕劳动能力的培养，让学生完成综合任务，经历完整劳动过程。要注重劳动价值体认，引导学生从现实生活中发现需求，选择和确定劳动项目。要强化规划设计意识，充分发挥学生的主动性、积极性、创造性，引导学生对项目实践进行整体构思，综合运用所学知识、技术，不断优化行动方案。要强化身体力行，锤炼意志品质，敢于在困难与挑战中完成行动任务。

(四)反思交流

围绕劳动价值意义的建构，引导学生总结、交流，促进学生形成反思交流习惯。指导学生思考劳动过程和结果与社会进步、个体成长的关联，避免停留在简单的苦乐体验上。活动结束后，要组织学生交流分享劳动的体验和收获，肯定具有积极意义的认识，纠正学生观念上的偏差。将反思交流与改进结合起来，使学生在劳动中获得成长。

(五)榜样激励

围绕劳动的精神追求，树立典型，激发劳动热情。注意选择、树立多类型榜样，不仅要有大国工匠、劳动模范，而且要有身边劳动表现优异的普通劳动者和同学，指导学生从榜样的具体事迹中领悟他们的高尚精神和优良品质。

第三节
小学劳动教育的教学组织

劳动教育是中国特色社会主义教育制度的重要内容。要全面贯彻党的教育方针，坚持立德树人，把劳动教育纳入人才培养全过程，贯穿家庭、学校、社会各方面，把握育人导向，遵循教育规律，创新体制机制，注重教育实效，实现知行合一，促进学生形成正确的世界观、人生观、价值观。如何在小学劳动教育教学中贯彻落实党的教育方针，培养学生的劳动意识、提高学生的劳动能力、树立学生的劳动精神，成为当前教育教学的重中之重。

一、小学劳动教育教学组织概述

小学劳动教育教学的组织即小学开展劳动教育活动的运行方式。组织过程的有效实施能够协调教师和学生的教学活动，实现劳动教育的教育目的。劳动教育教学组织是构成教学过程整体结构的重要组成部分之一，是劳动教育教学的基本要素之一，在教学过程中具有不容忽视的地位。对教学活动进行有效的组织，能够更大程度上保证教学取得一定成效。

小学劳动教育的组织方式，是由劳动教学内容的特点决定的。一方面，劳动教育的内容和任务与其他四育不同，它和各类生产劳动活动和技术活动有着直接或间接的联系，具有更强的实践性、多样性。劳动教育的这一特殊性同样决定了劳动教育教学的组织形式超越了课堂讲解，具有更为广阔和丰富的方式。另一方面，劳动教育和其他教育诸如德育、智育、体育、美育等又有着密切的关联，都承担着促进学生全面发展的教学任务，且其中的科学文化知识有着一定的共同性和互融性。因此，在劳动教育的教学过程中，劳动教育的理论知识也与其他四育一样，有着掌握知识、获取信息、构建知识结构的认识过程。这两方面的特征决定了小学劳动教育既需要一般教育所需要的课堂知识讲解，更需要形式多样的实践运用。正确、科学地选择和运用教学组织形式，对于更好地传递劳动知识、培养学生正确的劳动价值观和良好劳动品质有着重要意义。

二、小学劳动教育教学组织方式

劳动教育的教学组织方式是丰富且多元化的，以下简要介绍几种常见的小学劳动教育教学组织方式。在具体实施运用中则需要考虑现实条件，根据不同地区、学校、师资的现实可能性以及学生的心理特征、知识水平进行针对性的筛选。

(一)开设多元劳动课程

开设劳动教育课程是劳动教育最重要的组织方式之一。劳动教育课程可分为：综合实践活动课、劳动专题课程以及学科渗透课程三大类。劳动教育课程作为以经验和实践为基础的课程，需要根据地方和学校实际与特色，因地制宜地开发地方课程和校本教材，开展多样的劳动教育活动，创新劳动教育的方式方法，实现学校劳动教育从求形式向要质量的转变。

1. 综合实践活动课

综合实践活动课是我国当前课程改革中提出的一种新的课程形态，该课程强调学生通过实践，增强探索和创新意识，学习科学研究的方法，发展综合运用知识的能力，增进学校与社会的密切联系，了解必要的通用技术和职业分工，形成初步技术能力，培养学生的社会责任感。总之，这种新形态的课程对实现“四大支柱”教育，推进素质教育，改善教育质量有着十分重要的意义。而这种教育功能的实现要求该课程在实施过程中必须有正确的目标定位，先进的教育理念，适宜的实践主题，良好的实施环境和发展性的学习评价。

例如，天津市和平区将坚持多年的区域性素质教育活动进行了拓展，丰富劳动教育课程形式与内容，发展劳动教育现代技术载体，依托教育信息现代化平台拓展劳动教育手段，提高劳动育人的能力与水平。推出科技与人文融合创新专题课程，将国际流行竞赛体系引入课堂的同时，加强了在劳动实践中人文主题的挖掘与利用。一方面，在传统工艺、服装设计、家政技术等课程教学中努力吸收中国传统文化元素，传授传统陶瓷技艺、汉服设计等内容，并指导学生进行实践体验；另一方面，在项目设计、工程设计、产品设计等学习体验环节渗透现代文化理念，特别加强了对无害操作、节约资源、绿色发展、合作共享等意识的培养。上海市嘉定区娄塘学校从传承娄塘古镇美食传统获取灵感，开设了“食文化”课程。娄塘点心制作班通过教授学生学习如何制作特色点心，一方面提高学生的生活技能，另一方面也让家乡食文化得以传承。

2. 劳动专题课程

通过在小学课堂教学中开设内涵丰富的劳动专题教育课程，对学生进行劳动精神的传递、劳动知识的讲解、劳动文化的熏陶。开展以热爱劳动为主题的班队会，让孩子们感受祖国农耕文化，讨论古、近代名人以及身边普通大众热爱劳动的故事；开展有关热爱劳动、养成良好行为习惯的古诗文的诵读活动，解读劳动相关名言警句等，让学生充分感受劳动文化精髓。

例如，上海沙田学校通过充分挖掘区域资源，开设了“劳模课堂”。为了追寻劳模足迹，弘扬劳模精神，学校与曹杨村史馆共同设计了《爱教课程——新时代劳动教育》课程，充分利用曹杨村史馆是上海市爱国主义教育基地这个资源优势，组织学生分别通过看、听、行等不同学习体验方式，设计、开展适合自己年龄的学习体验活动。通过系列讲解、体验活动，进一步加深了学生对劳动的理解，对劳模精神的认识。

3. 学科渗透课程

小学学科教学过程中也要加强对学生劳动观念和劳动意识的渗透。各级教育行政部门和各小学需要在小学思想政治、语文、社会、艺术等学科中有重点地纳入劳动创造人本身、劳动创造历史、劳动创造世界、劳动不分贵贱等马克思主义劳动观，纳入歌颂劳模、歌颂普通劳动者的选文选材，纳入阐释勤劳、节俭、艰苦奋斗等中华民族优良传统的内容，加强对学生辛勤劳动、诚实劳动、合法劳动等方面的教育。在数学、科学、技术、体育与健康等学科中要注重培养学生劳动的科学态度、规范意识、效率观念和创新精神。

例如，在数学学科中融入民族文化强化劳动观念、提升学生劳动素养。我国少数民族生活中蕴藏着丰富的数学文化，它们主要表现在建筑、服饰、绘画、计量单位及天文历法、宗教等方面。以布依族为例，其数学文化是基于布依族文化背景下的数学文化，它是布依人民在生产生活中逐渐形成的，具有布依族特性和数学智慧的文化形式，体现出布依文化与数学的相融性和和谐性。

(二)建立新媒体平台

新媒体是基于新的技术支持下的新式媒体形态，具有广泛性、互动性、丰富性、即时性等特点，同时具备传播性强，覆盖面广，交互性强等多重优势，可以激发学生的学习兴趣，提高学习效率。当前，劳动教育尚处于发展阶段，可以充分利用互联网资源建立新媒体平台开展网络劳动教育，发挥其优势，推动劳动教育发展。新媒体平台多种多样，主要有以下几种：

1. 微信公众号

微信公众号作为当下重要的新媒体渠道，不仅可以在校内进行劳动教育课程的推广宣传，还能在家庭、社会中进行劳动教育的渗透，引起各方的广泛关注。例如，上海宝山区馨家园学校有着天然的植物栽种环境，学校抓住优势建设了花园、学园、田园、乐园四园一体育人环境。花园里的学生们在花园种下种子，担任护绿“小卫士”，并且借助微信公众号开展了活动科普与宣传。

2. 微信群

微信群因其无纸化、便捷化、互动方便等优势被广泛应用于生活和学习中。可以通过建立班级、校级、家庭、社区等劳动教育微信群来开展多层次，有重点开展劳动教育。例如，在群内进行劳动教育最新政策、文件的传达；进行每日劳动活动的分享；宣扬名人或周边优秀劳动事迹等。

3. B 站(Bilibili)

B 站现为深受中国年轻人喜爱的新媒体平台，拥有庞大的视频资源，是当下年轻人重要的文化社区。小学可通过视频投稿的方式展现本校劳动教育的校园实践 。例如，常州市新北春江中心小学通过上传劳动教育活动视频，记录了学校的劳动活动，引起了年轻人对于劳动教育的兴趣。

4. 专业网页

有关教育部门可以通过运营权威性的专业网站科普劳动教育。网站内发布党和政府对于劳动教育的最新政策文件解读、刊登学校学年与学期劳动实践活动组织过程以及成果展示。此举能够通过更专业性的方式为学生、家长以及社会提供了解劳动教育的平台。

(三)建设校内基地

当前我国许多小学尚没有劳动教育的专门设施和场地，这也导致校内的劳动教育形式趋于单一，欠缺实践性和多元性。通过结合当地经济文化、学校特色等现实条件建设校内的劳动基地，能够为学生提供第一线的劳动体验机会，在切身的体验中了解劳动知识、锻炼劳动能力。例如，嘉峪关市酒钢三中投资 200 万元在校园内建成智能温室两栋，开辟荒地十亩，作为嘉峪关市中小学学生农业科技教育实践基地，用于学生进行农业劳动实践和农业科技知识学习。以此基地和学校生物实验室为依托，进一步开展了传统农业种植、植物组织培养、无土栽培与基质栽培、花卉培育、南方果木种植、小动物养殖等农业科技教育实践活动。通过活动向学生传播农业知识，展示现代农业先进科技成果；进行农业劳动实践，体验农耕文化；培养科学意识，提高综合素质。南菁高中则利用其学校的山坡畎亩、小溪池塘，建设学生的校内劳动场地，并基于此开展了丰富多彩的劳动学习与实践活动。春天在校内苗圃中种植各类蔬菜，诸如南瓜、辣椒、大蒜、豌豆等，在校园畎亩中种植山芋、紫薯、油菜、向日葵、芝麻等，在山坡进行植树绿化校园环境；夏天组织学生对校园的树木、花草、蔬菜等进行浇水、除草、捉虫；秋天组织学生收获春天播种的劳动成果；冬天在校内池塘举行捕鱼活动，让学生充分体验劳动与收获的快乐。

(四)建设专用教室

有效的专用教室建设与管理，能够大力推进劳动教育，拓展学生劳动能力，满足学生的多元发展需求，发挥学生的才能与潜力。在具体设计上，可通过在校内建立“劳动实践教育馆”的方式，在馆内设立各类功能教室来开展各种劳动教育课程，包括：

(1)家政室，教习家政课，包括各类家务整理课，教育学生养成良好的生活习惯，提高做家务的能力，在家中做力所能及的事情；

(2)烹饪室，教习烹饪课，教授一些基本的烹饪方法，提高学生的基本生活自理能力；

(3)编织室，教习轻手工的编织、缝纫课，丰富学生的生活体验，感受编制工艺品的美与乐趣；

(4)手工室，教习手工课，包括重手工的木加工、金属加工等课程，为感兴趣的学生提供基础的加工教学，加深其对这一行业的了解；

(5)编程室，教习将日常生活用品与信息技术结合起来进行创新的实用编程课，锻炼和培养学生的逻辑思维能力；

(6)环境室，教习绿色植物养殖与生态自然环境保护相关课程；

(7)艺术室，教习日常生活与艺术结合的课程，将劳动教育与审美教育相结合，锻炼学生实际动手能力的同时培养其审美能力；

(8)非物质文化实践室，教习非物质文化遗产知识，培养学生对当地传统文化的兴趣，更好地传承、弘扬地方非物质文化遗产；

(9)综合室，教习不宜简单归类的其他种类课程。

(五)开展实践活动

劳动教育必须要身体力行，要“劳其骨”，让学生用双手投到劳动中去，体验享受劳动成果的乐趣。因此，教师在传授劳动知识以外，还需要拓展学校教育和课堂教学的内涵与形式，推进理论学习与实践实际相结合，组织开展劳动实践活动，引领广大学生深入生活、了解社会，体验现代劳动的魅力。通过积极参与劳动实践活动，树立劳动意识，提升实践能力、创新精神和科学素养。学校可以设立“田间课堂”等劳动实践课程，让同学们走进田间地头，出力流汗。在每学年内设立集体劳动日、集体劳动周，让日常劳动贯穿学生学习生活全过程，把劳动教育纳入人才培养全过程。结合植树节、学雷锋纪念日、五一劳动节、农民丰收节和志愿者日等，开展丰富的劳动主题教育活动。例如，浙江省小学依托节日开展社会服务实践活动；上海小学让学生参与校园保洁、绿化养护、食堂执勤等多种校园义务劳动；湖北学校让学生到农场体验；

广东开展专家进学校讲解农学知识，举办以“农耕匠心”为主题的农学运动会，等等。

(六)建立兴趣小组

除了必修的劳动课程、实践活动以及校内基地建设之外，与劳动教育有关的兴趣小组活动也是劳动教育实施的重要途径之一。兴趣小组更具有感情色彩，根据学生共同的兴趣爱好，建立跨学科的课外兴趣小组，更能激发和满足学生的情趣，使学生在欢乐、愉快的活动中培养劳动观点、情感、知识和技能。如此兴趣小组的建立，为学生提供了进一步研究相应劳动主题的平台，让学生在兴趣爱好的驱使下，在与同学的相互合作帮助中，培养他们的劳动观点，并将各自的兴趣爱好深入至相应领域中来学习一定的劳动生产知识与技术。所以每周可以用 1～2 节课的时间开展与教劳结合有关的兴趣小组活动。例如，黑龙江省牡丹江市立新小学建立 14 个课外兴趣小组；山西省风陵渡中学设有机电小组、农电试验小组、地震测试小组等从最简单的操作入手学习，逐步提高学生的动手能力。

(七)开展创新劳动比赛

小学生正处于对一切都充满兴趣的时期，他们精力旺盛，求知欲强。通过开展多种有组织有新意的劳动比赛，能够调动他们的兴趣以及竞争意识，不但能够增长学生的知识，提高认知能力，还能够在活动中接触各类人与事，开阔学生的视野。此外，在欢快、轻松的比赛中，学生的大脑获取、吸收、理解知识的能力以及联想力也更加丰富，更加有利于学生综合能力的提高。因此，在劳动教育教学中，可以定期组织开展创新型劳动比赛，让学生在比赛中展现其劳动能力，体会劳动的快乐。

例如，四川省宝兴县蜂桶寨小学开展“劳动最美，家校共育”特色劳动趣味竞赛活动，把课堂搬到学校草地、田间地头、家中厨房，以赛代课，让学生在趣味劳动中体验劳动的辛苦，收获耕耘的快乐，感恩父母的艰辛。为了在学生中弘扬劳动精神，教育引导学生崇尚劳动、尊重劳动。绵阳市游仙区小枧置信小学结合传染病防控及校园环境净化、绿化、美化，组织开展了校园环境卫生集中整治劳动竞赛活动。全校师生齐动手，对教室、公区、功能用房、办公室等进行了全面打扫。从一年级的小朋友，到即将退休的老教师，每个人都积极参与其中。大家在汗水的挥洒中，展现着劳动之美，享受着劳动之乐，浸润着劳动之育。最后，学校工会和政教处分别牵头对各班级和办公室进行了检查评比。此类活动培养了师生劳动光荣、我爱我校、我净我校的主人翁意识，也为孩子们长大后能够辛勤劳动、诚实劳动、创造性劳动播下了种子。

(八)组织冬夏令营活动

小学的学生心理和生理都处于急剧变化的过程之中，且大多数时间都生活在家庭与学校环境之中，一定程度上缺少与外界的沟通。冬夏令营与传统的学校教育有很大不同，提倡学生在体验式学习中快乐地学习，让学生从相对封闭走向开阔的生活环境，不但有利于学生劳动技能的提升、劳动意识的培养，还能够开阔学生的视野与内心世界。利用假期组织劳动教育冬夏令营活动让学生走出校园，走出家门，走向大自然，能够给学生提供一个脱离家长独立生活、进行独立劳动的机会，锻炼学生的自主能力。此外，通过参与冬夏令营中一些精心策划的集体性劳动体验设计活动，让学生融入社会劳动实践活动，能够有效提高学生的团队合作意识和团队合作能力。

(九)建立校外实践基地

研究表明，当前学生较少从社会、媒体等渠道获得劳动知识与技能，因而参与的社会劳动内容也略显单一。学校、家庭与社会劳动教育常常处于各行其是、很少沟通的状态，这就使得劳动教育难以形成有效合力。基于此，学校应推动校内活动与校外实践相结合，立足区域和学校实际，发挥资源优势，创建一批劳动教育实践基地。要充分利用现有综合实践基地、青少年校外活动场所、小学生研学实践基地，建立健全开发共享机制，特别是要充分利用职业院校实训、实习场所、设施设备，为小学提供所需要的劳动实践场所。农村地区和学校要安排相应田地、山林、草场等作为学农实践基地，城镇地区和学校要为学生参加农业生产、工业体验、商业和服务业实践等提供保障。各级教育行政部门要结合综合实践活动、研学旅行等教育活动载体，使学生在实践、体验中提升实践能力、创造能力。

例如，2012 年，黑龙江省佳木斯杏林小学在佳南农场创立了首个“农业科普教育基地—杏林小学红领巾植物园”，孩子们在农业技师和学校教师的指导下春种、夏锄、秋收，亲眼看着自己种植的番茄、茄子、黄瓜、辣椒、豆角从种子成长为果实，还学会了撒种、浇水、施肥、拔草、除虫、采摘等劳动技能。这样的农业劳动看似与学生的课业学习无关，实则都在为孩子日后更深入更长久的学习做准备。

(十)组织家庭劳动

当前劳动教育的主体过于单一，过于依赖学校教育，家庭对学生的劳动教育存在着缺位现象。而家务劳动在培养学生劳动观念及习惯方面有较大作用，加强家庭劳动教育，能够引导家长树立德智体美劳全面发展的观念，使学生养成自己的事情自己做的习惯，而且还能树立其为家中其他人服务的观念。不仅能让孩子体会劳动过程，感受劳动魅力，更能拉近亲子关系。

小学生年龄较小，他们只能做些自我服务性的简单的家务劳动。如一二年级小学生只能洗手帕、袜子、红领巾、水果、碗筷、擦桌子、扫地、倒垃圾、整理房间、铺床叠被、折叠衣服、剥豆、盛饭、拿牛奶、钉纽扣、喂家畜、买日用品等。三四年级的学生除做上述事情外，还可以洗衣服、洗鞋子、拖地板、拣菜、淘米、烧饭、冲开水、洗茶具等。五六年级的学生可以生煤炉、切菜、炒菜、煮面条、包饺子、短存冬菜、收藏衣服、布置房间、使用家电、擦自行车、织毛衣等。根据不同年龄的特点，可以有效组织不同形式的家庭劳动活动。

例如，河南省济源市梨林小学根据疫情期间居家学习的特点与家庭形成合力，开展了学生力所能及的劳动体验，一是开展争做家长小帮手，让孩子通过叠被子、扫地、洗碗等帮助家长开展家务劳动；二是开展种子育苗，让孩子和家长一起播种葫芦、丝瓜、辣椒等种子育苗，开学后可以移栽到校园种植园。广州市天河区石牌小学则设置了劳动教育特色校本课程，针对学生年龄特点与成长规律分梯度活动设置家务劳动。例如，对低年级学段的孩子，让他们学会自己吃饭、穿衣、整理书包、整理文具、整理房间、打扫卫生等简单的家务劳动；对中年级学段的孩子，让他们学会择菜、收拾餐桌、削水果、自己煮面条等家务劳动。通过这种方式加强了家长与学生的交流联系，且共同培养了学生和家长的劳动意识。

(十一)开展劳动标兵评选活动

劳动教育是学生德智体美劳全面发展的主要内容之一，是中国特色社会主义教育制度的重要内容，直接决定着学生的劳动精神面貌、劳动价值取向和劳动技能水平。然而劳动教育评价体系不完善，不能发挥其应有的指导与反馈作用，从而阻碍了教学活动的有效开展。针对这一问题，教育行政部门以及学校需要完善劳动教育评价机制，采用多元的、可持续的评价方式。如通过政策的倡导、相关的奖惩制度等方式，对那些在劳动教育方面开展较好的学校、地区和学生进行表扬和激励，巩固成果、扩大影响。例如，重庆市沙坪坝区三桥小学在五一国际劳动节即将到来之际，举办了第四届“劳动让生活更美好”学生劳动技能比赛，以此检验孩子们居家劳动的学习成效。对全班每个孩子的展示进行民主公正推优，评选出本次比赛的“劳动小能手”和“优秀奖”，以此激励学生的劳动热情。

(十二)开设专家讲座

专家讲座日益成为交流的平台和社会知识的集散地，是思想传播的重要途径，也是学生开阔知识视野，发掘兴趣的重要通道。通过开设劳动教育专家讲座，邀请来自五湖四海的领域专家进入学校内进行讲解，能够让学生了解很多在学校教育中接触不到的事情，了解专家学者们的研究成果，感受他们的思想；同时也能够以更专业的层次为学生带来劳动教育领域的专业知识，对于优化学生的知识结构、营造劳动教育校园文化、推广劳动教育有着不可替代的作用。

本章小结

本章首先明确了小学劳动教育教学的内涵与特征，进而从教学目标、教学内容、教学步骤三个方面阐释了小学劳动教育的教学维度，将小学劳动教育的教学内容分为学校、家庭和社会三个模块，并解读了政策中小学劳动教育的教学要素：讲解说明、淬炼操作、项目实践、反思交流和榜样激励。在此基础上，对小学劳动教育教学组织的内涵和方式进行阐述，将小学劳动教育的教学组织分为开设多元劳动课程、建立新媒体平台、建设校内基地、建设专用教室、开展实践活动、建立兴趣小组、开展创新劳动比赛、组织冬夏令营活动、建立校外实践基地、组织家庭劳动、开展劳动标兵评选活动、开设专家讲座这 12 种形式，为小学劳动教育的组织实施提供具体参照。

章后练习

1. 小学劳动教育教学的特征有哪些？
2. 小学劳动教育的教学目标是什么？
3. 小学劳动教育的教学内容是什么？
4. 小学劳动教育的教学步骤有哪些？
5. 小学劳动教育的教学组织方式有哪些？

拓展阅读

1. 刘祥玲．高校以服务学习课程开展劳动教育的路径探析[J]. 中国高教研究，2020(10).

2. 范云霞，郑新蓉．高考陪读：劳动家庭的教育参与[J]. 教育学报，2020，16(05).

3. 刘晓，郁珂，杜妍．小学阶段开展职业启蒙教育的构建理路[J]. 全球教育展望，2020，49(10).

4. 梅月平．实现劳动教育与创业教育的同力同行[J]. 人民论坛，2020(30).

5. 佘文森，殷世东．新时代中小学劳动教育的内涵、类型与实施策略[J]. 全球教育展望，2020，49(10).

第七章

小学劳动教育的评价反馈

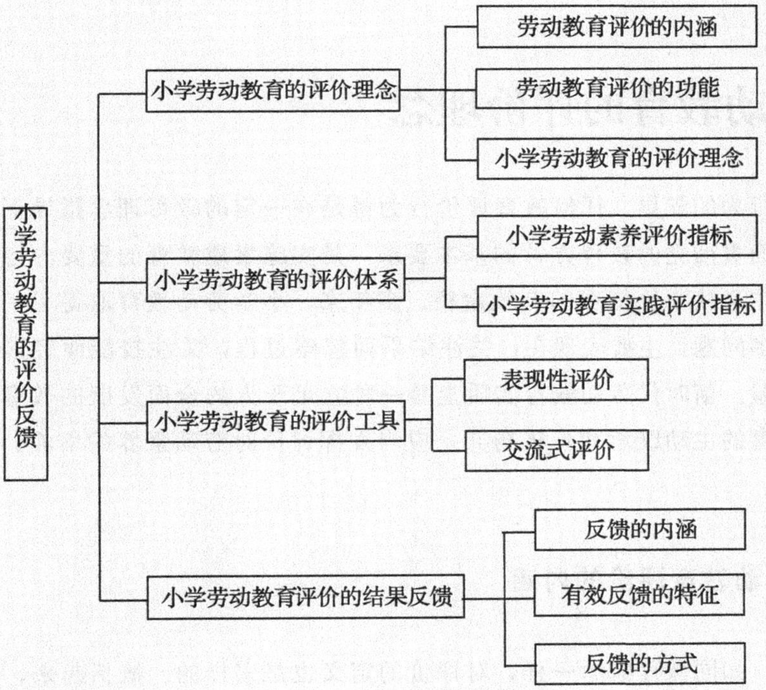

章前导语

2020 年 3 月，中共中央、国务院《关于全面加强新时代大中小学劳动教育的意见》明确指出：“要将劳动素养纳入学生综合素质评价体系，制定评价标准，建立激励机制，组织开展劳动技能和劳动成果展示、劳动竞赛等活动，全面客观记录课内外劳动过程和结果，加强实际劳动技能和价值体认情况的考核。”①但是，长期以来，劳动教育课仅作为开拓学生动手能力和思维能力的“副课”，并未形成一套完整而系统的评价理念、评价标准与评价方法。劳动教育的评价导向是什么？劳动教育的评价体系如何建构？劳动教育的评价方法有哪些？劳动教育的评价结果如何反馈？厘清这些问题，有助于更好地设计与实施劳动教育，提升学生综合素质的发展，促进小学劳动教育顺利地开展。

第一节
小学劳动教育的评价理念

理念是行为的先导。任何教育评价行为都是在一定的教育理念指导下进行的。劳动教育是全面贯彻党的教育方针的基本要求，是实施素质教育的重要内容，也是培育和践行社会主义核心价值观的有效途径。多年来，小学劳动教育取得了一定成果，但是也存在诸多问题，主要表现在：关注结果而忽略过程，关注技能而轻素养，关注形式而忽视体验。新时代劳动教育实质上是一种立足于人的全面发展的教育形态，是对传统劳动教育的主动继承和积极扬弃，应当发挥评价对劳动素养的培养、促进、引导和激励作用。

一、劳动教育评价的内涵

在西方，如同课程概念一样，对评价的定义也是多样的。概括起来，主要有三方面的观点：第一，将评价定义为“与活动目标或方案的一致性程度”。譬如，泰勒认为：“评价是一个过程，基本上在于确定课程和教学方案达成教育目标的程度。”第二，将评

① 中共中央国务院：《中共中央国务院关于全面加强新时代大中小学劳动教育的意见》，中华人民共和国教育部官网，2020 年 3 月 20 日。

价界定为“对事件、事物或活动的价值追问”。如 B. R. Worthen 与 J. R. Sanders 把评价定义为“确定某事物的价值，或者旨在达到指定目标的备择方法的潜在效用。”第三，将评价定义为：“是否选择某目标或方案而进行的信息搜索过程。”Stuffebean 认为，评价是“为判断决定备择而描述、获取和提供有用信息的过程”。上述三种评价定义表述不尽相同，但都隐含着评价主体的某种价值判断。在我国，大体一致的看法是，评价是评定价值的简称。从这些定义都可以看出，评价是主体做出决定，使教育者确定选择的课程行动和课程要素的各种不同的组合，以从总体的方案目标上确保学生学习的最大可能性的行为过程。

根据上述评价的内涵，研究者们基本上认为，劳动教育评价是一种价值认识活动，是对劳动教育的价值判断，这一价值判断必须建立在对劳动教育真实面目或现状进行客观描述的基础上，离不开评价的主体、客体、评价方法及评价标准等要素。基于此，劳动教育评价是评价主体基于自己的需要、理想及价值观等而拟设一定的标准，依据需要采用合适的方法和手段收集、整理、分析必要的劳动教育信息，并依据这一标准对劳动教育的设计、活动实施过程以及结果等进行价值判断的活动。

二、劳动教育评价的功能

(一)面向全体，培养劳动兴趣

劳动兴趣是养成劳动素养的前提和基础。在劳动教育评价过程中，教师应当面向全体学生进行积极评价，而不能只惠及优秀学生。关注“每一个”，才能有效地激发学生的劳动兴趣和主动性。教师要从多个角度评价不同学生在劳动实践中取得的进步，使每一名学生都能体会到进步的快乐，切实达到以评促学的效果。为此，教师需时刻关注学生在劳动中的态度、成效以及及时发现其进步和闪光点，做出评价，让学生感到劳动光荣，劳动有趣，劳动快乐，从而产生劳动的兴趣。例如，在值日劳动中，教师可以表扬学生打扫得干净，也可以从学生的分工合作、打扫方法、打扫态度等方面进行激励，让学生在获得肯定后更加乐意做值日，对自己的值日工作更有信心。

(二)关注过程，深化劳动体验

劳动素养的形成离不开实践体验，学生的劳动感悟与情感都从体验而来。经由劳动实践体验，学生才能体会劳动人民的艰辛，懂得尊重劳动者，珍惜劳动成果。因此，劳动教育评价应该关注劳动教育的全过程，全面客观记录学生课内外劳动过程和结果，促进学生产生更深层的劳动体验。例如，学生在土豆种植课程学习中，会经历认识土豆、种植土豆、创意土豆、土豆食品制作、土豆义卖等过程，在种植中获得成功，在绘画中发挥创意、在烹饪中学会技术，感受到教师的关注和鼓励，今后会更主动地参与劳动，逐渐实现劳动素养的提升。

(三)激发潜能，提升劳动素养

小学劳动教育实践的载体创设、空间建立和师资培养，都应该指向小学生劳动素养的内化。小学生劳动素养涵盖劳动兴趣、劳动意识、劳动认知、劳动价值、劳动态度、劳动技能、劳动精神、劳动创造等多个方面。学校要倡导用发展的眼光看学生，劳动教育评价重在激发学生潜能，鼓励其在实践中逐步养成良好的劳动习惯，树立正确的劳动价值观和劳动态度，从而不断养成与提升动手实践能力和创新发展能力等。如此，才能帮助学生逐渐养成劳动素养，主动为将来的劳动做好准备。学校劳动教育评价应做到在不同教育阶段劳动教育的侧重点有所不同。比如，小学注重劳动兴趣、劳动意识、劳动态度等方面的教育；初中注重劳动认知、劳动价值、劳动习惯、劳动技能方面的教育；高中注重劳动创造、劳动精神以及劳动与自身职业发展规划、升学专业取向选择、未来幸福生活之间联系等方面的教育。

三、小学劳动教育的评价理念

如何克服评价的主观性，使小学劳动教育成效评价做到尽量客观、准确，是需要进一步探讨的问题。小学劳动教育评价要尽可能注重其客观性与准确性，以便真正对劳动教育的实施有所助益。在开展劳动教育评价活动时，需要做到以下四个“坚持”：

(一)坚持外部评价和自我评价相结合

将评价对象看作参与评价的主体，力求将自我评价与外部评价相结合是现代教育评价发展的重要趋势之一。自我评价是一个不断自我反思、自我教育、激发内在动因的过程，它对提高师生的自我意识、培养自我评价能力及自主学习有重要意义。重视发挥被评价者的自觉性和积极性，承认被评价对象有能力认识自己的长处与不足，这不仅有利于被评价者的自我分析、自我认识，同时也有利于他们对他人评价的理解与感受。考虑到小学生还未成年，心智发展并不是特别成熟，不具有准确、理性地评价他人以及自我评价的能力，相比之下，教师和家长更能进行客观地评价。所以，虽然是坚持多主体结合的评价方式，但在小学，特别是低年级阶段，还应以教师和家长的评价为主。因此，劳动教育评价应有教师、家长和同伴等多主体的共同参与，借助学生自评、家长评价、同伴互评等形式，客观准确地评价学生的劳动，其中，教师是劳动实践过程中的组织引导者。

(二)坚持终结性评价和形成性评价相结合

终结性评价是在劳动教育实施以后关于其效果的评价，是一种事后评价。它的直接目的是做出关于教育效果的判断，从而区别优劣和等级。形成性评价是指为改进劳动教育计划或为正在进行的劳动教育活动提供反馈信息而从事的评价，它是一种过程评价。

小学生正处于劳动观的形成和劳动习惯的养成阶段，需要学校、家长和社会的教育引导。而小学生发挥主观能动性将劳动教育内化才是关键环节。从他律到自律的转换过程中，小学生主体能动性、自主性、创造性等内在动力的发挥起决定性作用。因此，评价小学生劳动教育的效果，不能仅仅看外在劳动成果的多少，更重要的是关注他们在劳动中是否有积极的情感体验，是否能负责任地进行劳动，劳动热情是否被激发，是否具备劳动的自觉性等。

长期以来，小学劳动教育评价的重心在对劳动教育结果进行评价，这种评价不能正确评价学生在劳动教育过程中的探究、努力以及情感态度方面的情况，也不能更好地了解学生在学习过程中的问题。缺少对思维过程的评价，会导致学生对思维过程的轻视，只关注劳动的成果，这不仅可能使学生在探究知识过程中形成一些似是而非的认识和习惯，不利于学生良好思维品质的形成，而且会限制学生对思维乐趣的深刻体验，进而抑制学生解决问题的灵活性和创造性。因此，学校可以借助表现性评价等多种评价方式，考查学生对劳动的态度和观念，促进学生逐渐树立正确的劳动观念。例如，在生活整理课程学习中，教师要根据学生的年段特点，设计不同的生活整理技能学习要求，让每位学生都有看得见的成长。学生的家庭劳动实践是课程的重要部分，可以邀请家长对孩子的劳动状况做记录，以此作为表现依据，对孩子的态度、成果、进步作出评价，引导学生体验劳动的乐趣，端正劳动态度，树立正确的劳动价值观。

(三)坚持质性评价与量化评价相结合

定量评价具有简明、精确的特点，它能减少人的主观推论。然而，对于劳动教育而言，定量评价把复杂的劳动现象加以简化，或只评价简单的劳动教育现象，它不仅无法从本质上保证对客观性的承诺，而且往往丢失了劳动教育活动中最有意义、最根本的内容。随着人们对量化评价的批判与反思，20 世纪 60 年代后期，人们开始借助于社会科学研究中不断完善的质性研究方法，70 年代起相继出现了回应性评价、解释性评价、教育鉴赏与教育批评等质性评价模式。需要指出的是，质性评价并不是对量化评价的简单否定与扬弃，作为一种新的研究范式，质性研究是对量化研究的一种反思、批判和革新。从根本上讲，质性研究应该内在地包括量化研究。它作为一种新的评价范式，更逼真地反映劳动教育现象。

在劳动教育成效的评价中，如果简单地用量化的方式来呈现，并不能准确地表现出小学生在劳动教育中的收获与成长。但是这不影响将量化评价作为对定性评价的必要补充。坚持将定性评价作为基础，定量评价作为补充，二者结合起来进行劳动教育成效的评价，则能够使评价具有更高的参考价值。

(四)坚持静态评价与动态评价相结合

静态评价是在一定时间、空间、情境里对青少年劳动观变化过程的评价。动态评价是在一定时间、空间、情境序列上对小学生劳动观变化过程的评价。静态评价是暂时稳定状态，动态评价要以静态评价为基础和依据。对教育成效的把握既要有即时的静态评价，也不能缺少动态评价。要把当下小学生的劳动观、劳动行为放到青少年思想发展变化的过程中去考查，了解前后变化以及未来发展的趋势，这样相对来说更能对教育成效作出客观、准确的评价。

总之，在对小学生劳动教育成效的评价中，若要克服评价的主观性、随意性，使评价结果相对客观、准确，首先要用辩证的、合理的方式去看待劳动教育的成效；其次在评价中要坚持多主体评价结合、定性评价与定量评价相结合、静态评价与动态评价相结合。这是保证评价结果客观、公正、准确的必要路径。

第二节
小学劳动教育的评价体系

为了更好地实现劳动教育的落地实施，切实保证劳动教育提质增效，构建科学合理的劳动教育评价体系至关重要。小学劳动教育是促进学生劳动素养提升的教育。劳动教育是新形势下关于“培养什么人”和“怎样培养人”的回答和践行，是科学育人理念的具体体现。劳动教育评价体系包括劳动素养评价指标和劳动教育实践评价指标两方面。

一、小学劳动素养评价指标

新时期小学劳动教育实践，是为了培育小学生良好的劳动素养。开展小学劳动教育评价，应该厘清劳动素养的内涵及其内在结构。

(一)劳动素养的内涵

关于劳动素养的界定，中共中央、国务院《关于全面加强新时代大中小学劳动教育的意见》明确了劳动教育是涵盖劳动兴趣、劳动意识、劳动认知、劳动价值、劳动态度、劳动习惯、劳动技能、劳动精神、劳动创造等方面的劳动素养教育。习近平总书记在全国教育大会上指出："要在学生中弘扬劳动精神，教育引导学生崇尚劳动、尊重劳动，懂得劳动最光荣、劳动最崇高、劳动最伟大、劳动最美丽的道理，长大后能够辛勤劳动、诚实劳动、创造性劳动。"这是对新时代劳动素养最深刻的诠释。有研究者从多个维度界定劳动素养。例如，檀传宝认为"劳动素养包括劳动的价值观(态度)、劳动的知识与能力等维度。"①徐长发认为，"劳动教育能够使青少年学生获得正确劳动观念、劳动习惯、劳动情感、劳动精神，是一种具有经验性、先进性、前置性特点的人生核心素养培育活动。"②

借鉴以上有关劳动素养的观点，本文认为，劳动素养是学生想劳动、会劳动、爱劳动的品格和价值观，是劳动教育内涵的具体化。

(二)劳动素养的结构要素

基于上述思考，我们以习近平新时代劳动观为重要思想指导，构建了四个维度的劳动素养框架，包括劳动态度(劳动意识、劳动尊重、劳动责任)、劳动能力(劳动知识、劳动技能、劳动创造)、劳动习惯(自觉劳动、安全劳动、诚实劳动)和劳动精神(劳动奉献、劳动美好、劳动幸福)。如下图 7-1 所示。

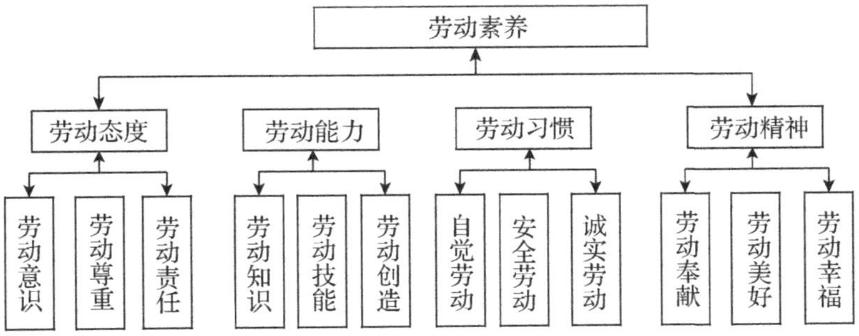

图 7-1　劳动素养结构图

第一，劳动态度。指以劳树德，重点培养学生的劳动意识、劳动尊重、劳动责任感，让学生想劳动。劳动教育的目的是塑造学生的精神世界，让学生在劳动中树立并

---

① 檀传宝：《劳动教育的概念理解——如何认识劳动教育概念的基本内涵与基本特征》，载《中国教育学刊》，2019(2)。

② 徐长发：《新时代劳动教育再发展的逻辑》，载《教育研究》，2018(11)。

践行社会主义核心价值观，培养学生“自己的事情自己做”的意识与责任心，培养学生崇尚劳动、尊重劳动、敬畏劳动、勤俭节约、踏实肯干的劳动态度。

第二，劳动能力。指以劳增智、以劳健体、以劳创新，重点让学生掌握相关劳动领域的知识、技能，让学生会劳动。即通过真实劳动情景，让学生亲身经历、体验、感受真实的劳动活动，习得一定的日常生活劳动、服务性劳动和生产劳动技能，在实践中激发创新精神，培养团结协作能力、创新创造能力，以及与人、与社会和谐相处的能力。

第三，劳动习惯。重点培养学生自愿劳动、自觉劳动、安全规范劳动的劳动习惯，促进学生认识和体验脑力劳动和体力劳动、简单劳动和复杂劳动、线上劳动和线下劳动等多种形式的劳动，感受其过程，让学生想劳动、会劳动。

第四，劳动精神。指以劳育美，以劳树德，以劳动创造幸福生活，让学生爱劳动。即通过劳动教育，使学生爱劳动。即通过劳动教育，促进学生脑力劳动(学科学习)和体力劳动(应用实践)的贯通，提高学生发现劳动美、欣赏劳动美、创造劳动美的能力，引导学生形成坚韧不拔的劳动精神和劳动品质，促进学生全面发展。

小学劳动素养评价指标要点的建立，只是为建立小学劳动素养评价指标体系提供了一个参照。因为从要点走向评价体系需要在实践、评估监测中进一步研究每个指标的权重，且这个权重需要根据不同教育阶段的小学生特点与劳动教育任务进行确定。在此，仅建立一个小学生劳动素养评价指标要点，各地区、学校乃至学生个人可尝试依其进行补充完善。

二、小学劳动教育实践评价指标

小学生劳动素养的形成，离不开小学劳动教育的实践突破。需要建立良好的评价指标导引体系，以推进当前小学教育实践中问题的解决。小学劳动教育实践评价体系包括以下内容：

(一)劳动教育内涵认知

劳动教育内涵认知可以从专门属性与劳动素养两大方面进行考核。

1. 专门属性

认识新时代劳动教育的基础性、综合育人性与其他各育并举；理解劳动教育的专门属性，把握劳动教育与劳动技术课、综合实践课之间的区别与联系。

2. 劳动素养

明晰劳动教育是为了培育学生的劳动素养，促进学生树立正确的幸福观与劳动价值观；注重学生的劳动认知、劳动情感、劳动习惯、劳动能力和劳动精神的培育。

(二)劳动教育内容体系

劳动教育评价体系建构离不开劳动内容。劳动内容表现为日常生活劳动、生产劳动、服务性劳动三方面。

1. 日常生活劳动

日常生活劳动指在个人衣食住行等生活自理过程中的劳动，重在强化劳动自立意识，体验持家之道，养成终身劳动的习惯。劳动教育的内容必须面向真实世界，必须基于现实生活，必须以现有学校劳动教育的突出问题解决为出发点。学生的日常生活丰富多彩，仅仅是居家生活就涉及个人卫生、居家整理、衣物洗涤、家人照料等；如此复杂的内容，要分级分类分段把握内容重点要点特点，尽可能归类整理、简明扼要地勾画评价内容，形成内容体系。

2. 生产劳动

生产劳动是以直接创造生产、生活必需品，满足国家、社会和个人物质需求和财富积累为目的的活动。学生在生产劳动中亲历物品、产品制作过程，感受生活必需品的来之不易，体会劳动创造物质财富、满足基本生活需求的伟大，从而尊重普通劳动者，尊重劳动成果，为正确的劳动价值观的形成奠基。

3. 服务性劳动

服务性劳动是利用知识、技能、工具、设备等，为他人和社会提供服务，以增进国家和社会公共领域和个人福祉为目的的活动，它具有明显的公益性和利他性特点。在服务性劳动过程中，学生通过帮助他人、服务集体，强化社会责任感，培育服务意识，提升社会公德。

三类劳动的提出为学校开展劳动活动指明了方向，每一类劳动还可根据年龄细分，学校应该依据学生年龄特征，科学安排劳动教育目标内容。如小学阶段劳动教育可从日常生活劳动教育入手，逐步向服务性劳动拓展；中学在坚持开展日常生活劳动教育、服务性劳动教育的基础上，逐步提高生产劳动内容要求等，围绕三类劳动开展内容丰富多彩的活动，在亲自动手实践中养成劳动的态度，认识到劳动才是人之为人的根本和真正的人的活动，从而自觉地增强劳动意识，提升劳动情感，增进劳动技能。

(三)劳动教育载体创设

劳动教育可以通过课堂教学、学科渗透、实践基地和第二课堂等载体落实。劳动教育评价也关注这几方面的活动开展效果。

1. 课堂教学

注重专门劳动教育方面课堂教学的学案、教案、档案“三案合一”；注重劳动教育方面的课堂教学知识层递序列的形成。

2. 学科渗透

根据不同学科育人特点进行劳动教育的学科渗透；在劳动教育学科渗透方面形成多样的方式、平台与方法。

3. 实践基地

积极建设多样的校内劳动教育实训基地；利用校外资源，积极拓展丰富的校外劳动教育实训基地。

4. 第二课堂

将劳动教育与技术教育、社会实践、社区服务、信息技术运用以及研究性学习结合起来；通过设计、制作、研制、种植、养殖、服务、信息发布等活动形式，结合研学旅行、团日队日活动和社会实践活动，开展劳动教育。

(四)劳动教育空间营造

劳动教育空间涉及校内空间、校外空间和科创空间三大部分。具体要求如下：

1. 校内空间

学校建立专门的劳动教育场地与空间，形成劳动教育专用教室或劳动教育创造空间；利用校内空间组织学生进行栽种等方面的生产。

2. 校外空间

促进普职沟通，促进职业教育资源在普通中小学劳动教育中的合理有效运用，利用中职校、高职校等方面的劳动技能实训设施与设备，开展劳动教育与职业体验；借助校外企业、科研院所实验场所等方面的社会资源进行劳动教育实训。

3. 科创空间

把握科技发展带来的广阔空间，推动劳动教育与科创(STEAM)教育空间的结合，鼓励学校开展这方面的劳动创新、创意、创造教育；把握劳动教育与职业世界、未来世界的联系，借助多样空间鼓励创造性劳动。

(五)劳动教育师资队伍

劳动教育师资队伍可以从队伍结构、教学水平和研修文化三方面考核。

1. 队伍结构

有专门的劳动教育师资以及进行过劳动教育专业化培训的劳动教育师资，形成明确劳动教育内涵的学科教师队伍。

2. 教学水平

劳动教育专门课的教学体现专业化水平；在劳动教育与其他形式的学科教学结合方面显现良好的水平。

3. 研修文化

加强劳动教育的教研文化建设，形成教师劳动教育研修共同体；促进教师劳动教育教学学术的提升与开展劳动教育专门的课题研究。

(六)劳动教育质量保障

劳动教育质量保障涉及保障系统、质量监控和激励机制三方面。

1. 保障系统

在学校规划中有专门的劳动教育规划以及劳动教育经费投入；明确劳动教育的管理部门，对劳动教育相关的场地改造、资源配置、运行方式等进行统筹安排。

2. 质量监控

不仅要关注劳动产生的物化成果衡量，而且要注重对劳动成果珍惜、劳动价值体悟等精神层面的分享、引领乃至内化。

3. 激励机制

注重对劳动教育成果的激励，推进学校劳动教育的学科体系、教学体系、教材体系和管理体系的形成。

(七)劳动教育特色建设

劳动教育特色建设是为了在全面推进劳动教育的基础上，引导基础教育阶段不同类型、不同层级的学校把握地区实情、学校特点进行劳动教育特色的创建，促进劳动教育的多样化、特色化发展。劳动教育特色建设表现为特色课程、特色社团、特色活动、特色基地和特色文化等方面。

(1)特色课程。创设切合学生特点与学校特色发展需求的劳动教育课程。

(2)特色社团。形成有关劳动体验、劳动实践、劳动创造方面的特色社团，有明晰的劳动教育特色社团建设指南。

(3)特色活动。强化与劳动体验、劳动实践、劳动创造方面的特色社团，有明晰的劳动教育特色社团建设指南。

(4)特色基地。注重校内外有特色的劳动教育基地建设，如基于普职沟通的劳动教育实践基地、职业体验基地、企业见习基地等。

(5)特色文化。在劳动教育方面形成特色的校园文化氛围或其他多样的劳动教育文化呈现方式。

第三节
小学劳动教育的评价工具

劳动教育评价目标不同，评价劳动教育的工具也不相同。一般而言，劳动教育评价主要有选择性反应评价、论述式评价、表现性评价和交流式评价四种工具，对于小学劳动教育而言，主要使用表现性评价和交流式评价两种评价工具，本节着重对这两种评价工具进行系统论述。

一、表现性评价

(一)表现性评价的内涵

表现性评价是劳动教育的主要评价方式之一。它是基于特定的表现标准，通过观察和主观判断，评价学生在真实的任务情境中的实际操作能力、表现性技能或成果作品。例如，演示、科研项目、实验与调查、戏剧表演等都属于表现性评价的范畴。

与纸笔测验相比，表现性评价具有以下特质：第一，兼顾结果与过程。表现性评价要求学生运用多学科知识与技能完成一系列较为复杂的真实学习任务，它重点关注解决实际问题的思维过程以及评价任务完成的质量，不仅重视结果，而且重视学习的过程；第二，联系真实生活。表现性评价内容尽量接近真实生活，使得知识能力能更充分地应用于日常生活，是对学生运用所学知识解决实际问题的能力；第三，评价高级思维能力。表现性评价与真实生活相近，不仅能评价传统纸笔测验无法评价的高层次认知，而且能增进学生学习的动机、提高学生参与和投入的程度、协助学生建构有意义的学习情境，发展问题解决、批判性思考和表达自我的能力，以及能评价高层次认知思考及问题解决能力。依据评分标准，学生能知道完成任务要达到什么标准，教师也能依据评分标准给学生一个客观公正的评价。

当然，表现性评价也有其局限性，主要表现在：第一，费时费力成本高。表现性评价在开发任务题、实施任务并进行评价这一连串过程中，要求学生将知识应用于实际生活，它需要兼顾了解、应用、分析等认知层次。如果表现性任务越多，每位学生所花的成本就越高，应用表现性评价的可能性就越低；第二，可靠性低。表现性评价是一种主观判断，从评价试题的设计、制定到使用，主观判断贯穿于表现性评价的各个方面。由于具有主观性，容易受评价者主观判断影响，从而导致评分一致性不高，因此信度较低；第三，任务题的数量有限。由于表现性评价极为耗时耗力，它只能在数量极为有限的表现性任务当中，只针对某些特定范围内的知识和能力进行考察。这样，由于任务样本少，从少量的表现性任务所得到的测试结果，不能完全代表学生在一般情况下的学习样态。

(二)表现性评价的类型

劳动教育表现性评价的类型分类有多种，根据劳动教育评价任务的不同，可以分为作品展示性评价、限制性表现性评价和扩展性表现性评价三大类。

第一，作品展示性评价。作品展示性评价即将自己的劳动成果或作品进行展示，在教师、同学或家长的评价中，找到不足之处，发现成功之处。劳动作品展示的方式灵活，可以单项展示，也可以综合展示，展示的形式也可以多样，如科技制作展示，创意设计展示等。劳动成果展示给学生提供了再创作的机会，学生在成果整理和组织的过程中，根据现有水平不断完善作品，感受成功，提高自信。

第二，限制性表现性评价。限制性表现性评价是在明确的劳动教育评价标准要求下，有计划地预先界定明确的评价任务，如制订一份活动计划，完成一项标准制作任务等。

第三，扩展性表现性评价。与限制性表现性评价相比，扩展性表现性评价具有很强的综合性，也更贴近现实生活。在劳动表现性任务中，学生的活动方式是开放的，可进行采访、参观、调研等活动，如采访医学专家近视眼的成因与预防，调查母亲河水污染的原因等。

(三)表现性评价的编制

编制劳动教育表现性评价，主要有以下几个步骤：

1. 确定所要评价的能力

制定表现性评价的第一个步骤就是，明确劳动教育所要评价的能力是什么，以及界定这种能力表现的标准是什么。劳动教育评价指标可能是一系列具体的表现性技能——学生必须展现出的素质，如好的劳动态度表现为崇尚劳动、尊重劳动、敬畏劳动、勤俭节约、踏实肯干等品质。

2. 设置表现性任务

“表现性任务是指在真实的(或模拟性)的情境当中，要求学生将知识和技艺综合起来加以灵活运用的任务。”①在设置表现性任务时我们首先得弄清楚，良好的劳动教育表

---

① 田中耕治等：《学习评价的挑战：表现性评价在学校中的应用》，第 110 页，郑谷心译，上海，华东师范大学出版社，2015。

现性任务的特质是什么，如何开发劳动教育表现性任务，开发劳动教育表现性任务有什么教育价值。

在设置劳动教育表现性评价任务时，要做到：(1)确定一种具体的劳动表现。制定者需要思考的是，劳动任务具体有哪些，需要学生做什么。这个劳动教育表现性任务考查两个主要方面，一是劳动学习计划的完整性、合理性；二是劳动交流的流畅性、准确性；(2)设计对学生具有吸引力的劳动情境。在开发劳动教育表现性任务时，教师应该倾向于社会现实中有可能发生的现象和问题来进行构思，任务的选择要植根于学生的现实生活经验，能让学生综合运用他们已有的知识技能解决问题的情境，并详细规定展现能力的背景和条件；(3)设置劳动表现准则。学生在完成劳动教育表现性任务后，应对他们的劳动行为表现作出清晰、具体的解释。用制定的评分标准来评价学生的劳动表现。

3. 制定评分规则

制定评分规则是一项复杂的工作。劳动教育评分规则一般由评分要素和等级描述两部分组成。评分规则不仅应该描述“劳动行为表现”的标准是怎样的，而且还要刻画由低到高的各个劳动表现水平。优秀的评分规则应该包括四个要素，即内容、清晰度、实用性和技术合理性。第一，内容。评价规则的内容是用以评定学生劳动成果或表现水平的依据。评分规则的内容要包括学生劳动表现或劳动成果的重要方面，可以区分出不同的水平；第二，清晰度。评分规则必须足够明确，使得教师、学生和其他人对劳动评分规则的内容和术语都有一致的理解；第三，实用性。评分规则的操作性强，没有太多需要理解的东西，劳动教育评定结果可以直接转为下一步的教学目标；第四，技术合理性。一个好的评分规则应该能够符合并能测量出学生的实际能力。评价评分规则一般是由该学科领域的专家制定的，教师在运用该劳动教育评分标准时，应该能够深入、正确地理解，然后才能帮助学生理解这些评分标准。

二、交流式评价

(一)交流式评价的内涵

交流式评价是劳动教育评价中经常使用的一种评价方式。它是教师通过与学生间的相互倾听、相互讨论等多种交流方式，根据学生语言表达推断其劳动学习情况，以此获得关于学生学习状况的大量有用信息，并评估学生的劳动学习效果的一种评价方式。它依赖于师生双方彼此真诚、相互理解与和谐融洽的课堂氛围。交流式评价的形式有课堂问答、课堂讨论、口头测验和日志等。

(二)交流式评价的优缺点

首先，交流式评价最大的优点就是灵活性。它不受时间、地域的限制，无论是在课堂上或课后，交流式评价都能发挥它的作用；其次，通过交流，学生能从他人的言谈中反观自我，对自己的学习行为和态度进行自我反思和自我评价；最后，交流式评价以口语交流的方式，极大地锻炼了学生的口语表达能力。

交流式评价也有其缺点，由于这种评价方式无需制定与评价目标相符合的测验细目表，不用检查测验题的质量，也没有分数结果，组织性不强，因此具有较大的随意性。如果在使用交流式评价的过程中不加注意，就可能受教师主观因素的影响得出错误的结论。

(三)交流式评价的实施要求

与其他评价方法不同，交流式评价无需制定与劳动教育评价目标相符合的测验细目表，也没有分数结果。但实施交流式评价需要几个条件：第一，安全和谐的评价环境。只有在民主和谐的劳动教育评价环境中，交流式评价才能最大限度地发挥作用；第二，准确地记录信息。相对于其他评价工具，交流式评价不会产生分数或等级之类的实体性结果。在成绩记录上应该持慎重态度。一般情况下，在只有少数学生对话交流的情况下，教师可以凭借记忆作出评价。当与较多学生进行交流时，就需要将评价结果详细记录下来。记录的方式可以是纸笔记录，也可以是磁带录音等；第三，关照不同个性的学生。交流式评价跟学生的个性相关。教师在交流式的劳动教育评价过程中要关照不同个性的学生，同时，教师可以通过开展讨论会、报告会等多种形式让学生交流劳动学习的体验与感受，也可以从劳动的过程、形式、内容等角度对学生的劳动学习成果进行评价，利用激励性反馈激发学生的劳动学习动机。

第四节
小学劳动教育评价的结果反馈

学生在规定的时间完成劳动教育的活动任务，教师通过适切的评价工具对学生的能力水平进行资料搜集与评价后，接下来就是依据评价目标，对他们的劳动表现进行反馈。评价反馈的核心是为了让更多学生热爱劳动、努力劳动。合理有效的评价与反馈会激发劳动积极性，而低效的评价与反馈则会对学生产生不可低估的负面影响。如何对学生的劳动活动水平给出正确有效的反馈与评价，并让学生下一次有进步，这就是评价与反馈艺术了。

一、反馈的内涵

反馈，英文释义为“feedback”，动词形式是“to feed back”，意即机械过程中“返回到早先的状态”，是控制论的基本概念，指将系统的输出反馈到输入端并以某种方式改变输入，它们之间存在因果关系的回路，进而影响系统功能的过程。反馈是控制系统的一种方法，事实上反馈是一切客观事物相互作用的一种普遍形式。在教育领域，如果将教学看作一个闭合系统，那么系统中师生的信息传递就是不断的反馈过程。在教学评价过程中，反馈是指教师对学生在学习过程中表现出来的知识、思维、能力、态度等各方面的反应，其主要目的是帮助教师发现学生目前学习状态与学习目标之间的差距，进而帮助他们提供改进的方向从而促进学习。

反馈不是指导。反馈是告诉学生“行动的结果是什么”，而指导是告诉学生“如何改进行动的结果”。在教学评价实践中，教师更倾向于对学生的学习做出指导，而给出的反馈却远远不够。

反馈不等于评价。评价强调的是“语言”，而反馈强调的是“描述事实”。反馈并不意味着表扬或批评。反馈是看得见的事实，通过提出证据让学生思考他的意图和实际结果之间的差别。例如，教师经常给学生这样的评价：“你做得很不错!”“非常好”这些都是评语，而不包含对学生学业具体表现的反馈描述。反馈往往是总结性的、一个全方位的判断，用于评估一件复杂的工作，而其中既有做得好的地方，也有需要改进的地方。反馈可以针对工作中的优势与局限进行详细地记录与跟踪，它可以很好地凸显优势，也能细致地指出需要改进的建议。

二、有效反馈的特征

反馈有有效和无效之分。有效的反馈能起到事半功倍的效果。要保证劳动教育反馈的有效性，需要做到四个方面：即反馈的目的性、反馈的差异性、反馈的回应性以及反馈的清晰度。

(一)反馈有明确的目标

有效的反馈总是带有明确的目标指向的。“最好的反馈是能根据目标和标准非常具体地、直接地揭示或细微地描述对表现者来说是清晰的、可利用的实际结果。”[①]教师在进行反馈时，要做到：一方面，反馈要让学生认识到目标差距。无论何种形式的反馈，倘若反馈脱离了评价目标，学生就不清楚自己到底与评价目标有多大差距，便不能清晰地认识和改进自身的各种问题。另一方面，反馈必须让学生明了如何改进。教师在对学生进行反馈时，应该让学生明白如何改进劣势、缩小与目标间的距离。

(二)反馈关注个体差异性

关注学生的个体差异是指，在教学反馈中教师应该在充分理解学生个体知识经验、认知风格、学习方式等的基础上，充分尊重学生对知识理解的差异性，根据学生个体的劳动能力表现、劳动学习过程、劳动学习态度等主客观因素有针对性地做出差异反馈。基于差异的劳动教育反馈应该描述出学生的特质及学习现状。例如，有些信心不足的学生，教师要多鼓励，多发现他们身上的优势，让他们克服自卑增强自信；对有些自负的学生，在反馈的同时尽可能看到他们的不足。为了更好地掌握每位学生的发展情况，教师可以通过档案袋的形式，及时收集与记录下他们的成长经历，以清晰地把握每位学生在劳动教育中的成长轨迹。

(三)反馈内容具有回应性

教师反馈内容应该具有回应性。这表现在两方面：其一，教师确保学生能够对评语做出回应。如果教师的反馈模糊，学生就会不明白教师的建议，不清楚自己的表现水平与努力方向，这种反馈不可能是有效的。学生在多大程度上能够对评语做出回应取决于一系列因素，其中有些因素是教师可以掌控的。例如，教师应该经常反思：我的评语清晰易懂吗？学生能够读懂这些评语吗？我有没有留出充分的时间让学生们阅读这些评语呢？有没有留出一些时间、创造一些机会和氛围让学生们能够对这些评语做出回应呢？其二，教师应确保学生将会对评语做出回应。当学生看到教师的反馈后，只有他们做出相应的回应，教师的反馈才起到了一定的生成反应。学生对教师反馈的反应方式有很多，例如，可以如教师所期望的进行修改，可以在反思自己缺点的基础上做出改进的策略构想等，无论学生的回应方式是什么，学生必须要明白的是，教师的反馈是“为了他们的体验”“旨在促进他们的成长”。只有学生对教师的反馈做出回应，才证明反馈的内容具有针对性，这样才能利于师生相互理解，引导学生真正进步。

(四)描述性反馈的灵活性

描述性反馈是将学生的劳动作品与标准、量规进行比较，用语言描述的方式对学

---

① Grant Wiggins：《教育性评价》，第 42 页，国家基础教育课程改革“促进教师发展与学生成长的评价研究”项目组译，北京，中国轻工业出版社，2005。

生劳动任务完成情况持续提供信息闭合的过程。它指明了学生劳动学习过程中如认知方式、学习态度、学习策略等方面达到了质量标准的要求，以及在学习过程中暴露出的具体学习问题及原因，找到待改进的方面，并提供个性化的学习建议。有研究者根据反馈内容的精细化程度将反馈分为五种水平："(1)无反馈；(2)结果对错反馈，即简单的证实性反馈或知识结果性反馈，只是告知被试其反应是对还是错；(3)正确反应反馈，告诉被试正确的反应是什么；(4)精细反馈，告诉被试其答案为什么是对的(或错的)，或者给被试机会回顾之前的学习任务；(5)重试反馈，当被试反应错误时，告诉被试其答案是错的，并给机会再次尝试。"①描述性反馈相对于简单的对错反馈而言，它不仅仅告知学生对错的原因，还详细描述学生的行为。反应内容的精细化程度越高，对学生行为表现的指导性越强，越有利于学生的学习改进。当然，教师在对学生进行描述性评价时，应该在尊重学生个性差异和尊严的基础上，灵活地把握反馈的"度"与"时"，才能有效地保证评价目标的实现。在进行描述性反馈时，无论形式如何灵活，需要把握三大点：第一，在批判他们缺点前首先肯定优点；第二，能够详细指出学生有待完善的地方；第三，对如何完善提出针对性策略或措施。

三、反馈的方式

反馈学生劳动教育表现的方式有很多，主要有：报告卡、记录袋、讨论会。

(一)报告卡

报告卡是指在学期结束时，为了让家长了解学生劳动教育的情况，以书面形式记录学生劳动成绩的通知单。它是为了概括学生在学校的劳动表现而设计的。

1. 等级评定：报告卡的一般形式

等级评定是为了信息交流的方便而把大量信息提炼为一个简单符号的过程。报告卡一般采用等级评定的形式交流学生劳动学习的信息。之所以采用等级评定，主要原因有：第一，劳动教育目标超越了知识体系的范畴，评价不再仅仅局限于知识范畴之内，它包括问题解决、实践操作、团队合作等，需要教师对学生的更多信息进行收集、存储、提取、总结和报告；第二，学生个性差异的需求。每个学生都有自己的兴趣、需要、特长，在劳动表现方面也显现出差异性。传统以"分数"或"字母"的评定方式无法体现出"分数背后"的个体差异性。

在进行等级评定时，需要注意两方面：第一，确保等级评定的教育性。等级评定是促进劳动学习的评价，而不是为了进行等级评定，劳动教育评价的目的是通过帮助

① 张俊、刘儒德、贾玲：《反馈在自我调节学习中的作用》，载《心理发展与教育》，2012(2)。

学生看到自己劳动学习的进步，增强他们劳动自信心。第二，等级评定评出劳动的动力。在等级评定过程中，教师应该努力创设一个健康、成功导向的劳动评价环境，让学生都有成功的机会，这样他们就会在劳动学习过程中越认真。

2. 报告卡的内容

如果要满足那些注重达标的劳动素养信息交流，并帮助创建一个有支持力的、有效的和有激发作用的环境，在设计报告卡等级制度时，必须思考的问题是：我们究竟要报告哪些信息？需要考虑学生的哪些特性因素？一般而言，报告卡要反映学生对特定的知识、推理、技能和成果创建的掌握情况，同时也可对学生的努力、态度等方面做适当描述。

3. 报考卡的信息收集

为了能够让学生、家长和管理者更清楚地理解报告卡的信息，必须清晰、完整地表述和评价每个等级所隐含的真实成绩。这就需要为等级评定收集合理、有效的学业信息，一般需要经过以下五个步骤：

(1)整体规划。教师首先应在透彻地研究课程标准、教材的基础上，弄清楚学生需要掌握哪些具体的劳动知识？展示哪些劳动表现性技能以及创建什么样的劳动成果？在认真思考这些问题的基础上制定劳动教育评价目标，并根据劳动教育内容的重难点对劳动教育目标的侧重点进行整理。

(2)细化为具体的评价方案。在制定学业目标的基础上，接下来需要考虑的是，如何评价每个学生对那些目标的具体掌握水平？这实际上是将上述教师“对学生学业目标的期望”细化为“学生学习水平等级”的过程。在具体评价方案中需要做到：第一，列出为了进行等级评价而要实施的所有评价，详细阐明各个评价目标的主要内容，规定每一评价目标的重要性，并明确评价时间和具体的评价方法；第二，在整个等级评定期间，所实施的评价都必须能够准确地反映出每位学生对所期望学业目标的掌握水平；第三，保证所实施的评价对教师和学生不会造成过重的负担。

(3)实施评价方案。以等级评定为特征的报告卡更加关注对学生劳动兴趣、劳动习惯和劳动成果的评价。例如，要评价劳动技能和劳动成果，就需要把劳动教育表现性准则、引发表现的任务和等级量表结合起来，每一部分的评价都是不可缺少的。在实践过程中，教师要做好总结与提炼，如定期召开工作例会、研讨会等，不断深化劳动教育等级制评价的实践，切实帮助学生端正劳动态度，培养良好的劳动习惯，真正实现等第制评价来促进学生劳动素养的目标的实现。

(4)综合评价所得到的信息。为了能够对学生的学业目标给出一个等级评定，就需要将学生在劳动过程中的所有信息综合起来。要想根据一些劳动表现信息确定一个有意义的等级，收集来的每一条信息都应该能显示出每个学生劳动学习目标的掌握程度。为此，可以采用百分比法和总分法进行等级评定。这两种方法都有助于清晰地通过报告卡来交流学生的学业信息。

(5)把合成分数转换为相应的等级。计算出总分或平均分后，就进入到将合成分数转化为相应等级的阶段。有两种方法可以进行转换：第一，根据既定的学业标准评定等级。在某个特定分数范围内的所有成绩都将得到事先确定的相应的等级。比如，90～100＝A；80～89＝B；70～79＝C；以此类推。这种方法的优点在于，对既定学业目标的掌握水平的等级含义很清楚，等级的计算过程很简单，只需要知道如何计算百分比和平均数即可，而且计算出的等级可以有效地表明学生的进步。但是也有其缺点，比如，百分比分数分界点本身很主观，并没有科学性可以解释，不同地区、不同学校，甚至不同教师所认定的分数分界点可能都各不相同。比如，有的地区的 A 可能相当于 95～100 分区间。既然这些差异在所难免，它们导致的不精确结果也很明显；第二，根据成绩分布曲线进行等级评定。即教师根据学生在班上的成绩来确定他们的等级，教师从名单中选出成绩排在前 7%的学生，他们的等级为 A，然后接下来的 24%的学生的等级为 B，以此类推，成绩排在后 7%的学生的报告卡等级就是 F。这种排名法的好处在于，可以推断出学生整体表现的等级水平，还可以促进学生之间在学习上展开竞争。但是，在追求高学业表现的情况下，这种方法的弱点表现得也很明显。每个分数上分布的学生比例，这个指标并没有什么科学性，分数分界点也很主观。

4. 报告卡的形式

报告卡的形式大致有两种，即以学业标准为基础的报告和叙述性报告。

(1)以学业标准为基础的报告。为了让家长更详细地了解学生的劳动学习状况，列出学生所需要达到的劳动学业标准或应具备的劳动能力，并说明每位学生掌握各个标准的程度。这种报告卡为学生的劳动行为、努力、态度、出勤率等都提供了详细的信息，这是传统的分数制报告单无法比拟的。要成功地实施这种信息交流系统，教师需要在设置劳动学业目标、创建表现标准评定量表上下功夫。

(2)叙述性报告。叙述性报告是采用描述性语言反映学生的实际学业水平、清晰的评定准则和叙述完成学业要求的具体程度。在等级和分数之外提供这种书面描述和学生作业的样例，可以报告有关学生学业成绩的大量信息。这种报告系统对学生的信息进行了详细的描述，它要求教师仔细地记录和计划相关信息，同时，这种报告系统也是一种开放式的报告系统，需要教师、学生和家长都参与到描述性评定中来。但是，这种报告系统的最大缺陷是耗费时间，因涉及描述性评定，要求教师和学生具有较强的文字表达能力。

(二)记录袋

1. 记录袋的内涵

记录袋(portfolio)也称档案袋。从语义上看，Port(携带)folio(资料)的组合，有

“代表作选辑”的意思。记录袋是指将学生学习情况、有代表性的作品有目的地汇集起来，以显示学生在较长时期内在课程上一个或多个领域所作出的全部努力、进步、学业成就。一个记录袋就是某位学生学业表现的集合。它能详细记录学生的学习过程、成长经历，是了解与反思自身发展水平的理想方式。通过反思，明白自身优势与不足，及时改进取得更好的发展。与等级不同，记录袋可以更详细地描述学生的相关学业信息。

2. 记录袋的类型

记录袋有不同的功用价值。依据记录袋的不同功能，可以将它分为展示型、过程型和评估型三种类型。具体如下：

(1)展示型记录袋。展示型记录袋是展示学生汇总的最优秀劳动作品或成果，展示的主题由教师与学生决定，可选择一个、多个或一系列的核心主题。此种记录袋常常展示于亲子座谈会、家长教学参观日。这种记录袋的内容是非结构化的，每位学生的记录袋可以不相同。

(2)过程型记录袋。过程型记录袋是记录和呈现学生劳动过程进步、努力与成就的观察与记录。所收集的资料都是在自然状态下真实地反映学生学习过程的材料。这种记录袋的目的是为学生不断发展中所“积累”的所有信息与证据。

(3)评估型记录袋。评估型记录袋指教师依据劳动教育评价标准收集相关资料，制作学生记录袋，在此基础上评价学生的劳动表现。这种记录袋可以引导学生系统地审视、评价、反思自己的劳动作品。在这一过程中，教师设计的劳动学习活动能否激发学生的学习兴趣，拓展他们的思维空间，是评估型记录袋成败的关键。评估型记录袋是由教师、学校建立的用于评估学生劳动水平的学生作品集。其目的是作为向家长和管理者提供学生劳动成绩的标准化报告。

3. 记录袋的优缺点

(1)记录袋的优点。教师如果善加运用，可以发挥记录袋的如下优点：第一，兼顾过程与结果的评价。与传统过于重视结果的评价相比，学生呈现档案时，也呈现努力过程与结果的信息；第二，获得更真实的评价学习结果。传统测验仅能测量学生记忆的能力，难以评价处理实际生活的真实能力。相比之下，记录袋取自日常生活或长期学习活动，因而评价针对日常生活或长期活动评价，更能真实地评价学生学习结果；第三，动态过程激发学习兴趣。记录袋摆脱了以往静态测量，采取长时间累积、收集、制作成品的动态过程，学生可在“做中学”，展示其学习成果或能做的事情，更可激发学习兴趣；第四，增进自我反省能力。记录袋提供学生回顾和反映其作品和表现的机会，学生必须自己省思档案可改善部分并着手修改，此过程可增进学生自我反省能力；第五，增进各人员的沟通。参与档案袋记录整理工作的，可以是教师，学生本人、学生同伴，甚至是家长等人员。多人员的参与能增进他们的沟通与交流。记录袋是一种与家长有效沟通的工具，并可提供以学生为中心的机制与以学生为主的讨论会。

(2)记录袋的缺点。记录袋虽然有以上优点，但是也有其缺点，具体表现在：第一，记录袋会增加教师的工作负担；第二，记录袋的制作必须投入较多经费，应考虑学生的经济负担；第三，教师如果事先未拟定明确的评分标准，评价易流于不客观与不公平；第四，记录袋的鉴定易受学生语文程度、表达、组织能力影响。

4. 记录袋的建立与评价

(1)明确建立记录袋的目的。在建立记录袋之前，首先得明确"为什么建立记录袋"。目的不同，记录袋的类型、收集的具体项目信息、应用对象等也相应地有所区别。如果创建记录袋是为了展示优秀作品，那么在任何时候只要有满意的作品都可以纳入；如果创建记录袋是为了反映学生的进步，那么所收集起来的记录袋必须是一段时间内累计起来的；如果创建记录袋是为了水平评估，那么就要求在同样情景下，在同一时间按照一定的标准搜集并评价所有学生的作业样本。

(2)确定成长记录袋的类型。界定记录袋评价目的后，应决定记录袋评价的类型。若重点在呈现结果，应选择"成果档案"；若重点是了解学习过程或诊断学习问题，应选"过程档案"；若重点在档案内涵与评价的标准化，或进行班级间的比较，应选取"评价档案"。

(3)确定要收集的作品与数量。确定了记录袋的类型后，接下来就要决定在记录袋中装什么东西了。纳入记录袋中的作品可以为不同的评价目的服务。学生不仅人手一个记录袋，而且还可以针对不同主题和学科制作"袋中袋"。在此之前，学生必须设计一张记录袋的目的，将要收集的内容分门别类地列出来，便于自己和他人查阅。档案袋记录的周期应以一学期为限，以学生个人为单位，一方面，要聚焦学生参与劳动的实践过程，通过劳动评价表实时记录学生劳动行为表现，同时搭建学生展示的平台，关注学生劳动行为表现，同时搭建学生展示的平台，关注学生感受的表达。另一方面，要尊重认可并收录学生不同形式的劳动成果。依据不同的劳动主题与形式，劳动成果应包括手工作品、小作文、农作物、科技作品等。无论是劳动过程记录还是劳动作品集锦，学生劳动档案袋中的证据要共同反映学生劳动的真实情况，并随学生的发展而更新，由此再进入评价的反思环节。

(4)拟定评价标准。评价标准反映重要行为特质，需要严谨的建置程序。Stiggins(1994)提出建立评分标准的步骤如下："①对表现特质进行脑力激荡，列出重要特质或要素；③针对已列出表现特质进行分类(以4～5个层面或类别为原则)；④以简单、清楚的语言界定各个层面(操作性定义)；⑤分析实作或档案表现或成品；⑥列出不同等级行为表现的描述语，并制定评分标准；⑦试用、修订与改进。"[①]在制定劳动教育评价

① 李坤崇：《教学评估——多种评价工具的设计与应用》，第198页，上海，华东师范大学出版社，2011。

标准时，需拟定相应的评价结果。对学生劳动教育的评价，应以人的全面发展为旨归，根据不同的劳动主题，在劳动知情意行的目标范围内共同筛选、整合、确定劳动表现中的关键特征。如在敬老服务的公益劳动中，劳动关键特征包括扫地、擦桌子等劳动技能，主动有礼貌问好等表露出的劳动情感以及服务结束后学生的感悟分享、教师及同伴的点评等。依据关键劳动特征形成劳动评价表，由教师与学生共同评价。可呈现“整体档案”或“分项档案”的结果，评价标准内涵可包括“能力”“努力”两个向度，结果的呈现可采用“语言描述”“等级”或“计分”等方式。

(5)记录袋的反馈与反思。及时反馈与反思是记录袋取得实效的关键。信息反馈是师生间加强沟通和增进理解的桥梁。这就要求教师及时地分析学生在劳动活动中的成长资料，总结出他们的优势、潜能与有待改进完善之处，并及时反馈给他们，让他们明了自身的劳动状态，发现自己的闪光点、优势与潜能，增强劳动积极性。学生对待改进完善的地方也要诚恳接受，多反思实践，扬长补短。此外，劳动教育评价是持续反复的过程，学生既要结合自评与他评的意见，以反思清单或报告的形式明确自身在劳动知情意行方面的改进方向，又要根据反思清单或报告进行自查确证，实现总结性反思。

(三)讨论会

讨论会是交流有关学生学业信息的一种很好的方法。学生和教师坐在一起回顾和评估劳动学习状态时，可以实现更有效的交流。通过讨论会，教师能够及时清晰地报告学生的劳动学习相关信息，从而不断反思教学，不断调整劳动课程与教学计划。

1. 讨论会的类型

(1)生生讨论会。同伴之间进行互评要基于一定的评价标准，其目的是要培养学生比较评价意识，同时在对别人进行评价的过程中，学生更能明确自己的学习状态。学生给予对方评价的过程其实也是学生自己学习和做事的过程。良好的生生讨论更能提高学生的学习效能感，让学生在评价中找到劳动兴趣和自信心。

(2)师生讨论会。教师点评要从客观、公正角度作出总结性评价。在评价学生的过程中要注意采用增值性评价，关注学生的发展过程，而不能只看结果。同时，教师评价不能过于简单和概括，而是要指出学生语言学习具体问题所在。

(3)家长—教师讨论会。有别于传统的家长会，家长—教师讨论会有三大优点：首先，通过清楚描述学生的劳动表现，家长和教师共享学生劳动学业信息，通过交流方式给予学生描述性评语；其次，通过交流来提出后续的问题，从而确定是否已经成功传达学生的学业信息。并且教师可以根据家长提问，来补充更多的信息和说明，从而达到信息的畅通；最后，教师和家庭一起制订计划。由此可以把学校和家庭的学习环境结合起来，最有效地提高学生的学习效果。如在这个过程中发现家庭环境中存在的问题，可督促家长尽快解决。

2. 讨论会的模式

讨论会通常指全班学生和任课教师共同围绕已经进行或正在进行的具体活动发表自己的意见以及彼此互动沟通、交流的过程。每位成员都有畅所欲言的机会，但需要提前设置发言时长、主题等，以便讨论会顺利开展。讨论会也为学生创造了训练说话的机会，师生在讨论会中的发言和互动既能及时给予学生反馈信息，又满足了说话能力培养的需要。举例来说，教师、同伴的反馈信息有助于学生看到自身的优势与不足，在明确目前自身能力现状和训练目标的差距的基础上，有针对性地改善和提高自己的能力。与此同时，反馈信息的发出方——同伴也利用该发言和讨论的机会训练着自己的说话能力。同伴与接收反馈信息的学生又共同观察教师发出反馈信息的方式，与自身对比后，找到不足并在今后的训练中改善和强化。此时，教师通过学生的反馈信息注意到课堂存在的问题和教学改进的方向。事实上，在这整个过程中，反馈信息的发出方(特指学生)和反馈信息的接收方(特指学生)又是相互转化的。反馈信息流动过程如下：

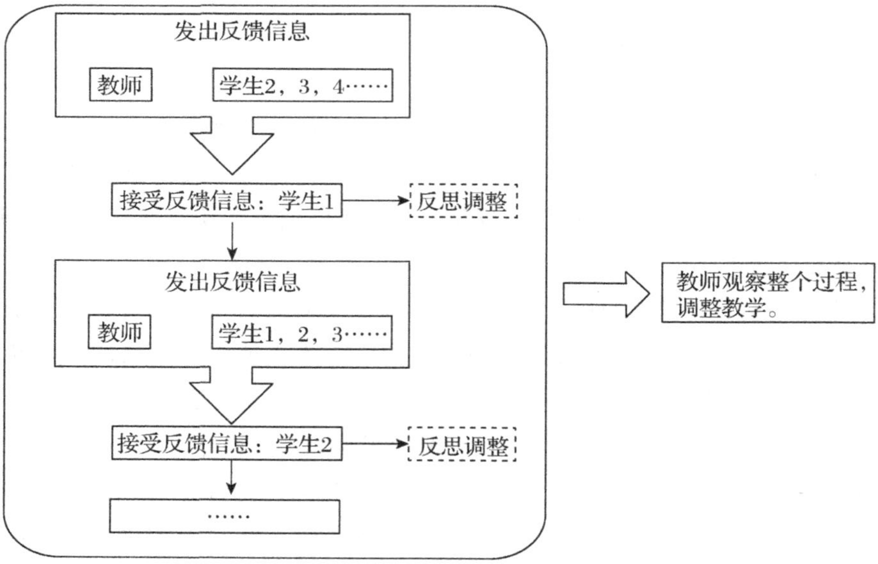

图 7-2　反馈信息流动图

本章小结

劳动教育评价是评价主体基于自己的需要、理想及价值观等而拟设一定的标准，依据评价需要采用合适的方法和手段收集、整理、分析必要的劳动教育信息的过程。小学劳动教育评价体系既包括小学劳动素养评价指标，也包括小学劳动教育实践评价指标，前者涉及劳动态度、劳动能力、劳动习惯和劳动精神等维度；后者涉及劳动教育的内容、载体、空间、师资、质量保障、特色建设等方面。小学劳动教育的评价工具包括表现性评价和交流式评价。最后，可通过报告卡、记录袋、讨论会等多种形式进行有效反馈。

章后练习

1. 劳动教育的评价功能有哪些？
2. 在开展小学劳动教育评价活动时，应坚持哪些评价理念？
3. 阐述小学劳动教育的评价指标。
4. 如果对一所学校的劳动教育开展情况进行评价，应从哪些方面进行考核？
5. 小学劳动教育的评价工具有哪些？每一种评价工具应如何操作？
6. 如何对学生劳动结果进行反馈？反馈的方式有哪几种？

拓展阅读

1. 中共中央国务院．关于全面加强新时代大中小学劳动教育的意见
2. Richard J. Stiggins. 促进学习的学生参与式课堂评价[M]. 国家基础教育课程改革“促进教师发展与学生成长的评价研究”项目组译．北京：中国轻工业出版社，2005.
3. 三腾亚沙美等．学习评价的挑战——表现性评价在学校中的应用[M]. 郑谷心，译．上海：华东师范大学出版社，2015.
4. 边玉芳．学与教的新评价[M]. 杭州：浙江大学出版社，2010.
5. 卓晴君，徐长发．以劳树德 以劳增智 以劳育美[N]. 光明日报，2018-10-09.
6. 曾天山．劳动教育的时代价值与落实机制[N]. 中国教育报，2018-12-27(08).
7. 司图南．劳动教育的定位及意义[J]. 教育科学研究，2018(9).
8. 檀传宝．劳动教育的概念理解——如何认识劳动教育概念的基本内涵与基本特征[J]. 中国教育学刊，2019(2).

第八章

小学劳动教育的资源保障

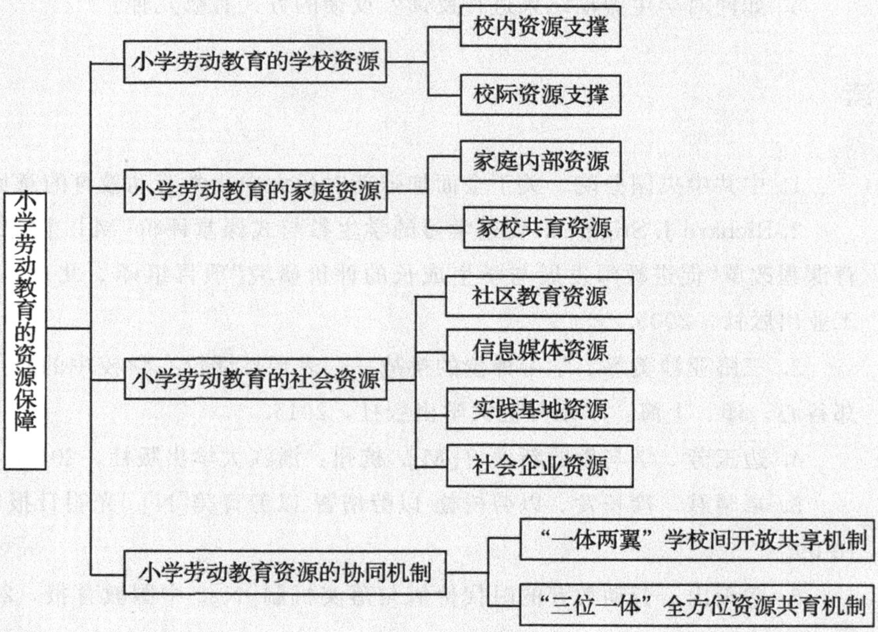

章前导语

小学劳动教育的有效推进，离不开学校、家庭、社会的各类劳动教育资源的支持。中共中央、国务院在《关于全面加强新时代大中小学劳动教育的意见》中明确指出："加强政府统筹，拓宽劳动教育途径，整合家庭、学校、社会各方面力量。家庭劳动教育要日常化，学校劳动教育要规范化，社会劳动教育要多样化，形成协同育人格局"；劳动教育的实践要充分发挥学校在劳动教育中的主导性作用，发挥家庭在劳动教育中的基础性作用，发挥社会在劳动教育中的支持性作用。因此，新时代小学劳动教育要突破现有单一劳动技术课程资源的现状，以小学为劳动教育为立脚点，贯通职业院校、高等学校等校际资源以及家庭、社会等联动资源，充分发挥各类资源特色优势，协同保障小学劳动教育顺利实施。

第一节 小学劳动教育的学校资源

学校教育资源是指在学校环境中蕴含一定的教育价值、能促进学校教育教学活动顺利开展的资源。① 小学作为劳动教育的主阵地，应承担实施小学劳动教育的主体责任，充分发挥教材、课程、师资、场地、信息五大资源的优势，借助职业院校和高等院校等校际资源的支持，使小学生养成正确的劳动观念、劳动习惯、劳动情感和劳动精神等，保障小学劳动教育常态化实施。

一、校内资源

劳动教育是小学全面育人体系的重要组成部分，小学作为落实劳动教育的立脚点，需要有目标、有计划、有组织地配置各类教育资源，包括教材资源、课程资源、教师资源、场地资源、信息资源等。

(一)教材资源

教材有广义和狭义之分，广义的教材是指教师在教学中所使用的教科书和配套的

① 陈文平：《学校教育资源的价值认识和选择》，载《沙洋师范高等专科学校学报》，2003(2)。

练习册、活动手册、相关读物以及各种教学实物等，狭义的教材主要指教科书，本书所指的是广义概念中的教材资源。教材是教学大纲的具体化，是教师执教的依据，也是学生学习的依据。作为学校教学活动的载体资源，教材在劳动教育过程中具有自身的价值特色，它体现了小学劳动教育基础知识技能、情感价值观等方面的系统培养逻辑。因此，应该以规范性、科学性的劳动教材为支撑点，把握育人导向、与时俱进的原则，融合小学生身心发展规律和当前时代特征，借助教材资源保障小学劳动教育目标的实现。

1. *劳动教育基本教材资源*

劳动教育基本教材是小学教师开展劳动教育教学活动的主要载体，为各年级教师备课、上课、创设劳动教育活动等提供了科学规范的材料。劳动教育基本教材通过了国家或省级教材审定委员会审批，覆盖小学各年级段，以小学劳动教育目标框架(具体包括树立正确的劳动观念、具有必备的劳动能力、培育积极的劳动精神、养成良好的劳动习惯和品质四个方面)为基础，从家庭劳动、校内劳动、校外劳动三个维度设计了各年级的劳动教育“呈螺旋式上升趋势”的教学目标、内容范围和教学任务，保障了小学劳动教育课程及实践活动的具体落实。

例如，由广州市教育研究院结合广州经济社会发展状况、中小学生生活实际情况、岭南文化及广府文化特征等研发了广州市中小学生劳动教育教材《综合实践活动・劳动》。教材按小学、初中、高中三个学段编制，以综合实践课程为载体组织教材内容，每个单元主题由“导语”“主题包”“方案图”“劳动坊”“成果展”“结束语”六部分组成，以劳动教育主题为桥梁将家庭、学校、社会三大“劳动坊”连接起来协同进行劳动教育。具体来说，小学生活垃圾分类主题劳动教育过程中，由“学校劳动坊”系统开展垃圾分类教育，学生在“家庭劳动坊”中可真实参与生活垃圾分类，还可到社区中参与垃圾分类劳动实践活动，以劳动主题教育实现“教育一个孩子，影响一个家庭，带动一个社区”的良性发展。

2. *劳动教育辅助教材资源*

劳动教育图文书籍、数字教材两种教材资源也是小学劳动教育实施的重要载体资源。劳动教育图文书籍是对劳动教育基本教材的扩充，学校可根据小学劳动教育培养目标和学生特点选用适当的劳动教育类书籍。低年级要注重围绕劳动意识的启蒙，中高年级要注重围绕卫生、劳动习惯养成①，分层选用适当书籍作为基本教材的补充材料。劳动教育数字教材是劳动教育基本教材的更新和立体化补充。数字教材针对信息化环境中教与学的新需求，集互联网、数字媒体、大数据等技术，融电子教材、多媒

---

① 中共中央国务院：《中共中央国务院关于全面加强新时代大中小学劳动教育的意见》，见中国政府网，2020年3月20日。

体视频、动画、电子课件、案例库等资源于一身，与劳动教育基本教材相辅相成，更新及时，学生可借助 iPad 对数字教材进行学习和互动交流。

教材是一种载体，教师在劳动教育过程中可合理开发教材资源以达到我们的教学目标，但又不能过分依赖教材，劳动教育有自身的特性，其教育重点在于劳动意识和精神以及动手实践能力的培养，教师要内化教材中的智慧，树立正确的教材观，借助教材资源推动落实劳动教育。

（二）课程资源

课程是小学劳动教育的主体形式，其系统性和规范性是其他教育形式无法取代的，为确保劳动教育在小学有序有效地开展，需进一步推动落实小学劳动教育课程化，在学科课程有机融入劳动教育，还可借助校风班风等隐形资源陶冶劳动观念和价值观等，多途径构建小学特有劳动教育课程体系，保证劳动教育内容独特性和连贯性。

1. *劳动课程资源*

2020 年，中共中央、国务院颁布的《关于全面加强新时代大中小学劳动教育的意见》指出，“将劳动教育纳入中小学国家课程方案和职业院校、普通高等学校人才培养方案，形成具有综合性、实践性、开放性、针对性的劳动教育课程体系”[①]，为使劳动教育科学有序在小学开展，需使劳动教育课程化，将其真正纳入小学课程计划中，按照显性课程的标准和要求进行劳动教育独立课程建设。

劳动教育作为一门相对独立的小学课程，主要分为理论课程和实践课程两大形式。理论课程主要围绕劳动“为什么、是什么”的问题，有重点地进行讲解，让学生懂得劳动的意义和价值；实践课程围绕“怎么做”等问题，通过示范与练习，让学生亲历劳动过程，让学生会劳动，强化身体力行。另外小学每学年可设立劳动周，采用专题讲座、主题演讲、劳动技能竞赛、劳动成果展示、劳动项目实践等形式进行，保障小学劳动教育多样化落实。

值得注意的是，为保证有效发挥课程资源的教育优势，劳动课程可以从以下几方面进行优化落实。第一，劳动教育须作为一门必修课程纳入小学教学计划和年级课程表，须保证平均每周不少于 1 课时的基本课时量，以明确劳动教育在教育中的地位和作用；第二，劳动教育作为一门相对独立的课程，须具有自身独特的教学模式和手段，借助讲解说明、项目实践、反思交流、榜样激励等多种形式开展，提高劳动教育的效果；第三，劳动教育作为显性课程单独存在，要有一定的评价标准保障劳动教育目标、内容的有效落实，小学要支持各地利用大数据、云平台、物联网等现代信息技术手段，

---

① 中共中央国务院：《中共中央国务院关于全面加强新时代大中小学劳动教育的意见》，见中国政府网，2020 年 3 月 20 日。

开展劳动教育过程监测与即时评价，发挥评价的育人导向和反馈改进功能。

2. 学科课程资源

新时代的劳动教育内涵丰富，不仅要传递系统的劳动教育文化知识，还需落实"树德、增智、强体、育美"的目标，单一劳动技术课程无法承载多种培育功能，必须走整合化的实践路径，实现劳动教育与学科课程、各类活动课融合发展①。

为此，在小学各门学科教学活动中，可根据学科特点，有机融入劳动教育内容，使学科课程"劳动化"，即在学科知识教学中增加蕴含劳动色彩的基础性"硬知识"和情感、态度、价值观等"软知识"。小学道德与法治、语文、艺术等学科要有重点地纳入劳动创造人本身、劳动创造历史、劳动创造世界、劳动不分贵贱等马克思主义劳动观，纳入歌颂劳模、歌颂普通劳动者的选文选材，纳入阐释勤劳、节俭、艰苦奋斗等中华民族优良传统的内容，加强对学生辛勤劳动、诚实劳动、合法劳动等方面的教育；数学、科学、体育与健康等学科要注重培养学生劳动的科学态度、规范意识、效率观念和创新精神。

以小学语文四年级下册《父亲的菜园》为例，这篇课文讲述了"父亲"通过艰辛努力，在荒凉贫瘠的山坡上为家人开辟出一处菜园的故事。教师在带领学生进行课文朗诵和语句鉴赏时让学生感悟感受"父亲"勤劳辛勤的劳动："每天天还没亮，父亲就扛着锄头、挑起箢箕上山去，直到傍晚，才挑着一担柴草回家来。"使学生明白正是由于"父亲"的辛苦和付出，才换来了那一片翠绿般的菜地，使学生感悟到劳动创造了一切，劳动创造了美好生活。其他学科教师也应努力捕捉课程中的相关劳动教育素材资源，根据各门学科的特征有意识地融合劳动教育内容，帮助学生树立正确的劳动观念和精神。

3. 隐性课程资源

苏霍姆林斯基曾提出具体的劳动教育任务，即"要让劳动渗入我们所教育的人的精神生活，渗入集体生活中，使得对劳动的热爱在少年时期和青年时期成为他们的重要兴趣之一"②，隐性课程教育就是渗透式的间接教育形式。

(1)校园客观存在物。

校园建筑、宣传栏、新媒体设施等各类校园客观存在物是学校隐性课程资源的形式之一。它们可以创建个性的劳动教育文化，为学校的特色发展提供契机，呼应劳动教育的直接诉求。综合运用这些校园设施进行劳动技能和劳动成果展示，如在宣传栏张贴劳动榜样人物事迹等，让师生在校园里近距离接触劳动模范，聆听劳模故事，感受并领悟勤勉敬业的劳动精神。

---

① 余文森、殷世东：《新时代中小学劳动教育的内涵、类型与实施策略》，载《全球教育展望》，2020(10)。

② 苏霍姆林斯基：《苏霍姆林斯基选集(第4卷)》，第13页，蔡汀、王义高、祖晶主编，北京，教育科学出版社，2001。

(2)校园文化教育资源。

校园精神文化、制度文化和形形色色的校园文化活动等校园文化中隐含的劳动教育资源也是学校隐性课程资源形式之一。比如，通过制定劳动公约、每日劳动常规、学期劳动任务单，创建与劳动教育有关的兴趣小组、社团等，结合植树节、学雷锋纪念日、五一劳动节、农民丰收节、志愿者日等节日，开展丰富的劳动主题教育活动，利用校园文化建设强化劳动文化。

隐性劳动教育资源的有效利用，有利于提高学校劳动教育的实效性，会给劳动教育带来更加理想的教育效果。因此要利用学校所蕴含的劳动教育隐性资源宝库，把握劳动教育的时代内涵，陶冶学生观念和情操，提升学生的劳动素养。

(三)教师资源

"学校改革的核心环节是课程改革，课程改革的核心环节是课堂改革，课堂改革的核心环节是教师专业发展"①，也可以说，劳动育人的关键在于教师。小学内部劳动教育师资主要分为劳动教育专任教师和学科教师两个类别。

1. 专任教师资源

劳动教育专任教师是传授劳动教育基础知识和技能、主导劳动教育教学进度的首要资源，是劳动教育的基础资源保障。小学劳动教育专任教师数量要配齐，保持教师队伍的相对稳定性，同时在传授劳动教育基础知识的过程中，科学、规范地传授劳动基本技能和素养。值得注意的是，由于缺乏对劳动教育的充分认识，各所小学缺乏劳动教育专业师资，因此有必要与高校特别是师范院校沟通合作，在高校内开设劳动教育相关课程或专业，为小学劳动教育输送专业化的师资力量。

2. 学科教师资源

各学科教师是辅助补充相关劳动知识，促进小学劳动教育常态化开展的重要资源，是劳动教育的辅助资源保障。学科教师可用整体的眼光审视课程中劳动教育要素分布情况，以更好地实施整体化学科融合劳动教学。例如，小学一年级语文教学过程中，学科教师可根据劳动教育要素清单(表 8-1)进行劳动熏陶教育，激发学生的劳动积极性。② 另外学校可使劳动教育专门师资和学科教师组成劳动教育协作共同体，③ 在共同体中，专门课程教师主导教学进度，学科教师辅助补充相关劳动知识，各科教师交流融合劳动教育的相关教学进度和经验，在劳动教育目标指向性下灵活进行教育教学活动，协同承担起自身的教育责任。

---

① 钟启泉：《基于核心素养的课程发展：挑战与课题》，载《全球教育展望》，2016(1)。

② 蒋晓飞：《统编小学语文教材融合劳动教育的实施建议》，载《基础教育课程》，2020(11)。

③ 韩利红：《社会互赖理论视角下高职院校专兼职教师共同体构建研究》，载《中国职业技术教育》，2020(9)。

教师是劳动教育目标的实现者、教学活动的组织者。教师要发挥劳动教育过程中的“活”资源的引导优势，调动学生参与积极性，让学生投入其中，手脑并用，塑造学生身体、心灵的有机统一。

表 8-1 部编版小学语文(一年级上册)劳动教育要素清单

单元	栏目与篇目	劳动教育要素
第二单元	语文园地二《剪窗花》	传承传统劳动技艺
第五单元	语文园地五《悯农(其二)》	珍惜劳动成果
第五单元	语文园地五《拔萝卜》	合作劳动力量大
第七单元	语文园地七“日积月累”	劳动成果的前后相承和惠泽后代
第八单元	口语交际《小兔运南瓜》	劳动需要智慧
第八单元	语文园地八《春节童谣》	劳动欢庆节日

(四)场地资源

2019 年浙江省中小学劳动教育调研数据显示，“仅 69.21%的学校有可以有效使用的校外劳动实践基地配套，还有 30.16% 的学校没有校内劳动实践基地”。“场地设备缺失”位居劳动教育实施困难榜首。① 现阶段，小学劳动教育大多是以劳动技术课程形式开展，存在着劳动教育形式化、表面化等问题，劳动教育难以具体落实的原因之一就在于学校劳动场地资源的开发和利用不足。小学劳动教育场地资源分为校内场地资源和校外场地资源两类，校内资源主要包括劳动教室场地、劳动活动基地、学校建筑空间三大类资源。

1. *劳动教室场地*

小学教室是基础的劳动教育场地资源，小学可以在学习教室中进行系统的劳动文化知识教育，开展劳动观念和精神教育以及劳动行为习惯指导教育，使学生能够理解和形成马克思主义劳动观，牢固树立劳动最光荣、劳动最崇高、劳动最伟大、劳动最美丽的观念，同时提升学生的劳动理论知识，使其掌握劳动技能的基本原理和方法，为劳动实践奠定理论基础。

2. *劳动活动基地*

劳动活动基地是必备的校内实训场地资源，小学可在劳动活动基地进行作物种植、动物养育、手工制作等学习实践活动，提升学生的劳动技能水平。例如，通过在校园内开辟一块“小农场”，供学生们春天耕种、夏天管理、秋天收获不同的农作物，使学

① 方凌雁：《劳动教育的现状、问题和建议——2019 年浙江省中小学劳动教育调研报告》，载《人民教育》，2020(1)。

生们在劳动过程中探索生物成长的奥秘，培养良好的劳动习惯。劳动基地的开发也使教师、学生的实践空间得到不断扩展，如语文学科的“观察日记”，数学学科的“测量、统计、计算”，美术学科的“素描”，以及“美丽的瞬间”的摄影等活动课，都可以在劳动活动基地进行。

3. 学校建筑空间

学校建设空间是可利用的劳动教育场地资源。在建筑学的视域中，学校教育空间是“凝固的音符”、固态的文化，具有教育的意蕴。① 小学可通过在校内建筑物、教室等墙壁上开设劳动专栏，在教学楼的走廊、楼道里悬挂大国工匠和优秀劳动人物等的事迹和劳动精神等对学校建设空间进行劳动教育布局，借助学校空间文化的建设，给每一处建筑、每一面墙、每一座雕塑、每一棵树赋予灵魂，充分发挥校园空间资源无声的潜在劳动教育价值。

劳动教育内容丰富，形式多样，以学校劳动教育场地资源为助推，加强劳动教学设备的配置与管理，因材施教开展多样化活动，满足劳动需求的多样性和差异性。低中高年级学生年龄不同，身心发展水平不同，对于劳动的理解有所差异，同样的教育资源场地也需因人制宜开展差异性的教育活动，引导学生安全适度地亲历劳动过程，强化劳动体验。小学劳动教育应强化实践体验，注意手脑并用，借助实践场地资源让学生亲历劳动过程，提升育人实效。

(五)信息资源

2019 年《政府工作报告》明确指出，“发展互联网＋教育，促进优质资源共享”，教育资源共享是现阶段教育事业改革发展的重要趋势，小学最需担当的职能应是提供劳动教育资源，进而与区域内各校实现劳动资源的共建共享。劳动教育共享平台的构建是以资源共享为基础的，② 也就是说劳动教育资源是共享平台最基本的部分，小学可发挥自身职能优势，提供多种多样真实化和动态化的劳动教育教学资源，推进开放共享式“数字劳育”。③

1. 劳动教育课程共享平台资源

小学具有劳动教育课程资源，可依托现有课程体系建设基础性质的精品劳动教育课程和区域特色的重点校本劳动课程，借助信息平台资源优势，打破时空，推进“全社会共享精品劳动课程，区域共享重点校本劳动课程”，在推出本校劳动课程的同时也享受他校优质劳动课程资源，从而实现劳动教育课程共享共育。

---

① 辛晓玲、付强：《学校教育空间研究的现状与趋势》，载《当代教育科学》，2019(4)。

② 唐锋：《通识教育视角下职业教育资源共享平台的建设困境与路径探索》，载《教育理论与实践》，2019(11)。

③ 王鹏：《小学开展劳动教育应坚持四个回归》，载《教学与管理》，2020(5)。

2. 劳动教育评价协助平台资源

小学具有劳动教育传统评价资源，各小学可借助数据平台更新评价体系，进行“劳动教育成果评价”。以美国学者斯派蒂（Spady W. G.）提出的“成果导向教育（Outcome-Based Education，OBE）作为理念和工具，借助数据平台对劳动教育开展情况进行自评和交叉互评。通过 OBE“评价即学习”理念的引导，各小学可以基于劳动教育预期学习成果来组织、实施劳动教育，采取直接评量和间接评量的工具和方法，构建动态性、多元化考核评价体系，① 为劳动教育改革发展提供方向。

二、校际资源

劳动教育是小学阶段的一门必修课，小学需切实承担劳动教育主体责任，开足开齐劳动教育课程。但新时代劳动教育的有效开展离不开其他类型学校的支持，小学应充分发挥职业院校和高等院校的课程、师资、实践基地等校际资源优势，整合多方面院校劳动教育资源，提升小学劳动教育的质量。

（一）职业院校资源

2019 年，《国家职业教育改革实施方案》明确指出鼓励中职学校联合中小学开展劳动和职业启蒙教育，② 这表明，“中职一小学劳动教育一体化”是劳动教育改革发展的趋势。劳动教育是职业教育的基础，职业教育是劳动教育的专业版，职业教育内容包含劳动教育和职业技能教育的双重属性，这也就是说职业院校具有辅助小学开展劳动教育的支撑保障优势。

1. 职校“双师型”教师资源

职业院校自身具有教师资源优势。“十二五”以来，在各类师资培养培训基地建设、教师素质提高计划实施、“双师型”教师培养试点等举措的推动下，我国职教师资队伍建设从单纯满足师资队伍的规模需求进阶到对结构质量、教师专业化能力建设，③ 职业院校逐渐建成了具有中国特色和职业院校特色的兼具理论和技能的师资队伍。教师是劳动教育的第一资源，现阶段职业院校“双师型”教师资源建设正如火如荼地开展，小学可邀请职业院校具有理论教学和实践教学素养的优质师资队伍给小学劳动教育提供专业的指导，还可作为外聘教师进行课堂教学。当然，职业院校师资属于兼职劳动教育教师，教学活动大多数以实践课程为主，这样可以充分发挥职业院校教师实践教学

---

① 李鹏：《高职劳动教育考核与评价研究》，载《人民论坛》，2020(10)。
② 国务院：《国务院关于印发国家职业教育改革实施方案的通知》，见中国政府网，2019 年 1 月 24 日。
③ 孙琳：《新时代职业教育师资队伍建设改革定位及发展趋势》，载《中国职业技术教育》，2020(4)。

的优势，弥补小学教师劳动教育过程中真实实践经验的缺乏。

2. 职校专业课程资源

职业院校具有专业课程资源优势。职业教育是劳动教育的专业版，职校专业课程基本上都是理论与实践相结合的课程体系。借助职业院校有较高实操性的课程优势开展小学专题式劳动教育，解决其课程内容单薄、教学方式单一的问题；结合各专业课程特点，将劳动价值观培养目标与劳动技能培养目标紧密结合，① 同时可以基于职业院校劳动教育资源对小学生进行职业启蒙教育，为学生提供一个了解职业世界的窗口，使学生亲身感知劳动和职业的乐趣。

3. 职校实训场地资源

职业院校拥有实训场地资源优势。职业院校在教学条件上具备专属的实训场地和设备，这给职校学生创设了动手操作的条件和资源。小学劳动教育实践也是以学生动手劳作为主，职业院校丰富且专业的实训场地条件为小学劳动教育融入职校实训教学提供了实施资源基础，同时企业、工厂、科研院等职校合作单位在一定程度扩展了小学劳动教育的实践空间②，实训场地环境维护、设备简单操纵、小组合作"流水线"制作等都可以根据学生年龄特点因势转化为劳动教育内容。

4. 职校劳动精神资源

职业院校具有丰富的精神资源优势。职业院校是劳模精神、工匠精神等劳动精神的浸润培养基地，产教融合、工学结合等培养方式可以将劳动精神贯穿至实践教学过程，学生在耳濡目染中感知这种劳模精神、工匠精神的魅力，亲身体验劳动的价值所在，激发劳动热情。相对于职校实训教学来说，普通小学以班级授课为主，学生缺乏劳动精神的熏陶和感染，这也是为什么《意见》中提到"近年来一些青少年中出现了不珍惜劳动成果、不想劳动、不会劳动的现象"③。精神是行动的先导，小学生可以借助劳动教育的机会走出班级，走进劳动精神浸润基地，在动手实践中感知劳模精神、艰苦奋斗精神，强化劳动锻炼的价值体认，努力成为中国特色社会主义新时代劳动精神的继承人。

职业院校劳动教育资源优势显著，教师需基于院校专业特点，提炼专业课程中的劳动教育元素，借助院校实训基地资源，发挥产教融合、工学结合优势，融合工匠精神、劳模精神等精神资源，④ 有重点地进行劳动教育讲解和示范。对于小学来说，借助职校劳动教育资源优势，迎职校师资、课程进小学，送小学生去职校、实训基地感知

① 崔发周：《职业院校劳动教育的基本功能与有效形式》，载《职教论坛》，2020(8)。

② 黄琦、屠明将：《职业院校参与中小学劳动教育资源供给的思考》，载《教育与职业》，2020(11)。

③ 中共中央国务院：《中共中央国务院关于全面加强新时代大中小学劳动教育的意见》，见中国政府网，2020年3月20日。

④ 余开业：《基于内化视角的高职院校劳动教育路径研究》，载《职教论坛》，2020(8)。

劳动精神，亲身获得劳动体验，是小学劳动教育质量提升的重要助推点。职业院校和小学应把握当前劳动教育发展关键期，职校从本校优质特色课程资源出发，如利用烹饪、园艺、非物质文化遗产等资源，打包课程和师资资源援助小学，以劳动教育为落脚点实现普职融通，在普通小学渗透职业教育，“以劳动托起中国梦”。

(二)普通高等院校资源

劳动教育是国民教育体系的重要内容，贯穿大中小学人才培养全过程，各级各类学校在明确自己劳动教育培养目标的同时也要为劳动教育体系的完善贡献一份力量。普通高等院校拥有高质量的科研团队、“千军万马中闯出来”的生源力量、各式各样的社团活动等优质资源。合理有效地配置高校资源，明确高等院校在小学劳动教育过程中的重要责任，可以助推小学劳动教育取得实效。

1. 高校科研创新资源

高等院校拥有无可代替的科研创新能力优势。蔡元培曾说，大学是“研究高深学问之地”，高等院校拥有人才、技术、学科、国际交往以及国家长期财政支持等方面的优势。① 借助高等院校科研团队的力量，利用“国创”“省创”等项目创新小学劳动教育资源整合模式，可以给小学劳动教育课程、教材、教学、实践方式等方面注入新的活力。以高校协同创新实践模式解决小学劳动教育需求和问题，可以提高小学劳动教育资源利用率。

2. 高校优质“导生”资源

高等院校拥有优质的“导生”。所谓导生制(Monitorial System)是由英国国教会的贝尔(Andrew Bell)和公益会的教师兰卡斯特(Joseph Lancaster)开创的一种教学组织形式。其组织形式为：教师上课时先选择一些年龄较大或较优秀的学生进行教学，然后由这些学生做“导生”，每个导生负责把自己刚学会的内容教给一组学生。小学劳动教育过程中的“导生”可以从高等院校内具备教学或实践能力的学生中筛选，高校学生资源丰富，思维活跃，更易与学生打成一片。通过考察培训选择具备劳动教育教学实践能力的大学生充当导生，借助“导生”协助教师开展劳动教育，可以有效减轻教师劳动教育过程中的工作量。教师要充分利用“导生”的纽带力量，掌握劳动教育过程中学生的劳作情况，② 充分发挥“导生”资源优势进行个性劳动教育。

3. 高校社团载体资源

高等院校拥有丰富多样的社团载体。作为培养创新人才、提升学生综合素质的有

---

① 翟运开、谢锡飞、李娜：《协同创新视角下的高校科技资源配置模式研究》，载《科技管理研究》，2014(9)。

② 吴鹏泽：《基于导生制的混合学习的教学组织策略》，载《教育探索》，2011(4)。

效载体，社团也可以在小学劳动教育过程中彰显出自己的独特优势。劳动教育主要分为三大类型：日常生活劳动、生产劳动和服务性劳动，这三类劳动教育形式通过社团活动都可以使学生参与，比如通过社会实践类社团可以带领小学生参与各式各样生产劳动感知劳动的价值所在，志愿服务类社团可以帮助小学生树立“通过劳动服务社会”的理念等。借力高校社团平台，可以丰富小学生劳动教育实践活动的形式，减轻小学学校自身开设各类劳动教育活动的压力，还能赋予高校社团新的职能。

第二节
小学劳动教育的家庭资源

家庭是儿童认知劳动世界的第一来源，是落实小学劳动教育的重要场所。良好的家庭劳动教育能够帮助儿童树立正确的劳动价值观、必要的家务劳动技能和良好生活习惯，家庭要尝试开发和整合各类劳动教育资源，发挥家庭在劳动教育中的启蒙性、基础性、持续性的作用，承担起家庭劳动教育的重任，使我国小学劳动教育从整体上迈上一个新的台阶。

一、家庭内部资源

家庭是小学劳动教育的重要辅助者，其内部资源主要体现在家庭精神资源和家庭活动资源两大方面，劳动教育应借助家庭精神文化建设进行劳动精神和劳动价值观教育，依托家务劳动和亲子交流等家庭活动资源进行劳动理论和实践教育，充分发挥家庭内部资源劳动教育的基础性作用，保障小学劳动教育的有效常态化实施。

(一)家庭精神资源

家庭精神资源包括家长的劳动态度和家规家风家训，这对于小学生劳动教育具有重要的动力作用，借助家庭劳动精神文化资源的优势对孩子进行榜样劳动教育，可以传递正确劳动观，助力小学劳动教育的实施。

1. 家长劳动态度资源

家长是家庭劳动教育的重要实施者。家长的劳动观念、态度对于小学生劳动思想、行为，以及劳动价值观的形成具有熏陶作用，家长的劳动态度和价值观从某种程度上来说决定着家庭劳动教育的成功与否。

(1)家长对于自身参与劳动的态度。

家长自身对于家务劳动、工作以及劳动者的态度会潜移默化的影响孩子对于劳动的态度和观念，父母积极的劳动态度会使孩子热爱劳动，消极的劳动态度则会使孩子抵触劳动，因此家长可以通过提升自身劳动素养来体验劳动成就感，通过自身的劳动热情以身作则、潜移默化地向孩子传递尊重劳动、热爱劳动、劳动光荣的价值观，激发孩子参与劳动的内生动力。

(2)家长对于孩子参与劳动的态度。

家长对于孩子参与劳动的态度也是影响小学生劳动观念和行为的重要精神资源，当前很多家长对劳动教育持有支持态度，但是没有落实到实际行动中，会“替代包办”孩子的一切劳动机会，一些家长甚至会将劳动作为一种惩罚手段，这样的态度让孩子的劳动观念淡薄。家长应鼓励、支持和引导孩子进行适当的家庭劳动教育，“关于一切的饮食起居，凡是小孩子自己能够做的，我们不要替他代做。做是他的权利，这种权利，我们做父母的，不应该剥夺他的”①，父母需要敢于放手、善于鼓励，让孩子有劳动的机会来发展独立自主、尊重劳动、热爱劳动的能力。

2. 家规家训家风资源

受革命家庭劳动教育的熏陶，习近平总书记特别强调家庭劳动教育建设，强调家教、家风等家庭文化对于劳动教育的影响。② 家规家训家风一类的精神资源是继承和弘扬中华传统美德的重要载体，也是家庭成员行为规范和生活方式的生动写照，家庭劳动教育离不开家规家训家风这类家庭精神规范的支持。

(1)家规家训家风熏陶教育。

家规家训家风具有良好的熏陶和滋养作用，具有很好的教育意蕴。借助蕴含“尊重劳动、尊重普通劳动者、劳动光荣、劳动伟大”等劳动观念精神和“勤俭节约、敬业奉献、吃苦耐劳”等劳动品质的劳动家规家训家风资源引导、督促、激励、规范孩子的劳动观念、行为和习惯，家让孩子从小养成自理自立、勤劳实干的良好劳动习惯，珍惜劳动成果，杜绝浪费。

(2)家规家训家风认同教育。

家规家训家风可以使学生对劳动文化产生潜移默化的思想认同。弘扬劳动家规家训家风的过程是进行家庭劳动教育的过程，父母以身示范，带头在家庭中积极主动参与劳动，工作中爱岗敬业，小学生在父母榜样示范下自觉参与家庭劳动，在学校中勤恳努力，以实际行动弘扬自家劳动家规家训家风，在弘扬过程中增强对劳动的认同感。

---

① 陈秀云、陈一飞：《陈鹤琴全集(第二卷)》，第74页，南京，江苏凤凰教育出版社，2018。

② 何虎生、王玮：《习近平新时代劳动教育观的文化底蕴》，载《北京联合大学学报(人文社会科学版)》，2020(4)。

(二)家庭活动资源

劳动扎根于日常生活中，家庭作为小学生重要的生活场所，劳动教育的落实离不开家庭生活的协助。家长要充分利用家庭活动资源的优势积极主动地辅助小学对孩子进行劳动教育，使家庭活动成为小学劳动实践活动的重要补充。

1. 日常家务劳动

家庭中的日常家务劳动是基础性、常态化的家庭活动资源。家长可以鼓励孩子独立自觉参加家务劳动，如个人物品整理、家居清洁、简单家常餐制作等，以便掌握一定的生活技能。例如，在疫情期间，许多家庭借助小学劳动教育的主导力量，通过和孩子一起制定并实施“家庭劳动清单”“劳动打卡积分”等活动，① 给孩子布置相应的劳动任务，培养孩子生活技能的同时提高其参与劳动的积极性，帮助孩子获得成就感和幸福感。

2. 亲子互动活动

亲子互动活动也是重要的家庭活动资源，家长可以通过亲子交流分享自己的劳动经验，以亲身经历告诉孩子“劳动创造美好生活”，传递正确劳动观念，同时也可让孩子借助亲子互动时间分享自己的劳动体会和收获，改善孩子的劳动观念和态度，培养孩子养成正确劳动价值观。另外家长也可通过和孩子共同进行家务劳动，在交流互动过程中对孩子进行劳动技巧教育，培养良好的劳动习惯和品质。

二、家校共育资源

家庭劳动教育水平的提升离不开学校的系统指导，通过家庭和学校形成劳动教育共识，借助家长教师协会资源更新家长的劳动教育观念，尝试通过家长互动渠道反馈提升家庭劳动教育，可以使劳动教育更加完善。

(一)家校共育平台资源

家校共育劳动教育过程中，小学的主要任务是通过各种方式开展家庭劳动指导教育，帮助家长掌握家庭劳动教育的方法和技能，提高家长的劳动教育水平。家校共育资源主要有家校线下平台、家校网络平台这两类学校主导、教师参与的家校联络平台。

1. 家校线下平台资源

家长会、家长学校、家长委员会等家校线下平台是进行家校协同共育的重要资源，

① 郝志军、哈斯朝勒：《家庭、学校、社会协同是推进劳动教育的根本渠道和途径》，载《人民教育》，2020(4)。

不仅能够协调家校双方的力量为学生创设良好的劳动教育条件，促进家庭和学校之间的教育沟通合作，还有利于厘清家校各自主体教育责任，提高家校劳动共育的认知力和执行力。学校可以借助家校线下平台资源向家长传授家庭劳动教育的知识和方法，协助家长设置基于小学不同年级学生的身心发展水平的家务劳动清单，指导他们更加科学规范地进行劳动教育。①

2. 家校线上平台资源

家校网络平台(如家校 QQ 群、家校微信群、学校公众号等)是实现家庭劳动教育和学校劳动教育的“同频共振”的重要平台资源，有利于实现家校劳动教育任务的不限时空、全方位的互动交流。小学通过推送有关家庭劳动教育的知识和微课，扩展家长随时随地更新劳动教育知识的渠道，提高家长对小学劳动教育重要性和必要性的认识，为家庭提供共性或个性化服务，不断更新家长的劳动教育观念，提高家庭劳动教育的实效性。

(二)家长互动渠道资源

家庭劳动教育的关键在于家长，小学通过线上线下进行家长劳动教育的同时，也可以充分开发和利用家长自身的资源，以家长助家长，以家庭帮家庭，发挥各个家长在家校劳动共育过程中的互动渠道资源优势，保障家庭劳动教育常态有效化实施。

1. 家长协助导师资源

家长是特色的劳动教育专家资源，每位优秀的家长都有自身独到的劳动教育见解和灵活多样的劳动教育方法。家长中可以通过筛选有劳动教育经验的家长成立劳动教育协助导师团，开展家庭劳动教育培训会、家庭劳动教育经验交流会等，以他们在家庭劳动教育过程中的教育内容、教育方法去启发和感染其他家长，帮助家长提升劳动育人的能力，充分发挥家长资源“现身说法”的优势以家长“育”家长。

例如，上海静安区陈鹤琴小学积极搭建家长参与学校教育教学的平台，引导家长从“客人”转变为“主人”，使“内行”家长发挥自身的指导优势促进教育效果的提升。②

2. 家长群体互动资源

家长群体是无可替代的横向互助资源，是学校必备的合作伙伴。家长间的群体互动不仅有利于促进劳动教育实际问题的解决，提高家庭劳动教育的实效性；还有助于在群体“劳动教育思想碰撞”中创新未来家庭劳动教育的新形式。小学可定期举办家庭劳动教育沙龙，借助沙龙互动渠道资源讨论分享家庭劳动教育中遇到的问题，帮助家

① 陈林、卢德生：《小学劳动教育的路径及保障》，载《教学与管理》，2019(6)。

② 盛天和：《家校合作：教育和谐的必然状态——上海市中小学家校合作的现状与思考》，载《思想理论教育》，2012(11)。

长解答疑惑，解决劳动教育过程中遇到的实际问题，为家庭劳动教育的可持续发展提供契机。

第三节
小学劳动教育的社会资源

社会教育资源对于劳动教育的实施和发展具有重要的推动意义，它既是提升小学劳动教育质量的力量之一，又是连接校内、校外劳动教育场域的沟通桥梁。新时代小学劳动教育需要借助社区、信息媒体、实践基地、企业等资源扩展小学劳动实践场域、创新小学劳动教育形式，激发劳动教育的内生动力，为小学劳动教育的有效开展提供特色开放的资源保障。

一、社区教育资源

陶行知先生曾说："乡村的一草一木，山河、农夫都是教育者。"也就是说，生活场所中的各种存在物都可以开发为教育资源。社区是进行小学劳动教育的重要校外活动场所，通过回归生活的社区劳动教育创新教育形式，能够保障小学劳动教育顺利实施。

(一)社区劳动场地资源

社区劳动教育资源是推进小学劳动教育向纵深发展、全面渗透小学生生活的"增压器"，作为社区资源突出代表的场地资源在劳动教育过程中发挥着至关重要的作用。

1. 社区"天然劳动场地"

草坪、公园、绿化带、动植物园等社区自然环境资源都是劳动教育的"天然场地"，其在拉近学生与自然的距离的同时，还可以为学生提供养殖、播种、修剪、采摘、施肥等自然劳动的体验机会。"纸上得来终觉浅，绝知此事要躬行"，通过一系列因地制宜的实践活动使学生在感受自然、品味自然、拥抱自然中感悟劳动的价值。

2. 社区服务劳动场地

各类学校机构、科技城、文化站信息中心、老年人服务中心、垃圾分类区等公共服务设施场所都可以为学生提供就近体验志愿服务劳动的机会，这类服务性劳动不仅使其走向社会、接触社会、了解社会；还有效扩展了学校素质教育领域，使学生学会做人、学会做事，增强其社会责任感，让其身体力行感悟劳动与服务社会的关系，增强公共服务意识。

3. 社区综合活动基地

青少年活动中心、活动广场、博物馆、科技馆、少年宫等社区综合活动基地是开展特色主题劳动教育实践的重要支撑平台。借助这类场所资源开展劳动安全宣讲会、家政技能学习活动、手工艺传承活动等，不仅可以为小学生提供校外劳动实践活动的机会，提升小学生的劳动意识和技能；还可以充分发挥小学生聚集文化的特点，陶冶学生的劳动情操。

值得注意的是，社区劳动资源尚需进一步开发和利用。一方面，基层政府要充分发挥资源协调指导职能。以区域内小学为基点创建劳动教育实施方案，将社区建设成小型劳动教育体验中心，定期组织适宜小学生的社区活动，如“小小试验田”种植活动、“垃圾分类”宣传服务活动等，方便小学生进行日常劳动实践，使小学劳动教育真正落实到生活之中。另一方面，社区居委会要发挥资源组织协调的职能。立足本社区教育资源，加强与其他社区的沟通，① 横向联合各社区组织劳动教育知识竞赛、特色劳动实践联谊会等，在节约社区人力、物力的同时，有目的、有计划地实现劳动活动资源共享。

(二)社区劳动精神资源

社区劳动教育最重要的价值所在就是形成一种无形胜有形的影响，使小学生在不知不觉中感知劳动的重要性，形成正确的劳动价值观。而要营造这种“无形”的教育氛围，则需要开发且利用好社区各种可用于劳动教育的资源，充分利用社区单位和个人的力量，能够使劳动教育育人目标更好地实现。

1. 社区精神文化资源

社区劳动意识、社区劳动精神、社区劳动氛围、社区互助的伦理性规范等社区精神文化是劳动精神教育的宝贵资源。以社区内机构和设施为依托，借助社区广播站和宣传栏等媒介大力宣传社区先进劳动者的优秀事迹，特别是身边普通劳动者事迹，树立“劳动最光荣、劳动最崇高、劳动最伟大、劳动最美丽”的观念，充分发挥先进劳模的引领作用，营造良好的劳动精神氛围。

2. 同伴榜样精神资源

社区同伴效应会影响青少年的行为，② 要注重发挥社区同辈群体资源的优势。围绕劳动精神，树立多类型学生榜样，不仅有家务劳动小能手、志愿服务小少年等基本劳动模范。还要有劳动宣传小当家、科技创新小达人等智力劳动模范。借助社区同伴的榜样示范作用来激发和渲染小学劳动精神，从而创设劳动光荣、创造伟大的劳动氛围。

---

① 刘杼：《创建学习型社会背景下的社区教育资源共享问题研究》，载《继续教育研究》，2009(8)。

② 郑磊：《教育中的社区效应和同伴效应：方法、证据及政策启示》，载《教育学报》，2015(10)。

二、信息媒体资源

新发展需要新环境，新环境需要新宣传。在互联网普及率达 67.0%、手机网民规模达 99.2%的新时代背景下，① 要想进一步推进小学劳动教育，需要新时代各类信息媒体资源的大力宣传。

(一)新闻媒体资源

新闻媒体是传播知识信息、弘扬正能量的重要载体。通过新闻媒体资源广泛宣传并推动大众了解和认同劳动教育是什么、为什么要进行劳动教育等内容和本质，能够让家长、学校、企业等加强对劳动教育的关注，让劳动教育回归生活，重新焕发生机与活力。

1. 中央级新闻媒体资源

以《人民日报》《光明日报》、新华社、中央电视台、中央人民广播电台等为代表的中央级新闻媒体资源是小学劳动教育宣传的主力军，这类媒体资源围绕党政方针核心工作、重点工作做新闻宣传，具有极强的可信度。通过这类中央新闻媒体将小学劳动教育过程中各主体应知、应会、应做的教育内容传递出去，能做好小学劳动教育宣教工作，保障政策导向下劳动教育准确度和深度。

2. 地方级新闻媒体资源

以各省(自治区、直辖市)、各大中城市党报、电台和电视台的新闻综合频道等大型新闻网站为代表的国家重点区域性媒体资源是小学劳动教育宣传的方面军，这类媒体资源融合地方传播力扩展宣传力度，具有很强的公信性和宣传力。通过这类地方级新闻媒体扩大小学劳动教育宣传受众，能够明确各教育主体责任，保障信息媒体宣传的力度和广度。

3. 都市类媒体资源

一些都市晚报类、教育类、信息服务类等发行量较大的报刊或收听收视率较高的广播等媒体资源是小学劳动教育宣传的后备军，这类媒体资源具有一定品牌和影响力，可借助这类小众媒体资源的力量挖掘和整合实际生活中劳动教育素材，精挑细选好的劳动故事、劳动教育案例素材进行传播宣传，② 使家庭、企业、小学生自身等受到比较直观的感染和教育。

---

① 中国互联网络信息中心：《第 45 次〈中国互联网络发展状况统计报告〉》，见中国互联网络信息中心网站，2020 年 4 月 28 日。

② 江颖：《在新时代劳动教育中有效利用网络媒体探究》，载《才智》，2020(7)。

新闻媒体资源是体现并传播劳动价值观、宣传小学劳动教育的重要法宝，不仅具有极强的可信度，而且覆盖政府、学校、社会、家庭各类小学劳动教育参与主体，可以引起各界对小学劳动教育的关注，从而保障小学劳动教育的发展与落实。

(二)社交媒体资源

网络普及时代的社交媒体资源是明确各教育主体责任、宣传小学劳动教育内容和本质的生力军，它一般包括微博、微信、论坛等。

1. 分享式社交媒体

微博、知乎、微信公众号等分享式社交媒体具有很强的舆论传播力和影响力，可有效促进小学劳动教育宣传和动员，推进小学劳动主题下的教育经验分享。借助社交媒体资源的优势，将高质量的劳动教育相关内容进行宣传，营造全社会协同共进的劳动教育环境，使劳动教育资源得到最大化利用。

2. 互动式社交媒体

QQ、微信等互动式社交媒体资源主要围绕服务学生、家长和教师展开，家长和教师通过 QQ 群、微信群等社交媒体沟通劳动教育任务、进度等使家校劳动教育一体化，小学生也可借助社交媒体资源进行劳动主题讨论等。

三、实践基地资源

社会实践活动是连接学校教育与社会生活的重要组成部分，既有学校教育的属性，又有社会教育的属性。《国家中长期教育改革和发展规划纲要(2010—2020 年)》在关于体制改革的内容中提出要坚持教育教学与生产劳动、社会实践相结合，充分利用社会教育资源，开展各种课外及校外活动，加强中小学校外活动场所建设。① 作为社会实践活动重要场所的校外实践基地资源主要有公益劳动实践资源和主题劳动基地资源两种形式，小学通过梳理整合区域内劳动实践基地，根据小学生特点和需求做好社会联动，借助顶层设计、社会优秀人才和企业等优势建设和完善劳动实践基地，从而为小学劳动教育过程中的实践落实提供有效保障。

(一)公益劳动基地资源

社会公益劳动实践活动是培养学生劳动奉献精神和社会公德的重要途径，不仅可以帮助学生了解与服务社会，增强社会责任感与公德意识；还可以使学生感受到自身

① 中华人民共和国教育部：《国家中长期教育改革和发展规划纲要(2010—2020 年)》，见中华人民共和国教育部官网，2010 年 7 月 29 日。

劳动所带来的成果和反馈，形成劳动光荣、劳动伟大的价值观。

城乡社区、福利院、医院、博物馆、科技馆、图书馆等事业单位、社会机构和公共场所等服务性劳动基地资源等是重要的劳动体验平台，小学可借助工会、共青团、妇联等群团组织以及各类公益基金会、社会福利组织等相关力量，在这些服务性劳动基地搭建公益活动平台，共同引导和支持学生参与多样式公益劳动，如低年级学段开展垃圾清扫和分类活动，中高年级学段进行社区环保宣传等活动，借助多种公益平台培养小学生“劳动创造价值”的劳动服务观念。

(二)主题劳动基地资源

土地、山林、草场等学农实践基地和厂矿企业等学工实践基地也是小学生劳动体验的重要平台。小学可借助主题劳动实践基地的资源优势开展校外主题劳动实践，以学工学农劳动周、劳动研学旅行等教育形式集中带领小学生来劳动基地学习、体验生产生活劳动，与普通劳动者一起工作和生活，经历完整真实的劳动过程，突破教育世界与社会生活世界的隔阂，使其真正懂得“谁知盘中餐，粒粒皆辛苦”和“劳动辛苦、劳动光荣、劳动伟大”等劳动精神理念。

值得注意的是，校外实践基地要注意因地制宜，根据各地区在自然、经济、文化等方面的条件，充分挖掘可利用资源，宜农则农，宜工则工，宜商则商①，发挥区域基地资源优势在小学劳动教育过程中的支持作用。

四、社会企业资源

校企合作是职业教育有效的育人模式，作为职业教育基础版的劳动教育，借助企业资源的优势可以拥有更多的劳动教育场所，使小学生真正与普通劳动者一起劳动。《意见》也明确指出，“各级政府部门要积极协调和引导企业公司、工厂农场等组织履行社会责任，开放实践场所，使学生与普通劳动者一起经历劳动过程”②，在亲身劳作过程中培养学生符合时代特征的劳动观、职业观与价值观。

(一)企业实践平台资源

小学劳动教育的优质发展，离不开企业平台的支持和配合。以未来小学生的个性需要和社会要求为基础，充分发挥企业内部物质实践资源和精神资源的优势，使小学生手脑结合，劳教结合，以充足的企业实践平台资源支撑和保障劳动育人目标的实现。

---

① 《中共中央国务院关于全面加强新时代大中小学劳动教育的意见》，见中国政府网，2020 年 3 月 20 日。
② 同上。

1. 企业精神平台资源

在精神层面上，企业可以通过各类激励措施调动企业人员参与劳动的积极性，从而营造崇尚劳动和“劳动创造美好生活”的精神氛围，进而使企业人员以身作则，为他们的孩子或周边小孩树立劳模榜样，发挥企业人力资源的优势，在提高社会对劳动教育的重视程度的同时调动小学生参与劳动教育的积极性。

2. 企业物质平台资源

在物质层面上，企业可以为小学劳动教育提供必要的劳动场所、设备甚至资金支持，给学生打造更为多样的劳动实践平台。比如在德国，企业实习是劳动教育实施的有效途径之一，企业根据劳动教育目标的具体要求，为不同需求、不同程度的学生提供见习考察、实践操作的机会，通过在农业、工业制造、信息技术和餐饮服务业等企业部门观摩实习，最大限度地调动学生亲身参与劳动的积极性，在此基础上也可获得真实的职业体验。①

(二)高新企业科技资源

高新企业科技资源是现代科技条件下劳动实践新形态、新方式的创新来源。随着网络化、智能化时代的到来，数字劳动、网络劳动、非物质劳动逐渐成为小学劳动教育中的主题，② 未来已来，人工智能时代的劳动教育不应仅仅局限于过去的扫地、擦桌子、种菜等，科技体验开阔思维、科技劳动等科技创新智力劳动、“智慧生活”劳动也属于小学劳动教育的目标之一。

随着劳动概念、内涵、方式等的不断转变，高新企业在小学劳动教育过程中的作用会愈益凸显，小学可依托高新企业科技创新创造的资源优势，带小学生亲身体验科学研究、技术创新、产品研发、成果转化等过程。通过为小学生提供劳动实践“前景教育”，“运用已有前途，逐渐代之以更有价值的前途”③，让学生体验科技创新精神，感悟智力劳动的价值和魅力，不断完善自身劳动能力，成为具备时代特色的社会主义建设者和接班人。

(三)职业体验教育资源

基于劳动教育体验，小学也可借此机会对学生进行职业启蒙教育。美国将每年的4月22日设为“带孩子上班日”(Take Kids To Work Day)，在这一天，大多数企业会为

① 任平、贺阳：《从“劳作学校”到“普职融合”：德国劳动教育课程建设的价值嬗变、特征与启示》，载《全球教育展望》，2020(10)。

② 薛峰、何云峰：《科技进步、人工智能与劳动发展——第四届劳动人权马克思主义论坛关于科技与劳动发展关系的学术讨论综述》，载《内蒙古社会科学》，2020(2)。

③ 何国华、燕国材：《马卡连柯教育思想研究》，第179—180页，长沙，湖南教育出版社，1986。

员工子女安排特定的劳动体验场所和项目，让孩子了解父母职业的同时亲身体验劳动的价值和意义。[①] 小学可借助各类企业资源，在合适的情况下开展"职业劳动日"，用现场职业体验替代知识灌输，使学生了解人与职业、职业与社会、学习与职业的关系，基于初步的职业启蒙来规划劳动教育思路，从而进行职业目标定向的劳动教育。

第四节
小学劳动教育资源的协同机制

劳动教育资源丰富且各具特色，新时代小学劳动教育需以小学主体为核心，协同职业院校、高等院校进行劳动教育资源整合共享，同时学校、家庭、社会三大主体间实现资源协同共育，通过各类资源整合构建劳动教育共享共育机制，发挥劳动教育资源整体最大化优势，保障小学劳动教育的优化开展。

一、"一体两翼"学校间开放共享机制

学校资源整合是促进小学劳动教育发展的有效方法和途径，小学可联合职校、高校等劳动教育主体，通过劳动教育学校资源的需求整合，探索适合于动态发展环境中的劳动教育方式，建立"小学为体，职校、高校为两翼"的实施路径，打造更具时代性和独特性的劳动教育新机制。

（一）明确劳动教育资源需求

小学劳动教育资源整合须明确劳动教育需求的内容和重点，这是有计划、有步骤地做好劳动教育的前提。学校资源主要分为教材、师资、课程、场地等人财物资源以及工匠精神、校园文化等隐性资源。[②] 在小学现有劳动资源优化的基础上融合职业院校、高等院校的资源，进行劳动教育课程、师资、信息等的整合和重组，发挥各资源的最大功能，提高资源利用率。

（二）落实教育资源整合路径

小学劳动教育资源整合须要因地制宜落实资源整合实施路径，这是劳动教育有效

---

① Moore M G. *Thinking About Careers in Middle School*, Educational Leadership, No. 6, 2011, p. 137—159.

② 余文森、殷世东：《新时代中小学劳动教育的内涵、类型与实施策略》，载《全球教育展望》，2020(10)。

实施的落脚点。目前，基础教育优质资源整合方式主要有“学区制”“校区制”“集群化”“集团化”“托管式办学”和“学校联盟”等，[①] 小学劳动教育也可以通过区域内学校“组团化”发展，将优质劳动教育资源进行区域辐射，小学为体，职校、高校为两翼，建立健全“一体两翼”开放共享机制。

(三)统筹劳动资源协调体系

小学劳动教育资源整合须统筹协调体系，加强对劳动教育的指导，明确小学劳动教育实施主体和各级各类学校协同责任，努力做到小学劳动教育“六大落实”，即教材落实、课时落实，师资落实，场地落实，管理落实、评价落实。选择适切的劳动内容，[②] 在“一体两翼”基础上开好劳动教育，培养德智体美劳全面发展的社会主义建设者和接班人。

二、“三位一体”全方位资源共育机制

在劳动教育过程中，学校起主导作用，家庭起基础作用，社会起支持作用，小学要整体协调学校、家庭和社会的劳动教育资源，建立健全“三位一体”资源协同实施机制，形成共育合力，才能够切实而有效地保证劳动教育的效果。

(一)发挥三方劳动教育角色

1. 学校在劳动教育中发挥主导作用

小学要发挥在劳动教育中的主导作用，切实承担劳动教育主体责任，以教材资源为载体，以课程资源为抓手，以教师资源为依托，以场地资源为助推，以信息资源为平台，借助职业院校和高等院校等校际资源“双师型教师”、专业课程、实训场地、科研创新等各类资源优势，采取灵活多样形式开足开齐开好劳动教育课程和实践活动，激发学生劳动的内在需求和动力。

2. 家庭在劳动教育中发挥基础作用

家庭要发挥在小学劳动教育中的基础作用。小学要借助家长劳动态度资源和家规家风家训等精神资源以及亲子交流等互动活动言传身教，潜移默化，抓住衣食住行等日常生活中的劳动实践机会，鼓励孩子自觉参与、自己动手，培养爱劳动的好习惯；另外小学可以借助家长会、家长委员会、家校网络平台等线上线下资源进行家校沟通，引导家长树立正确的劳动观，明确家长的劳动教育责任，让家长在小学指导作用下主

---

① 张祥兰：《优质资源整合背景下多校区学校文化协同发展探析》，载《当代教育科学》，2015(1)。

② 张熙、袁玉芝、李海波：《劳动教育的国际经验及其启示》，载《教学与管理》，2019(4)。

动引导和督促孩子完成家庭劳动任务，每年有针对性地学会1～2项生活技能。

3. 社会在劳动教育中发挥支持作用

社会要发挥在劳动教育中的支持作用。小学要协同各级政府部门积极协调和引导社区、信息媒体、企业公司、实践活动基地等各类组织资源履行社会责任，协助小学进行劳动教育宣传，为小学生深入城乡社区、学工学农实践基地、工厂企业或高新企业参加生活劳动、生产性劳动或志愿服务劳动等提供设备场地及精神资源的支持。

(二)“三位一体”协同保障

为保障“三位一体”劳动教育资源协同机制的有效落实，政府、学校、家庭、社会要共同参与，多方面保障小学劳动教育的顺利实施。

1. 政府政策、经费保障

各级政府要加强组织领导，出台相关政策措施明确小学劳动教育的目标、内容、关键环节、各教育主体责任和督导激励保障机制；健全经费投入机制，小学要统筹中央补助资金和自有财力，多种形式筹措资金来开展劳动教育；强化师生安全保障机制，建立健全安全教育与管理并重的劳动安全保障与应急处理，建立健全劳动教育风险分散体系，明确各方责任，防患于未然。

2. 家校社三方资源保障

劳动教育作为一种与人的日常生活劳动、生产劳动和服务性劳动等多方面劳动结合的教育活动，贯穿在小学全学段，贯穿家庭、学校、社会全方位。家校社三方要充分发挥各方资源的优势，家庭劳动教育要日常化，学校劳动教育要规范化，社会劳动教育要多样化，实现校内外联动，进行教育主体对接、活动对接、信息对接、反馈对接，在各方资源整合共享过程中为小学劳动教育提供支持和保障。

本章小结

小学要充分发挥学校资源在劳动教育中的主导性作用，家庭资源在劳动教育中的基础性作用，社会资源在劳动教育中的支持性作用。小学劳动教育资源的有效利用，最为关键的是要协同各方教育资源，以小学为核心，协同职业院校、高等院校进行劳动教育资源整合共享，同时学校、家庭、社会三大主体间实现资源协同共育，通过各类资源整合构建劳动教育共享共育机制，发挥劳动教育资源整体最大化优势，保障小学劳动教育的优化开展。

章后练习

1. 劳动资源与劳动教育资源的区别与联系是什么？
2. 劳动教育资源的类型可以从哪些维度划分？
3. 劳动教育资源的价值意蕴有哪些？
4. 谈一谈职业院校参与小学劳动教育资源供应的优势以及资源供应路径。
5. 小学如何立足于现有校内资源来整合其他优势资源？

拓展阅读

1. 陈鹏．职业院校：中小学劳动教育的助推器．中国教育报，2019-03-05。
2. 檀传宝．你不知道的劳动世界[M]．北京：中国劳动社会保障出版社，2020.
3. 符全胜，朝鲁，马丽．共生视角下德国职业教育资源整合实践及启示[J]．中国远程教育，2020(10).
4. 黄丽蓉，班建武．劳动教育资源开发的目标审视[J]．教育科学研究，2020(10).
5. 马萍．以完善公共服务平台推进教育资源共享[J]．人民论坛，2020(14).
6. 程新辉．妙用劳动教育资源[J]．思想政治课教学，2020(04).
7. 郝志军，哈斯朝勒．家庭、学校、社会协同是推进劳动教育的根本渠道和途径[J]．人民教育，2020(08).
8. 王乐，涂艳国．场馆教育引论[J]．教育研究，2015，36(04).

第九章

小学劳动教育的师资建设

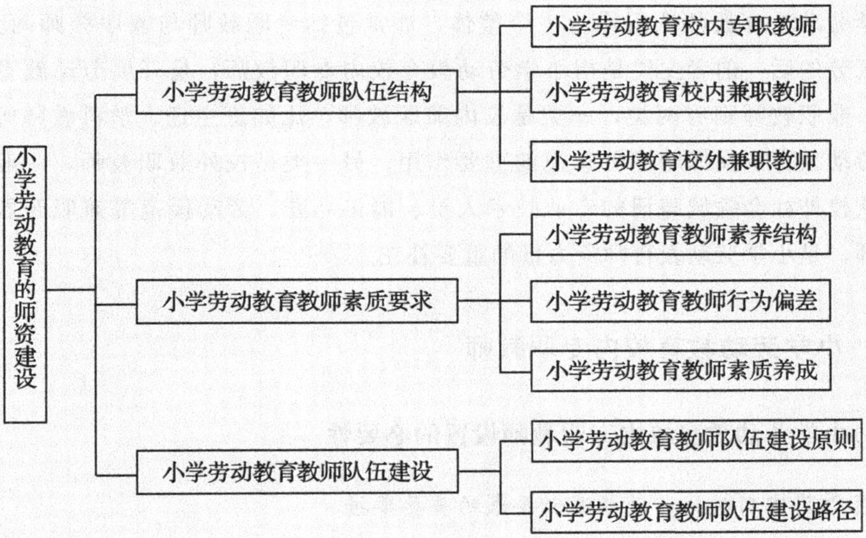

章前导语

新时代小学劳动教育的开展离不开劳动教育教师队伍建设，教师队伍建设水平是劳动教育质量的重要保障。小学劳动教育教师队伍从类别上看，主要包括校内专职教师、校内兼职教师、校外兼职教师。小学劳动教育教师的素质能力决定着其开展劳动教育的水平与质量。小学劳动教育教师行为异化是劳动教育实践中的现实问题，化解这种状态将有助于小学劳动教育教师教育行为走向合理化。

第一节 小学劳动教育教师队伍结构

小学劳动教育教师队伍作为一个整体，通常包括专职教师与兼职教师两大类别。进一步区分的话，前者主要是指小学劳动教育校内专职教师，是开展劳动教育主要师资力量。兼职教师则有两类，一类是校内兼职教师，比如班主任、学科教师等，他们在小学劳动教育中发挥着不可忽视的重要作用；另一类是校外兼职教师，一般是指小学学校从校外社会领域聘请的专业技术人员、能工巧匠、劳动模范等兼职开展劳动教育的教师，是小学劳动教育师资力量的重要补充。

一、小学劳动教育校内专职教师

（一）小学劳动教育校内专职教师设置的必要性

1. 贯彻落实新时代劳动教育新要求的重要举措

中共中央国务院《关于全面加强新时代大中小学劳动教育的意见》的颁布为新时代小学阶段的劳动教育指明了方向。劳动教育开展得如何，在很大程度上是由教师来决定的。特别是在全面系统开展劳动教育的前提下，仅仅依靠兼职劳动教育教师，无法满足劳动教育的新需求，配备足够数量、高质量的专职劳动教育教师是提升劳动教育质量的重要举措，《意见》指出要“多举措加强人才队伍建设。采取多种措施，建立专兼职相结合的劳动教育师资队伍。根据学校劳动教育需要，为学校配备必要的专任教师。”这一规定明确了小学设置专职劳动教育教师的重要性与必要性。未来引入更多高素质、高水平的劳动教育专职教师，是小学劳动教育高质量开展的关键一环。

2. 改变劳动教育教师供给不足状况的迫切要求

中共中央国务院《关于全面加强新时代大中小学劳动教育的意见》的颁布从国家层面对劳动教育的开展进行了顶层设计，但具体落实仍会遇到一些现实的困难。从教师供给侧来看，小学劳动教育专职教师的教师供给不足、数量有限是当前面临的一大难题。长期以来，小学劳动教育教师主要以兼职教师形式存在，总体来看，兼职教师由于本身缺乏系统化、专业化培训，导致劳动教育的质量不能得到有效保障。因此，小学劳动教育急需足够规模与质量的专职教师队伍。从专职教师队伍的稳定供给角度看，相关师范院校应该在培养劳动教育教师方面发挥重要作用。《意见》中明确指出"有条件的师范院校开设劳动教育相关专业"。未来应该在普通高等学校本科专业目录中考虑独立设置劳动教育专业并作出有效说明。院校层面，则需要进一步明确、开发劳动教育相关专业课程体系，为劳动教育教师培养培训提供优质平台，确保小学劳动教育专职教师的稳定供给。

3. 提升劳动教育教师队伍结构稳定性的现实需求

长期以来，我国小学劳动教育教师队伍结构失衡问题比较突出，主要表现为兼职教师过多、师资城乡差距大、教师高学历偏少、职称偏低、年龄偏大。小学劳动教育教师的社会认知度相对较低、发展空间不明、晋升机会有限。导致小学劳动教育教师结构稳定性不足，流出率较高。① 新时代小学劳动教育教师队伍结构的稳定依赖于劳动教育专职教师的规模与质量，也需要相关政策倾斜，以提升小学劳动教育教师的社会地位，拓宽晋升通道。

(二)小学劳动教育校内专职教师的角色定位

1. 人之劳动本质的"激发者"

劳动是人的本质力量外化的重要体现，是人之生存最基本、最典型的行为活动，是人与动物相区别的显著标志，是人获得自由全面发展的重要前提条件。人的劳动本质不仅仅在现实生产生活实践中能够得以体现，在劳动教育领域同样能够予以揭示，因为劳动教育把劳动作为教育的主要对象与内容，能够将劳动的价值予以最集中的呈现。劳动教育教师，特别是专职教师的一个重要的角色使命就是通过直接组织与开展小学劳动教育，激发小学生的劳动意识、劳动精神，让其感受到劳动之于个体自我的本质力量。习近平总书记强调"要在学生中弘扬劳动精神，教育引导学生崇尚劳动、尊重劳动，懂得劳动最光荣、劳动最崇高、劳动最伟大、劳动最美丽的道理，长大后能够辛勤劳动、诚实劳动、创造性劳动。"小学劳动教育专职教师在教育过程中，可以从

---

① 刘军豪：《新时代中小学劳动教育师资队伍建设的困境与突破》，载《河南科技学院学报》，2020(10)。

不同层面来激发学生体认自身的劳动。从劳动价值观层面，激发学生热爱劳动、尊重劳动的积极态度以及勤劳、诚实的劳动精神。促进学生对劳动的光荣性的认知与理解。从实践行为层面，培养学生的劳动能力。

2. *劳动精神的引领者*

劳动精神作为一种无形力量是人类个体从事劳动活动的引擎与内动力。在劳动教育领域，劳动精神培养的意义与价值在一定程度上甚于劳动行为及其劳动能力本身，因为劳动行为以及劳动能力是可以随着具体劳动实践经验的积累而不断增长的，但劳动精神的养成，也需要持续的时间孕育，并不会轻易地形成，也需要他人的引领与激发。在劳动精神的培育与引领方面，小学劳动教育专职教师肩负着重要的角色使命。对于小学生来讲，严格意义上看，参与劳动实践活动的范围与程度是有限的，其劳动实践能力处于初步形成阶段，但其劳动精神的养成却处于一个非常重要的时期。小学生在接触劳动、从事劳动的初始阶段能否形成积极而健康的劳动情感、劳动态度、劳动价值观等，决定着其未来劳动实践的可持续性。小学劳动教育专职教师作为劳动精神引领者，可以体现在两方面，一是教师自身要在教育教学过程中具备劳动精神，并发挥其示范性与榜样性作用；二是引导小学生在劳动学习过程有意识地养成劳动态度、劳动毅力、劳动情感等劳动精神。

3. *劳动教育课程内容的开发者*

劳动教育究竟应该教什么？学生应该学什么？这是关系到劳动教育课程内容的基础性问题。中共中央国务院《关于全面加强新时代大中小学劳动教育的意见》指出了劳动教育课程内容的总要求：“根据教育目标，针对不同学段、类型学生特点，以日常生活劳动、生产劳动和服务性劳动为主要内容开展劳动教育。结合产业新业态、劳动新形态，注重选择新型服务性劳动的内容。”这为不同层级教育劳动教育课程内容的确立指明了方向。教育部印发的《大中小学劳动教育指导纲要(试行)》则对小学阶段劳动教育课程内容予以更为明确的规定：“低年级：以个人生活起居为主要内容，开展劳动教育，注重培养劳动意识和劳动安全意识，使学生懂得人人都要劳动，感知劳动乐趣，爱惜劳动成果。中高年级：以校园劳动和家庭劳动为主要内容开展劳动教育，体会劳动光荣，尊重普通劳动者，初步养成热爱劳动、热爱生活的态度。”

小学劳动教育如何按照中央文件的总体要求，科学合理地、具体地开发劳动教育课程内容、设置劳动教育课程体系是对小学劳动教育提出的关键性问题。这其中专职劳动教育教师的主体角色需要得到充分体现。小学劳动教育专职教师需要转变自身的角色定位，从单纯的教学执行者向课程内容开发者转变。小学劳动教育专职教师与教育对象学生有更直接的接触、对学生有着全面的了解，更了解学生的劳动需求。他们在政策要求与现实需求之间的结合层面最具发言权。肩负着准确把握劳动教育课程内容的任务，并将其与小学劳动教育的现实条件、小学生接受劳动教育的特殊生理、心理以及行为特点进行有机融合的使命。劳动教育课程开发能力的不断提升，也能够为教师自身的劳动教育实践提供理论保障，为学校整体劳动教育开展奠定课程内容基础。

4. 学生劳动素养水平的主要评价者

劳动素养水平评价是劳动教育实施效果的重要衡量手段，是监测劳动教育质量的重要途径。《大中小学劳动教育指导纲要(试行)》指出，“将劳动素养纳入学生综合素质评价体系。以劳动教育目标、内容要求为依据，将过程性评价和结果性评价结合起来，健全和完善学生劳动素养评价标准、程序和方法，鼓励、支持各地利用大数据、云平台、物联网等现代信息技术手段，开展劳动教育过程监测与即时评价，发挥评价的育人导向和反馈改进功能”。小学劳动教育专职教师是小学生劳动素养水平的主要评价者。一方面他们是小学劳动教育在“教”的层面的主要实施者，另一方面他们又是参与到学生劳动过程的观察者、陪伴者与学习者。这要求小学劳动教育专职教师必须结合自身的多维角色需求开展学生劳动素养水平评价，要结合教育实际，将反映学生劳动素养水平的定性与定量信息数据进行综合分析，科学合理地设置评价标准。既要通过开展终结性评价来把握学生的阶段性劳动素养水平，又要通过开展过程性评价来衡量学生劳动素养的持续养成情况。

二、小学劳动教育校内兼职教师

(一)小学劳动教育校内兼职教师设置的必要性

1. 贯彻国家政策的必然行动

小学劳动教育兼职教师除了一般意义上的校外兼职教师外，还有校内兼职教师，包括班主任、学科教师等，他们在劳动教育过程中发挥着重要作用。国家政策层面针对校内兼职教师队伍建设也提出了相关要求。《大中小学劳动教育指导纲要(试行)》指出：“要充分发挥教职员工特别是班主任、辅导员、导师的作用，利用少先队、共青团、党组织以及学生社团等各方面的力量，合力开展劳动教育实践活动。”对于小学劳动教育来讲，班主任的作用是无可替代的。班主任可以凭借自身的角色定位，有效统筹与整合教育资源，将劳动教育融合进班级管理的过程中，通过主动示范、氛围营造、环境创设、校内外结合等途径促进劳动教育的开展。《纲要(试行)》强调“在学科专业中有机渗透劳动教育”，这在客观上要求道德与法治、语文、历史、艺术与数学、科学、地理、技术、体育与健康等不同学科教师可以根据学科自身特点，融入特定劳动观念、劳动态度、劳动精神、劳动内容，以促进小学生学科素养与劳动素养的融合发展。

2. 充实劳动教育教师队伍的需要

劳动教育的开展并不是开设了专门劳动教育课程，配备了劳动教育专职教师就可以独立解决的问题，必须在开展专门劳动教育的同时，通过多种途径、多种方式，有机融入班级管理、学科教学等教育环节，实现劳动教育的全覆盖。对于班主任以及学科教师来讲，劳动教育也是其教育职责的重要维度。他们开展劳动教育是对专门劳动教育的重要补充，是小学劳动教育避免教育过程狭隘化、封闭化的内在本质需求。只有将班主任以及学科教师的力量充分调动起来，将劳动教育渗透在班级管理与学科教学的过程中，劳动教育实施的全面性与整体性才能得到根本保证。可见，班主任、学科教师作为小学劳动教育校内兼职教师，可以配合、协助校内专职教师与校外兼职教师共同完成好劳动教育任务，他们是充实小学劳动教育教师队伍不可缺少的力量。

3. *五育融合的内在需要*

从总体上看，劳动教育是德智体美劳全面教育的一个重要组成部分，与其他教育环节和内容是统一的有机整体。劳动教育必须与德育、智育、体育、美育充分融合，才能培养全面发展的人。中共中央 国务院《关于全面加强新时代大中小学劳动教育的意见》指出劳动教育要“与德育、智育、体育、美育相融合，紧密结合经济社会发展变化和学生生活实际”。如何实现五育融合？这是一个关系到学生能否全面发展的关键性问题。小学劳动教育校内专职教师与校外兼职教师，在促进劳动育人价值实现方面，发挥着主要作用。在促进劳动教育与德育、智育、体育、美育融合方面，需要校内兼职教师的协助与帮助。班主任、学科教师可以凭借自身在班级管理、学科知识教学上的主体优势，通过多种形式、多种途径将劳动教育融入德育、智育、体育、美育之中，从而实现德智体美劳综合育人。

(二)小学劳动教育校内兼职教师的角色定位

1. *劳动氛围与环境的创设者*

班主任可以在班级管理过程中营造良好的劳动氛围，使小学生在潜移默化中接受劳动教育，从而对小学生劳动素养的培养产生积极的促进作用。比如通过班级的大扫除活动，让所有学生参与到劳动活动过程中。教师可以在班级中设计关于劳动教育的黑板报及专栏，为学生营造热爱劳动的班级氛围，并且发挥其组织者的作用，积极地在班级中开展关于劳动的活动，通过活动竞赛选取“劳动能手”，以调动学生的参与主动性和积极性。

除营造良好的校园劳动氛围外，班主任或学科教师可在班级中为学生创设劳动情境，使学生积极参与到劳动教学的过程中。例如，教师可以在教学劳动知识的过程中，给学生布置关于劳动教育的家庭作业，如“帮父母分担家务”“整理房间”“种植小植物”“厨房小助手”等。教师可在平时仔细观察班级学生的行为，把文明或不文明现象拍摄下来。及时表扬主动劳动、热爱劳动的学生，让他们感到自豪的同时也可激励其他学生参与到主动劳动的队伍中去。当学生们发现这些看上去细小的事情其实一直发生在自己的身边，自己的一个小动作会给他人、班级、学校乃至整个社会带来影响，便能增强他们的劳动意识。之后让每个学生身体力行地劳动起来，除了每周五的午间劳动，在每节课的课间及每天中午都让他们从身边的小事做起，捡起地面垃圾、擦拭自己的课桌椅、整理自己的书架等。

2. 劳动行为示范者与劳动观念启发者

坚持一个“主动示范”好习惯，展现日常劳动的服务状况，呈现劳动带来的快乐效果，提高劳动教育的感染指数，如此，教师才是劳动教育自然的“启蒙教材”。首先要擦亮教师劳动服务的“示范镜面”。在校园生活中，时时处处都可以看到教师们热爱劳动的场景，为充分挖掘其示范引领价值，学校可以运用校园网、显示屏、校报校刊、文化橱窗等阵地生动呈现；也可以定期开展劳动主题活动，或开展征文展评，或举行绘画比赛，让学生从教师身上深入感受劳动的价值，“唤醒”学生自觉参加劳动的热情。其次要丰富教师劳动技艺的平台与机会。教师可在示范、启发、引导的教学过程中轻松自如地展示自己的劳动技艺，不错过向学生展现“劳动创造美”的机会；学生劳动比赛中，教师还可即兴一展身手，在烘托活动气氛的同时也向学生传递“劳动最快乐”的理念。最后教师应及时根据学生具体情况对学生的劳动行为进行规范与评价。由于所处的生活环境有很大的差异性，学生的劳动观念不尽相同，教师要根据学生的差异性与特点来为学生布置劳动任务，而劳动任务的设置要符合学生的年龄特点，让学生做力所能及的事情，如捡起身边的垃圾、整理房间等。

3. 学科教学与劳动教育融合的实践者

普通学校都承担着沉重的升学压力，要全面专门开展劳动教育并不现实。但在平时教学活动中，可以把劳动教育渗透到各学科教学之中，让科任教师成为兼职劳动教育教师。首先，提高学科教师对劳动教育重要性的认识。无论从政策层面，还是从社会现状来看，在中小学生中大力开展劳动教育都是势在必行。因此，学校学科教师对劳动教育的重视程度将直接影响到劳动教育的成效。必须让学科教师意识到，开展劳动教育并不是增加教师教学工作负担，而是能更有效地促进学科教学。因此，学科教师要将劳动教育融入学生日常的学习和生活，在社会实践、校园文化、家庭教育中积极探索和开展劳动教育，这样也能较快、较好地促进教师职业素养提升和学生素质全面发展。

4. 家校劳动教育的协调者

搭建“全面协作”的一个好平台，激活良好家风的潜移默化作用，链接校园内外的主题平台，丰富劳动教育的体验过程，如此，教师才能是劳动教育鲜活的“拓展教材”。首先要凸显家校互动中的指导者身份。教师应积极指导家长与学校同步开展好劳动教育，转变家长的劳动教育观念，向家长普及劳动教育的基础知识和基本技能技巧，使家长尽快成为劳动教育的实践者和协助者；对学生劳动实践细节进行精心指导和规范，真正让家校同步形成良好氛围，引导家长有计划、有步骤地指导孩子参与家务劳动。其次要激活课外实践中的主题资源。在校内外大型活动中和特别区域创设一些“主题岗位”，教师通过竞聘、奖励等方式推出“上岗劳动者”，或者安排学生采访校园内外平凡岗位的劳动者，了解他们的岗位职责，感受他们为了身边人的生活方便所付出的辛勤劳作；引导学生深入社区开展志愿劳动，在班级里、家庭中主动承担一些力所能及的劳动任务；利用不同节日创设“实践主题”，按照年龄开展整理衣物、环境打扫、钉纽扣、酱菜制作等不同劳动竞赛活动；邀请附近社区的劳模开展专题讲座丰富“人物主题”，从不同的事迹中感受劳模精神……擦亮各种主题实践中的劳动精神，引导学生学习岗位本领，懂得劳动不易、劳动光荣。

此外，教师如果想更好地帮助学生培养劳动素养，就要获得家长的帮助与支持，在学校与家庭双管齐下的作用下，对学生进行劳动教育。在传统的教育理念中，家长往往只重视学生的学习成绩与学习水平，认为只要学习好就行，所以一切家务都由家长承担，致使有的学生较为娇气。教师作为学生学习的引导者，应在与家长的交流中帮助家长树立良好的劳动观念，改变家长传统的教育理念，让家长意识到劳动教育的重要性。在学生参与家庭劳动的过程中，家长要有耐心、爱心、责任心地对学生进行劳动教育，培养学生的想象力与创造力，让学生自己布置房间物品，培养学生收拾房间的良好习惯，使学生在劳动教育中感受快乐。除此之外，家长可以在劳动过程中传授学生劳动技巧，帮助学生尽快进入劳动角色，并要以身作则，为学生作出劳动的示范，使学生在劳动过程中培养自信心，改变懒惰的不良习惯，培养学生主动帮助父母分担家务的意识，让学生由被动劳动转化为主动劳动。

三、小学劳动教育校外兼职教师

(一)小学劳动教育校外兼职教师设置的必要性

1. 落实国家政策的必要举措

小学劳动教育兼职教师是劳动教育教师队伍的重要组成部分，是对劳动教育专职教师的重要补充。国家政策对劳动教育兼职教师有明确的规定。中共中央国务院《关于全面加强新时代大中小学劳动教育的意见》指出：“小学劳动教育采取多种措施，建立专兼职相结合的劳动教育师资队伍……设立劳模工作室、技能大师工作室、荣誉教师岗位等，聘请相关行业专业人士担任劳动实践指导教师”。小学劳动教育兼职教师的地位并不会伴随专职教师队伍的建设而有所减弱，相反从劳动教育教师队伍结构的整体性以及劳动教育的内在特点而言，劳动教育兼职教师队伍的作用是不可替代的。

2. *劳动教育特性的必然要求*

劳动教育内涵广泛而丰富，包括劳动观念、劳动态度、劳动意志、劳动精神、劳动能力等。劳动教育体系也是一个开放性体系，能够与小学的学科教育体系、职业院校的专业教育体系、行业企业的实践体系进行对接与结合。劳动教育专职教师主要提供系统化和相对稳定的有关劳动观念、劳动态度、劳动意志、劳动精神的培育以及基础性劳动实践能力的培养。而劳动教育校外兼职教师则能够提供来自劳动世界一线的实践经验与成果，扩充劳动教育内容的实践性与前沿性，从而保障劳动教育内容能够反映新时代劳动一线的现实状况与实践需求。如果缺少这部分内容，小学劳动教育内容将被极大窄化，同时整个体系也将变得孤立与封闭，不利于小学劳动教育的整体开展。因此，小学劳动教育兼职教师之于劳动教育整体而言并不是可有可无的机械补充，而是劳动教育的必然要求。

(二)小学劳动教育校外兼职教师的角色定位

1. *劳动实践经验的传播者*

劳动教育校外兼职教师是对劳动教育校内专职和兼职教师队伍的有力补充。劳动教育校外兼职教师相较于校内教师，主要来自各行业劳动前沿与一线，他们更了解工作世界的真实情况，他们具备更丰富的劳动实践经验，也取得了更多的劳动成就。小学劳动教育也应该更多吸纳社会力量，聘任行业人员、劳动模范、技能大师等作为劳动实践导师，将其丰富的劳动实践经验融入小学劳动教育教学过程，充分发挥好劳动实践经验传播者这一角色功能。

2. *劳动实践活动的设计者*

劳动实践环节是小学生劳动意识、劳动态度、劳动精神、劳动能力得以综合孕育的重要途径，是劳动教育目标得以实现的重要保障。小学劳动教育校外兼职教师往往拥有更多与劳动教育相关的社会资源、具备丰富的劳动实践经验，了解劳动实践的运行规律，因此他们在劳动实践活动方面拥有更开阔的视野、更强的行动能力。小学劳动教育校外兼职教师在做好劳动实践经验传播者的这一角色的同时，也应该积极参与到劳动实践活动的设计当中。在配合专职教师做好常规劳动教育的同时，依照教育目标，统筹校内校外资源，综合设计劳动实践环节。

3. *学生劳动素养水平的重要评价者*

小学劳动素养水平的评价是一项综合评价。一般而言，在小学劳动教育过程中，专职教师与学生有更多接触，对学生在劳动教育过程中的表现有更深的认识与了解，能够根据学生常态化、系统化的表现数据开展评价，他们是学生劳动素养水平的主要评价者。相比校内教师，校外兼职教师虽然与学生的接触时间相对有限，但从劳动教育内容来看，特别是劳动教育实践环节是学生劳动素养养成的重要途径，他们在此过程会对学生的劳动实践素养有更准确、更全面的把握，对学生劳动素养水平的评价也更具特色性与实践性，是小学生劳动素养水平的重要评价者。

第二节 小学劳动教育教师素质要求

小学劳动教育开展质量水平与小学劳动教育教师的素质能力水平有着直接紧密的关系。小学劳动教育教师素质结构包括多个维度，它们的侧重点有所不同，虽然相互独立但又彼此联系，共同构成了小学劳动教育教师素质框架。小学劳动教育教师行为异化问题呈现在教师劳动教育实践过程中，此类问题的消解将有助于提升小学劳动教育教师劳动教育信念与教育能力。

一、小学劳动教育教师素养结构

(一)教师职业道德

小学劳动教育教师首先要具备教师的基本职业道德。坚持立德树人，增进对中国特色社会主义的思想认同、政治认同、理论认同和情感认同。要遵守法律法规，贯彻党的教育方针。遵守职业学校教师职业道德规范，具有依法执教意识，立志成为有理想信念、有道德情操、有扎实学识、有仁爱之心的好老师。要认同教师工作的意义和专业性，具有积极的情感、端正的态度、正确的价值观，具有人文底蕴和科学精神，尊重学生人格，要富有爱心、耐心，做学生锤炼品格、学习知识、创新思维、奉献祖国的引路人。

(二)劳动教育信念

信念是行动的基石。小学劳动教育专兼职教师要具备坚定的劳动教育信念才能真正推进劳动教育的实施。所谓劳动教育信念是指对人之劳动本质的体认、对劳动价值以及劳动育人价值的确证、对劳动育人能力的信心。小学劳动教育教师要通过理论探究与实践探索，深刻领会劳动之于人类生存与发展的本质意义，通过自身亲自劳动以及指导学生劳动，体认劳动的本体价值以及劳动育人的教育价值。通过不断地学习与培训，提升自身专业化水平，不断树立自身劳动育人能力的信心。

(三)“双师型”素养

这里的“双师型”不完全等同于职教领域的“双师型”概念，其更强调小学劳动教育教师在劳动教育领域的“双师”素养，即不仅具备劳动理论以及劳动教育知识，而且具备较强的劳动实践能力与劳动实践教育能力。“双师型”教师素养要求教师自身首先具备较强劳动实践能力，能够给予学生良好的劳动示范，然后要精通与劳动相关的理论知识，同时能够结合理论知识与教育教学需求，有效地进行劳动教育目标设计、课程教学组织与学生劳动素养评价。教师能将劳动知识、能力、态度、精神融合于劳动教育教学过程中，使学生获得综合的劳动素养。

(四)劳动课程开发能力

小学劳动教育教师的课程开发能力包括三个方面，即课程标准解读能力、教材开发能力与教学资源设计能力。课程标准解读能力要求教师全面、透彻地理解劳动教育人才培养目标与课程体系设计思路，明确劳动教育课程在整个课程体系中的地位，整体了解其所涉及的理论知识体系，尤其是劳动实践知识体系，进而准确把握劳动教育课程定位与劳动课程内容选取标准。劳动教育教材开发能力要求教师结合劳动教育政策要求与教育目标具体要求，对校本劳动教育教材内容进行选取和开发，并把要编写的教材内容按照特定教材模式进行精心组织，进而用准确、清晰的文字和符号进行表述。劳动教育资源的建设能力要求教师根据劳动教学需要而明晰要收集的劳动资源库素材，从而在日常的教学与实践中敏锐地发现所需劳动教育素材，并长期坚持积累。

(五)劳动教学实施能力

教师要熟悉劳动教育相关政策规定，把握劳动教育教学基本规律和小学生劳动特点，在教育教学实践中，能够针对小学生身心发展和劳动实践特点，运用教育教学知识，开展劳动教学设计、实施和评价。要理解教师是学生劳动理论学习和劳动实践能力的促进者。能够以学生为中心，创设行动导向的劳动学习情境，促进小学生劳动精神与劳动能力并进发展。教师要具有全程育人、立体育人意识，能够在教育实践中将劳动知识学习、劳动能力发展、劳动精神培育与思想道德养成相结合，对学生进行有效的教育和引导。具有终身学习与专业发展意识。要了解专业发展核心内容和发展阶段路径，能够结合劳动教育的现实需要制订自身学习和专业发展规划不断提升自身的教育教学能力。

(六)劳动综合育人能力

小学劳动教育教师需要具备较强的劳动综合育人能力。劳动教育实践性较强，其中劳动实践活动是劳动教育的主要形式之一。这要求劳动教育教学组织形式突破传统的理论教学组织形式，以分组合作方式开展劳动实践、个体开展劳动实践，在此过程中，教师如何有序地进行班级组织管理，关系到劳动教育教学的实施质量，关系到学生接受劳动教育的效果。因此，小学劳动教育教师必须强化自身的教学组织能力，将劳动实践教育与班级管理有效结合，更好地发挥劳动综合育人功能。

(七)信息技术整合能力

由于劳动教育实用性、实践性比较强，因此，小学劳动教育教师对信息技术不能局限于简单地使用，而要上升为课程教学与信息技术的整合运用。信息技术应该时时刻刻应用于劳动教育教学。作为教师来说，为了成为真正具备现代教育能力的人，除了应当具有专业知识、专业技能之外，还应具备和掌握现代教育技术，它可以使不方便到现场的劳动教育教学更具可操作性，打破时空的限制。

(八)劳动教育反思能力

小学劳动教育教师在从事教育教学的同时，还应该具备教育反思能力，成为反思性实践者。研究的起点是对自身劳动教育教学实践的不满和反思，研究的对象是劳动教育现实中出现的具体问题，研究的目的是解决现实问题，这样研究和实践就能紧密结合在一起，形成一个相互促进的反馈机制。教师对日常教学中，存在的问题和一些不足的现状，进行理性的反思，并通过相关研究，最终解决实践中产生的问题，这样教师不仅依然是教学的指导者，同时又是教学问题的解决者。这样不仅能提高教师的科研能力，也使劳动教育教学更具可持续发展力。小学劳动教育教师应该努力成为研究型师资，为最终提高小学劳动教育质量服务。

(九)交流合作能力

小学劳动教育教师的交流合作能力可分为日常交流合作能力与教学过程中的交流合作能力。日常交流合作能力是指劳动教育教师具有交流合作的意识，能够自信、自由、真诚地与他人交流、沟通与合作。教学过程中的交流合作能力是指劳动教育教师能够以劳动课程教学要求为出发点，主动地与学生进行交流与合作的能力。具体而言，在劳动教学过程中，教师与学生能够在相互尊重的基础上，围绕劳动课程教学开展深入交流，通过构建学习小组等学习共同体，促进学生合作式、探究式学习。劳动教育教师能够与其他教师充分交流与合作，形成教研共同体，提升教学反思与研究能力；能够与家长进行有效沟通，促进劳动教育的家校合作；能够积极与社会力量沟通与交流，积极主动地寻求与校外劳动教育资源的合作，指导学生开展各种劳动实践活动。

二、小学劳动教育教师行为偏差

(一)劳动教育中体脑分离现象仍然存在

受传统思想的影响,“劳心者治人,劳力者治于人”的传统观念一直存在于教育领域中,使得教育场域存在着重智育而轻劳动教育的倾向。其一,受重智育轻劳动教育观念的影响,劳动教育在教师心目中处于教育教学的“末端”。在升学考试、绩效工资考核等压力下,文化课在中小学课程体系中充当主角,劳动教育课程未得到合理的规划与安排,导致课时数本就非常少的劳动教育课成为被其他学科教师重点压缩、占用的对象。其二,劳动教育课程建设滞后。随着生产力的发展,知识经济与信息化的时代到来,传统的体力劳动大幅缩减,出现了新型劳动,社会向教育场域寻求“新”劳动教育。然而,教师未能遵循劳动教育宗旨,自觉地对标新时代劳动教育要求,同时也未能跨越教育中体脑二元对立的鸿沟,建立起二者之间应有的联系。这不免导致劳动教育课程创生不足,主要体现在:课程目标上依然以学生劳动技能习得为主;课程内容上依然以外显的、粗重的体力劳动为主;课程形式上依然以传统的讲授式为主等。换句话说,目前的劳动教育课程建设缺乏“新”劳动教育,即清晰的课程目标、系统的课程内容、丰富的课程形式等;同时,还缺乏时代信息的融入、时代技术的运用、时代思维的创新等“新劳动”要素。其三,教师劳动教育课程实施随意化。有研究发现,即使中小学开设了诸如手工课、劳技课、综合实践活动等劳动类课程,但在实施过程中却成为学生自由活动的“代名词”,成为教师难得可以用于“闲暇”的时间。此外,中小学教师以不分年级、不分学段,内容相同、形式同构的方式“随意”开展劳动教育,缺乏针对性、灵活性与多样性,未能体现“因材施教”“因地制宜”“因生制宜”的劳动教育课程实施原则,导致教育效果不尽如人意。①

(二)劳动教育的“形式化”现象比较突出

中共中央国务院印发的《关于全面加强新时代大中小学劳动教育的意见》,从思想认识、情感态度、能力习惯三个方面提出要求,强调培养学生勤俭、奋斗、创新、奉献的劳动精神,以提升学生劳动素养的方式促进学生的全面发展。可见,在新时代全面加强劳动教育的背景下,学校劳动教育更应强调对学生进行劳动技能之外的劳动精神、劳动认知的培养。然而,在学校教育场域中,劳动正被淡化、弱化,其独特的育人价值被忽视,劳动教育实施呈现出只顾劳动形式而缺少教育内涵的样态,忽视了劳

① 李慧、邓涛:《中小学教师劳动教育信念的迷思与解蔽》,载《教师教育学报》,2020(6)。

动教育本体性目标的实现。其一，劳动教育实施过程泛娱乐化。教师将劳动教育课程视为学生学习之余用来放松的“娱乐活动”。其二，劳动教育实施范围被窄化。劳动教育被简单视为劳动知识与劳动技能的培养，存在为劳动而劳动的倾向。在实际的教学过程中，教师更加关注学生“可视化”素养的培养，如学生对劳动教育“静态知识”的掌握、手工劳动技能的习得等，却忽视了在劳动过程中对学生是否真正认识到劳动的价值与意义、是否形成了积极正向的劳动价值观等精神素养的培养，这极大地弱化了劳动教育的育人功能。

(三)劳动教育的情境创设不足

马克思主义劳动教育观强调，劳动是人以自身活动来调整和控制人与自然之间进行物质转换的过程。可见，劳动教育的开展离不开身体的参与，同时还需要依托一定的情境，二者缺一不可。而在实际的教育场域中，受教育者的身体被抑制，不能亲身参与劳动，劳动产生与发展所依赖的情境被遮蔽，劳动教育实施呈现出学生身体被抑制参与且劳动教育脱离劳动应用情境的状态。其一，劳动教育实施过程的学生“身体参与”不足。学习是身心合一、各种身体器官相互协作的复杂活动。知识是基于身体器官的感知而不断生成的一系列体验。知识的获得和增长离不开身体的参与。劳动素养的培养是劳动者在身体参与的实践过程中随着相关经验的持续生成与积累，而逐渐形成理解劳动、尊重劳动与敬畏劳动的价值观过程。当前，劳动教育理论化教学现象依然突出，以灌输式讲解、抽象性示范、浏览式学习等方式开展。学生劳动教育过程缺乏学生眼、耳、手、脑等感官的联动与体验，未达到身心合一的交融状态。其二，劳动教育实施过程的“去情境化”。劳动教育被抽象为脱离劳动情境的教育符号，即劳动教育陷入“知识世界”的符号中无法“还原”劳动情境。劳动教育课程仅围绕劳动教育知识展开，劳动教育知识又以表层的符号形式存在，未能体现劳动知识所包含的过程、方法及深层价值等内容，导致学生难以将学到的劳动知识在相关情境中展开应用。其三，劳动教育实施方式的“传统化”。数字化信息时代，教育教学方式、学生学习方式都发生了巨大变化，多媒体技术的运用使劳动教育可以兼具时代性和现实性的特性。然而，目前仍然存在教师为了完成劳动教育任务，仍以传统的“说教式”教学方法开展劳动教育。这既未能顺应新时代所要求的开展现代化、信息化的劳动教育，又未能解放学生身体，不利于学生时代性劳动素养的形成。

(四)教师劳动教育评价表层化

当前，劳动教育评价制度尚未完善，教师习惯性地从已有的评价制度出发，将可视化、标准化、客观性作为劳动教育课程、学生学习效果的评价原则，进而细化为教学效果的“证据指标”。这种劳动教育评价导向忽视了劳动教育作为开放性的实践课程所具备的特殊性，使得劳动教育评价一直停留在表面。其一，重视终结性评价，忽视过程性评价。劳动教育本身非常强调过程中的生成性与体验性，在过程中感悟、升华、传递“一分耕耘一分收获”的劳动价值观。然而，在教育实践中，教师的劳动教育评价往往只聚焦于学期结束时学生的学习成绩而忽视学生的学习过程，只关注预设目标的完成而忽视非预期目标的达成。因此，造成了劳动教育教学中学生表层学习与教师浅层评价的恶性循环。其二，教师在以评促学、以评论教观念的影响下，片面追求教育评价的客观性与科学性，将劳动教育评价内涵窄化。教师在劳动教育评价过程中，将可视的、可测的、低阶性的劳动知识与技能视为评价重点，而学生的劳动态度、兴趣、情感等高阶素养因其不可测性而被排除于评价指标之外，抑或被虚化于评价指标之中。其三，劳动教育评价停留在“独立”的“学科评价”层面，缺乏学科之间的劳动教育评价整合性。劳动教育与其他“四育”之间关系密切，即劳动可以树德、劳动可以育美、劳动可以增智、劳动可以强体。但在劳动教育相关评价中，未能将劳动教育与其他“四育”之间的关联性进行深入挖掘，未能在劳动教育与其他学科之间建立起相关联要素的有机联系，未能消除劳动教育课程与其他学科课程之间的人为障碍，所以难以实现多学科合力育人的人才培养目标。

三、小学劳动教育教师素质养成

(一)强化教师劳动教育信念

首先，建构完善的劳动教育机制，为培养教师提升劳动教育信念提供外力支撑。一是学校要加强劳动教育政策的宣传，以显性宣传和隐性熏陶相结合的方式帮助教师理解新时代劳动教育内涵、劳动教育课程理念以及劳动教育的价值意蕴，让教师在建构劳动教育信念时“有据可依”。二是学校要开展校本培训，借助专家、名师等有影响力的人物，采用分享式、生成性课堂教学方法对教师进行培训，并且开展有针对性的劳动教育主题讲座，强化教师的劳动教育意识，更新教师的劳动教育观念，提高教师实施劳动教育的自觉性。

其次，创建教师实践共同体，为培养教师文化自觉提供技术支持。利用“互联网＋”搭建交流、互助平台，促进教师间的知识共享。一方面，通过教师间的互动实现劳动教育资源共享，发挥群体作用，在同行互动与互助中解决教师在劳动教育教学过程中产生的困惑，促进教师的专业成长，重塑劳动教育信念。另一方面，建立开放型的劳动教育学习小组，开展劳动教育观摩课，同行互评以及问题讨论，帮助教师在认知冲突中批判性地反思自身的劳动教育行为与劳动教育观念，为教师建构积极的劳动教育信念助力。

(二)增强教师劳动教育获得感

首先，关怀教师的现实生存境遇。一是保障教师的教育主体地位。在政策制定与调试过程中提高一线教师的参与度，充分听取、征求教师的意见与建议，让教师在劳动教育改革、政策制定的过程中有强烈的参与感，重拾教育专业人的自信，让教师开展劳动教育变得“理直气壮”。二是提高教师的工资福利待遇，使教师的工作有更多的满足感与获得感。

其次，制定激励政策，提升教师的积极性。一方面，学校要调整考评内容，将劳动教育纳入教师教育教学绩效考核之中，并赋予一定的指标权重。引导教师重新审视劳动以及劳动教育的重要性。另一方面，学校要预留一定的制度空间，鼓励教师开展创新性劳动教育活动。

(三)提升劳动教育评价的科学性与合理性

劳动教育评价要聚焦于劳动育人内容的多维性。从劳动兴趣、劳动意识、劳动认知、劳动价值、劳动态度、劳动习惯、劳动技能、劳动韧性、劳动精神和劳动创造等维度对小学生劳动素养进行综合评价。此外，还可以通过开展具有实际意义的劳动教育活动，如举办劳动技能大赛、劳动成果展示等活动，将学生参加劳动的次数、获得的劳动成果、生成的劳动态度等都纳入学生考核指标。

第三节
小学劳动教育教师队伍建设

小学劳动教育教师队伍建设是新时代小学劳动教育开展的关键一环。小学劳动教育教师队伍建设需要遵循一些基本原则，既要关注到教师队伍本身的专业化发展，又要考虑到劳动教育的整体创新改革，还要依据劳动教育的整体性特点，综合协同校内校外多元力量。从这些基本原则出发，小学劳动教育教师建设可以从劳动教育专业人才培养、劳动教育专业标准体系构建、劳动教育教师选聘、劳动教育教师评价等多个路径展开。

一、小学劳动教育教师队伍建设原则

(一)以教师专业化发展为目标

建设一支高水平、创新型、专业化的劳动教育教师队伍对于小学劳动教育发展至关重要。劳动教育教师专业化发展是教师专业化发展理念在劳动教育领域的延续和实践，是新时代劳动教育发展对教师素养的内在要求。小学劳动教育教师专业化发展是提升个体教师劳动素养的重要途径，是小学劳动教育教师队伍建设由外在队伍结构构建走向内在质量提升的必由之路，有助于整体提升劳动教育教师群体的社会认可度和社会地位。

(二)以专业标准构建为引领

小学劳动教育教师专业化发展是教师的素养提升之路，个体学习和实践是本体，但劳动教育教师专业标准的构建同样必不可少。因为缺少标准的引领，小学劳动教育教师的专业化发展有走向盲目、失序、僵化的风险。构建科学合理的劳动教育教师专业标准体系，将从整体层面提高教师专业化发展的科学性、规范性、系统性。从构建策略层面看，小学劳动教育教师专业标准的构建需要与原有的教师专业标准有机地结合起来，比如，可以针对《教师教育课程标准（试行）》《小学教师专业标准（试行）》等标准文件，进行符合新时代劳动教育要求的内容增补、条目细化分解等完善工作，以有效构建精准适切的劳动教育教师标准体系，引领小学劳动教育教师队伍内涵建设。

(三)以创新改革为动力

新时代劳动教育的提出与实施是劳动教育历史发展与当下现实需求有机结合的必然结果。劳动教育一直以来都是我国教育的有机组成部分，从历史发展看，从“教育与生产劳动相结合”，到“德智体美劳”全面发展教育的重要一环，再到新时代劳动教育体系的构建，具有内在一致性与发展传承性。劳动教育的历史演进又是一个不断创新改革的历程。劳动教育的内容和劳动教育形式、模式都不是一成不变的，而是随着时代的发展和社会的进步而不断调整变化的，学校会不断更新劳动教育的内容以反映劳动的时代特点，创新改革劳动教育的形式以及人才培养模式，以适应时代对人才劳动素养的需求。劳动教育教师队伍建设也是劳动教育整体创新改革不可缺少的一部分，特别是新时代劳动教育专兼职教师队伍建设更要不断创新与改革培养培训模式与方式，从来源上保障高质量的教师人才供给，从发展上促进教师队伍的专业化发展。通过不断创新改革，提升小学劳动教育教师队伍的整体质量。

(四)以综合协同为途径

劳动教育并不是一种孤立、封闭的教育类型或形式，从教育本质层面看，它与德育、智育、体育、美育一起构成我国全面发展教育的有机整体。从场域构建层面看，学校劳动教育需要与家庭、学校以及社会各领域有效融通，构成劳动育人的全场域。劳动教育的开放性与整体性要求教师应具备综合育人的能力与系统全面的素养。新时代小学劳动教育教师队伍建设同样需要坚持综合协同的基本原则，推进劳动教育教师培养的系统化探索。综合协同的劳动教育教师培养原则，首先体现在培养主体的协同一体化。劳动教育教师的培养需要高等院校、教师进修学校、小学以及相关社会领域的共同参与，打破机构之间的隔阂与壁垒，最大限度地发挥各培养主体的独特优势，形成全程规划、统一协调、各有侧重、内在统一的教师教育组织机构。其次劳动教育教师的培养还应与小学劳动教育实践相契合，以教师培养支撑一线实践，以一线实践锤炼教师成长，实现劳动教育教师培养与小学劳动教育开展的双向互促。

二、小学劳动教育教师队伍建设路径

(一)培养劳动教育专业人才，保障教师供给

新时代劳动教育的发展需要大规模、高素质、专业化的教师人才，劳动教育教师队伍建设之于劳动教育发展尤为重要。伴随新时代劳动教育的全面推进，小学对劳动教育师资的需求将再次呈现增长趋势，加剧了劳动教育师资的短缺问题。广泛开设劳动教育相关专业，全面加强劳动教育师资培养将有助于从源头保障劳动教育师资供给、根本缓解劳动教育师资短缺的问题。具体而言，教育行政部门应明确劳动教育相关专业的内涵，探讨将劳动教育专业列入普通高等学校本科专业目录的可能性途径与可行性方案，合理引导有条件的师范类院校率先开设劳动教育专业，支持劳动教育教师的系统化、专业化培养。各相关院校应主动回应劳动教育教师专业化培养的现实需要，主动参与劳动教育教师专业化培养工作。此外，对于劳动教育师资短缺情况严重地区，特别是农村小学，各级教育行政部门可以参照师范生公费教育政策、乡村定向师范生培养政策、特岗教师计划等经验，通过政策倾斜与优惠补偿等手段实现劳动教育师资定向供给。[①] 通过劳动教育专业人才的培养，可以从供给侧保证劳动教育教师供给。

(二)构建劳动教育教师专业标准体系，促进教师专业化发展

新时代劳动教育教师队伍建设要制度构建与质量提升并举、兼顾规模发展与内涵

① 刘军豪：《新时代中小学劳动教育师资队伍建设的困境与突破》，载《河南科技学院学报》，2020，40(10)。

建设。要把劳动教育标准体系建设与教师专业化发展作为劳动教育发展的重要基础工程。

首先，新时代劳动教育教师队伍建设要构建劳动教育教师专业标准体系。第一，需基于劳动教育的内在规律及时代要求，结合劳动教育师资队伍建设现状及特点，对小学教师专业标准进行细化与分解，在规定劳动教育教师核心素养与能力基础上，完善衡量标准等具体性指标，进而构建针对性强、可操作性强的小学劳动教育教师专业标准。第二，与劳动教育教师专业标准相配套，明确标准的体系性与完整性，进一步加快构建劳动教育教师的课程标准、机构认证标准、质量评价标准等，形成支撑劳动教育教师专业可持续发展的完整标准体系。

其次，新时代劳动教育教师队伍建设要以专业标准为指引，促进教师专业化发展。一是要遵循劳动教育的指导意见和指导大纲，积极探索专业化、多样型、开放式的劳动教育教师培养培训模式，具体涉及劳动教育教师协同培养模式探索、全员培训与专项培训机制探索等。在此基础上，组织力量研制劳动教育师资培训课程指导标准，引导培训工作规范化、分层次、划类别、有实效地进行。二是要加强培训，配备专兼职教研员，组织经常性的教研活动，促进劳动教育教师专业化发展，从而不断提高劳动教育教学质量。在专兼职劳动教育教师(含教研员)的培训中，切实提高他们解决问题的能力。三是学校和基地应按标准开足开齐课程，引导教师积极探索创新劳动教育方式方法，增强教学实效性。各学校和基地还要鼓励教师积极开展劳动教育专项研究课题，不断地提高劳动教育教学质量。

(三)依托校内校外联动机制，拓宽劳动教育教师选聘与培养培训渠道

劳动教育的开放性与整体性决定了小学劳动教育必须建立起与校外的沟通渠道，建立起校内校外的联动机制，拓宽劳动教育教师特别是兼职教师的选聘渠道，增强教师的劳动教育教学能力。

一是依托普通高校、职业院校、社会实践基地、非物质文化基地、手工业传习基地和新兴产业等资源，建立起开放共享机制，扩大劳动教育专任教师队伍、遴选具有劳动实践一技之长的教师充实到劳动教育教师队伍。广开渠道建立稳定的劳动教育兼职师资库，发挥普通高等院校、职业院校专业教师的优势，指导和参与小学劳动教育，探索职业学校为小学开设选修课、职业院校共享实习实训基地等做法。同时，探索建立劳动教育教师特聘制度，通过设立劳模工作室、技能大师工作室、荣誉教师岗位等，吸引各行各业专业人士和能工巧匠担任劳动教育兼职教师；劳动教育实施较好且经济发达的地区可以探索设立劳动教育名师基地，积极开展名师带徒和校际交流活动，培育一批劳动教育骨干团队。

二是搭建平台，多渠道培养师资和提升专业水平。一是可以与人力资源管理部门

合作，组织力量研制劳动教育师资培训课程指导标准和培训考核内容，加强各类劳动教育师资培训。专职教师经过培训、考试合格后持证上岗，提升工作资质和能力。二是依托教科研机构定期开展劳动教育成果交流活动，发挥优秀成果的示范引领作用，激励专职劳动教师的研究和实践探索。

三是与各相关职能部门合作，达到资源共享，效益最大化。比如，某学校依托综合实践教育基地与相关职能部门合作，共同开发各类青少年主题劳动教育活动，探索出“六个共同”的教育模式，即场室共同打造、课程共同设计、师资共同培养、资源共同使用、成果共同分享、学生共同受益。

（四）完善劳动教育教师质量评价，增强劳动教育教师职业吸引力

当前，我国小学劳动教育师资培养尚缺乏科学系统的考核评价标准与机制，客观导致劳动教育师资培养相关工作整体处于尴尬的境地。完善的劳动教育教师质量评价体系应包含教师教育机构的履职性评价、劳动教育教师培养的过程性评价和小学劳动教育教师的质量性评价等，以实现对劳动教育教师培养的全程性督导与全方位评估。劳动教育教师质量评价应充分尊重新时代劳动教育的内在规律，既凸显评价指标的科学适切性，又彰显评价体系的人文关怀性，真正发挥劳动教育教师队伍建设的发展性价值。基于我国教师教育的已有经验，可探索建立劳动教育教师资格认证制度、劳动教育师范专业认证制度及基于证据的劳动教师教育质量评价机制等，通过政策的细化与构建有效支撑劳动教育师资队伍建设。① 此外，增强劳动教育教师职业吸引力有助于长远解决劳动教育师资困境，具体举措包括设立劳动教育教师荣誉制度、提升劳动教育教师基本工资及福利待遇、拓展劳动教育师资晋升渠道、实施劳动教育师资职称倾斜办法等，多措并举吸引优秀社会人才投身劳动教育工作。

本章小结

小学劳动教育教师队伍的建设既是贯彻落实新时代劳动教育政策的重要举措，也是改变劳动教育教师供给不足的迫切要求，更是优化现有劳动教育教师队伍结构的现实需求。小学劳动教育教师素质包括多个维度的要求，然而当前我国小学劳动教育教师存在体脑教育分离、教育“形式化”、情境创设不足、评价表层化等现象，为此要强化教师劳动教育信念、增强劳动教育获得感、提升劳动教育评价的科学性与合理性。小学劳动教育教师队伍的建设要坚持以专业化发展为目标，以专业标准构建为引领，以创新改革为动力，

① 刘军豪：《新时代中小学劳动教育师资队伍建设的困境与突破》，载《河南科技学院学报》，2020，40(10)。

以综合协同为途径的基本原则，拓展各种路径，增强劳动教育教师职业的吸引力，保障小学劳动教育师资队伍结构的稳定和质量的提升。

章后练习

1. 小学劳动教育专职、兼职教师的角色定位是什么？
2. 小学劳动教育教师的核心素养有哪些？
3. 小学劳动教育教师队伍存在什么问题？如何化解这些问题？
4. 谈谈如何加强小学劳动教育教师队伍建设？

拓展阅读

1. 徐长发．新时代劳动教育再发展的逻辑[J]．教育研究．2018(11)．
2. 张童明，丁玲．核心素养视角下中小学劳动教育再思考[J]．中小学德育，2018(7)．
3. 吴奕璇．劳动教育教师师德修炼的实践案例[J]．师道：教研，2020(1)．

第十章

小学劳动教育的国际实践

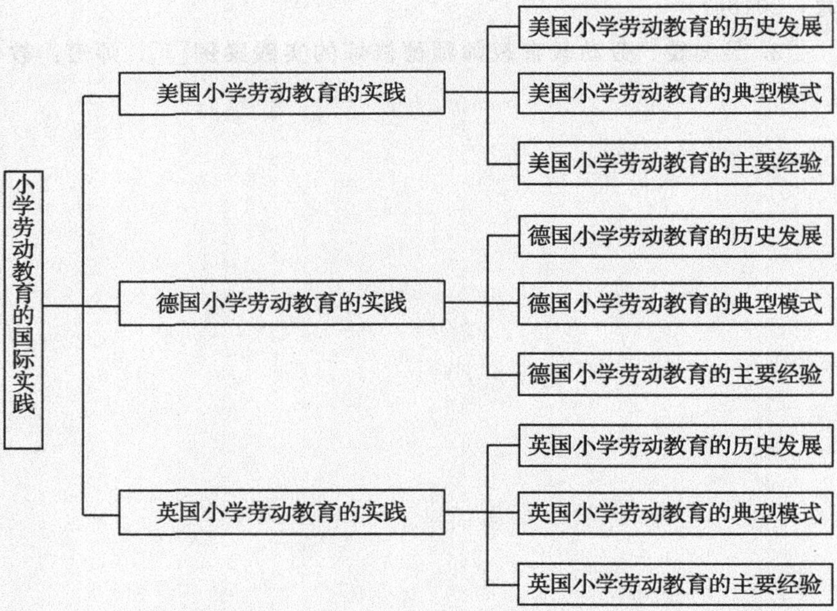

章前导语

习近平总书记指出，要坚持扎根中国大地办教育。劳动教育作为新时代教育体系中的重要组成部分，其设计与实施亦需扎根中国大地。扎根中国大地意味着课程的设计与实施应当坚持中国特色社会主义鲜明旗帜，同时紧密贴合中华优秀传统文化，兼具历史性与时代性。劳动教育在具有历史性和时代性的同时，也应当具有世界性的视野，在扎根中国大地办劳动教育的同时，需要积极汲取国外的优秀元素，尤其是美国、德国、英国等发达国家劳动教育实践的丰富经验，为我国劳动教育的实践提供启示。

第一节
美国小学劳动教育的实践

美国作为一个移民国家，其文化具有多元化的特点，各州的教育发展史也不尽相同。由于美国建国历史较短，也不曾经历封建社会，因此其文化中的封建因素较少，在独立战争之后，也很快地实现了教育的世俗化和义务教育的普及化。19 世纪末，美国涌现了以杜威为代表的诸多进步主义教育者，为美国的教育发展注入了无穷的动力，对世界的教育发展也产生了深刻而长远的影响。进步主义教育突破了传统教育的桎梏，主张儿童从做中学，颇有几番教育与劳动相结合的意味。虽然进步主义教育运动于 20 世纪中期后走向衰落，但其做中学的教育思想一直被沿袭至今日，奠定了美国教育的基调，形成了独具特色的教育与劳动相结合的单轨制教育。

一、美国小学劳动教育的历史发展

整体而言，美国并没有专门的劳动教育课程，但是教育与劳动相结合的历史渊源却由来已久，最早可追溯到殖民地时期。在此后长期的教育发展史中，美国的教育与劳动依旧是相辅相成，始终联结在一起的，并总是渗透着职业因素。

(一)殖民地时期：劳动与教育结合的萌芽期

17 世纪到 18 世纪后期是美国的殖民地时期，在此期间，大量移民迁往美洲新大陆，移民们到达新大陆后大量地建设学校，如市镇学校、主妇学校、书写学校等。前往新大陆的移民中，大部分都是清教徒，清教徒们均视《圣经》为最高权威。由于《圣经》中有明确的句段表达了对懒惰的斥责，因此清教徒移民们极力反对无所事事、不能劳作的坏习，整个社会因此而形成了崇尚劳作的氛围。

殖民地时期的美国学校教育受英国的影响，主要的教育活动是讲解基督教义与识字、书写、计算等基本知识。此时的美国学校教育并未形成劳动教育的萌芽，劳动教育的萌芽应属当时的学徒制。学徒制本质上是一种教育制度，在许多情况下是在儿童的八九岁开始的。① 殖民地时期学徒制的实行在南部殖民区最为广泛，主要受众是流浪儿、殖民者的奴隶子弟、穷苦人家子弟等，他们为解决生计需求而拜师于工匠。起初，美国的学徒制受英国的影响，一般只传授技艺而忽视文化教育。随着学徒制的不断发展，才逐渐重视文化教育。英国1562年的《技师法》(*English Statute of Artificers*)与1601年的《济贫法》(*English Poor Law*)对美国的学徒制产生了重要的影响。1641年，弗吉尼亚州效仿英国，责成工匠对学徒进行除技艺以外的文化教育，但大部分工匠并不尽责。1642年，马萨诸塞州颁布教育法，要求工匠对学徒进行职业劳动训练的同时，应当教授阅读、教义与刑法等基本知识。1683年，宾夕法尼亚州的立法更明确要求父母或监护人必须教导儿童学会《圣经》，十二岁时学会书写，并教导他们学习劳动和商业。②

美国殖民地时期的家庭教育也有劳动教育的因素，那时的居民厨房既是烹饪、酿酒等家事之地，又是指导儿童阅读、书写之地。当时，美国的主妇学校中的教育也通常是在主妇家中的厨房进行。儿童既是家中的劳动力，又接受一定的粗浅的教育。

综上所述，美国殖民地时期的教育不成体系，大多是自发的、零散的教育，并且还未达到教育与劳动的真正结合，因此美国殖民地时期的教育只属劳动教育的萌芽。

(二)快速发展时期：劳动与教育结合的争鸣期

17～18世纪的启蒙运动、18～19世纪的工业革命使得人类的思想发生了根本性的变革，人类思想重心逐渐从宗教权威转向了科学权威。在18世纪末期，美国的教育在此期间也发生了巨大的变革。自然主义、实用主义等哲学思潮不断涌现，这些新哲学思潮带来的教育思想不可避免地与传统教育思想发生了剧烈的碰撞与争鸣。19世纪中期，美国实行了单轨制的学制，所有儿童依据年龄与能力进入同水平的学校。在单轨制之下，美国的教育呈现出普通教育与职业教育相融合的样态，劳动因素几乎贯穿了美国学校教育的所有阶段。19世纪，自然主义教育思想传播至美国，在美国教育教学领域引起了不小的轰动，在教育中渗透劳动或实践的做法越来越受到美国教育界的重

---

① Gordon H R D. *The History and Growth of Career and Technical Education in America*, Long Grove: Waveland Press, 2008, p. 5.

② 滕大春：《美国教育史》，第89页，北京，人民教育出版社，1994。

视。19世纪末，受自然主义教育思想影响的进步主义教育成为了主流，具体表现为教育的中心从教师转向儿童，教育与社会、教育与生活、教育与劳动的关系从割裂走向融合。快速发展时期的美国教育思想与劳动教育理念的关系最为密切，在进步教育与传统教育的不断争鸣之中，教育与劳动逐渐走向了真正的融合。

法国的卢梭、德国的福禄贝尔、瑞士的裴斯泰洛齐等自然主义教育家的思想对这个时期的美国教育产生了重大影响。裴斯泰洛齐受卢梭教育思想的影响颇深，他主张教育与劳动相结合，"一切知识都是为着拿来实行的"。[①] 1809年，裴斯泰洛齐的助手尼夫(Neef)在美国慈善家麦克卢尔(Maclure)的资助下在美国实践裴斯泰洛齐的教育思想。1925年，尼夫在印第安纳州的一所学校从教，该学校将道德、文化教育同劳动教育相结合。[②] 在自然主义教育思想的影响下，公立学校运动的倡导者们也开始重视变革传统教育。诸如贺拉斯·曼(Horace Mann)与亨利·巴纳德(Henry Barnard)等著名的公共学校改革者，都推崇和报道了裴斯泰洛齐的教学法。在教材上，公立学校运动时期的教材开始变得多样化，更加符合学生的兴趣。在教法上，尽管死记硬背式的学习仍然广为流行，但是一种更加进步的、反映了裴斯泰洛齐教学思想的教学方法正在不断发展。1861年，纽约州奥斯威哥督学爱德华·谢尔登(Edward Sheldon)依据裴斯泰洛齐的教育思想在奥斯威哥建立了一所师范学校，有将近1400名师范毕业生将裴斯泰洛齐的教学法带入了课堂。[③]

18世纪后期，受卢梭、福禄贝尔、裴斯泰洛齐等教育家思想的影响，再加之美国当时的政治、经济、社会现状，进步主义教育运动兴起。进步主义教育运动以杜威的教育哲学为核心理论基础，19世纪末期到20世纪20年代达到了鼎盛时期。

帕克是最早开展进步主义教育实验的教育家之一，他在昆西学校推行的一系列教育改革引起了美国教育界的广泛关注，但是帕克早期的教育改革还未体现出教育与劳动相结合的因素。后来，帕克到了芝加哥大学执教，在执教过程中，他的思想影响了他的同事杜威。杜威于1896年在芝加哥大学成立了自己的实验学校，践行自己的教育理念。杜威在实验学校设置了三种类型的课程，第一种是与职业有关的课程，如木工、金工、烹饪、纺织等；第二种是与社会生活背景有关的课程，如历史、地理等；第三种是与智力活动相关的课程，如阅读、书写、算术等。杜威在芝加哥实验学校推行的教育改革真正体现出了教育与劳动的融合，甚至是教育、劳动、职业与生活的大融合。

---

① 裴斯泰洛齐：《林哈德和葛笃德》(第二版)，第138页，北京编译社译，北京，人民教育出版社，2005。

② Barlow M L. *History of Industrial Education in the United States*, Peoria, IL: Chas. A. BennettCo., 1967, pp. 23～24.

③ 迪安·韦布：《美国教育史：一场伟大的美国实验》(第一版)，第155页，陈露茜、李朝阳译，合肥，安徽教育出版社，2010。

(三)现代化时期：劳动与教育结合的成熟期

20 世纪中期以后是美国教育发展的新阶段，标志是 1958 年《国防教育法》(*National Defense Educational Act*)的颁布。在美国教育的现代化时期，同劳动教育的关系最为密切的当属 20 世纪后期的“生计教育”与“服务学习”。20 世纪中期以来，美国的教育也逐渐趋于稳定，劳动融入教育的方式也基本定型。

20 世纪 70 年代的通货膨胀引起了社会对教育的不满，时任美国教育总署署长的西德尼·马兰(Sidney Marland)就此提出了“生计教育”计划，指出生计教育应当贯穿于小学一年级到高级中学甚至大专院校的所有年级，生计教育应当成为所有学生而不单单是职业学校学生课程的一部分。在生计教育中，一到六年级为职业了解阶段，学生们通过现场参观加深对社会上各种职业的体认。1974 年，美国国会通过了《生计教育法》(*Career Education Act*)。1978 年，美国众议院通过《生计教育激励法》(*Career Education Incentive Act*)，规定在 1979 年至 1983 年的每个财政年度中拨款特定的款项，为各州和地方的教育机构提供联邦激励措施，并规定了教育专员、各州及各机构在生计教育计划及其发展方面的责任，以制订和实施针对所有年龄段人员的生计教育计划。自“生计教育”提出以来，联邦政府陆续为各州拨款，支持各州开展“生计教育”实验。1971 年，联邦教育总署拨款 900 万美元；1973 年，又拨款 1.68 亿美元；1977 年，美国国会众议院拨款 4 亿美元。① 到 20 世纪 70 年代末，全美 16740 个学区中，已有 9300 个学区开展了“生计教育”。②

服务学习(Service-Learning)是美国劳动教育的重要形式。20 世纪 60 年代，美国兴起了服务学习热潮。1969 年，美国南部地区教育委员会、亚特兰大市政府和亚特兰大城市联盟等联合召开会议，讨论服务学习在教育领域的重要性。会议认为学校需要鼓励学生进行服务学习，社会各界也必须为学生提供服务学习的资源。90 年代以后，总统布什与总统克林顿先后分别签署了《国家与社区服务法》(*National and Community Service Act*)与《国家与国家服务信托法》，通过法案确立了服务学习的地位，进一步将学校与社会连接起来，培养了学生的劳动能力。2002 年，时任美国总统布什签署的《不让一个孩子掉队法案》(*No Child Left Behind Act*)中，也对服务学习做了具体的阐释，对 6～12 岁学生参与社区服务的学时做了详细规定。

二、美国小学劳动教育的典型模式

美国是一个典型的地方分权制国家，它的教育也是如此。美国的教育由各州负责，

---

① 于珍：《中小学职业生涯教育：来自美国的经验与启示》，载《外国中小学教育》，2008(3)。

② 谷贤林：《美国学校如何开展劳动教育》，载《人民教育》，2018(21)。

各州又将具体事务委托于各学区负责。虽然美国的学制是单轨制，且基础教育的修业年限均为12年，但各州的学段划分方式却不尽相同。除了最广为人知的“六三三制”，另外还有些州采用“八四制”“六六制”“五三四制”等学段划分方式，“五三四制”为较多州采用。美国儿童在5岁左右进入正规学校就读。除了学制划分外，课程与教学方面的差异也很大，但总体来说，美国的小学教育阶段所开设的课程大致有社会研究、语言艺术、数学、科学、体育和保健、音乐与艺术教育等，社会研究、语言艺术、科学等属于综合课程。美国的小学教育较为开放，以学生的兴趣为主导，强调儿童享受童年与自我实现。因而，课上的儿童在活动中学习，课后的学生在同伴合作中完成项目式的作业，并时常在家中帮助家长进行家务劳动、在社区进行服务性劳动。

(一)开设综合课程

美国小学阶段的课程以综合课程为主。美国的众多综合课程均在一定程度上体现了教育与劳动的统一，其中最典型的当属STEM/STEAM教育与社会研究课程。

1. STEM/STEAM教育

STEM教育包含四大科目：科学(Science)、技术(Technology)、工程(Engineering)与数学(Mathematics)。STEM课程的前身是STS课程，STS课程包含科学(Science)、技术(Technology)与社会(Society)三个科目。1986年，美国国家科学委员会(NSB)发布的《本科的科学、数学和工程教育》(*Undergraduate Science, Mathematics and Engineering Education*)被认为是STEM教育的开端。[①] 1996年，美国国家科学基金会(NSF)发布的《塑造未来：振兴本科教育的策略》将幼儿园到十二年级(K－12阶段)的STEM教育纳入了整个STEM教育体系。2017年9月25日，时任美国总统特朗普签署了《教育部长总统备忘录》(*Presidential Memorandum for the Secretary of Education*)，提出要大力发展STEM教育，并推进STEM教育实施的公平性，每年至少投入2亿美元用于促进高质量的STEM教育，特别是计算机科学。[②] 2018年12月，美国颁布了《STEM教育策略》，基于未来的愿景，制定了美国未来五年的联邦策略，即所有美国人将终身获得高质量的STEM教育，要求在全美国的学习者、家庭、教育者、社区和雇主进行合作，为美国STEM教育的成功制定了路线蓝图。

STEAM教育是在STEM课程基础之上的新尝试，A表示艺术(Art)。2010年，美国维吉尼亚科技大学学者格雷特·亚克门(Georgette Yakman)首次将艺术纳入STEM中。STEM或STEAM教育的核心是跨学科整合，注重实践性与综合性，是美

① 魏晓东、于冰、于海波：《美国STEAM教育的框架、特点及启示》，载《华东师范大学学报(教育科学版)》，2017，35(4)。

② 美国白宫：《教育部长总统备忘录》，见美国白宫网站，2017年9月25日。

国自20世纪以来极其重要的教育与学习方式。

以印第安纳州 Zionsville 学区为例，其 K-4 阶段的 STEM 课程检录如表 10-1 所示①：

表 10-1　印第安纳州 Zionsville 学区 K-4 阶段部分 STEM 课程检录表

学段	项目内容	实施年级	项目方向	任课教师
小学（K—4）	阅读课：昆虫	1	科学阅读类	组班教师
	阅读课：探索大自然	1	综合阅读类	组班教师
	泡腾片遇水	K	科学探究类	STEM 教练
	制作小缆车	3	综合实践类	STEM 教练
	纸链杆	2	综合实践类	组班教师

2. 社会研究课程

在美国国家建设的早期，社会研究课程(Social Studies)就已存在。1994 年，美国国家社会研究协会(NCSS)出台了《社会研究课程标准：卓越期望》(*Curriculum Standards for Social Studies: Expectations of Excellence*)，标志着社会研究课程成为正式课程。社会研究课程的目的是提高学生的能力，使学生积极参与公共生活，培养拥有国家视野、世界视野的美国公民。社会研究课程具有很强的综合性，它聚合了人类学、考古学、经济学、地理学、历史学、法律学、哲学、政治学、心理学、宗教学和社会学等众多学科，以及人文、数学和自然科学的内容，提供协调、系统的研究。②

但是，在美国的小学教育中，社会研究和科学的教学往往被轻视。有些人将此归咎于小学教师所接受的通才式培训。然而，教师将其归因于在小学阶段发展阅读、写作和数学能力的繁重任务，以及这样做所需要花费的大量时间。阅读、写作和数学能力的教学会极大地影响社会研究、科学和其他内容的教学。

美国的部分社会研究课程编排如下表 10-2 所示③：

---

① 金可泽：《跨学科项目学习设计与实施机制——美国 STEM 课堂教学观察与启示》，载《上海教育科研》，2020(4)。

② 美国国家社会研究协会：《国家社会研究课程标准：介绍》，见美国国家社会研究协会网站，1994 年。

③ 高德胜：《美国社会研究课程述评》，载《课程·教材·教法》，1999(12)。

表 10-2　美国部分社会研究课程编排表

年级	课程	单元主题
幼儿园	开始	我们的世界：家庭、社区服务者、交通和通信、从农场到餐桌、天气和季节、节日
一年级	家庭和邻里	我们的地球：家庭与衣食住行、工作、家庭、邻里、学校——我们学习的场所、农场和工厂、购物中心
二年级	邻里和社区	探索我们的地球：在社区生活和工作、城市、郊区和农村社区、社区的昨天和今天、交通和通信、社区纪念日
三年级	社区和资源	地图和地理技能：生活在不同社区、社区管理—制定规则和法律、建设城市、社区演变、农村社区
四年级	地区和区域	我们的地球：1. 区域学习：森林地区、平原地区、山区、沙漠地区；2. 州史学习：主要资源、早期居民、州政管理、杰出州民、我们州的今天；3. 世界合作
五年级	我们美国	美国：新世界的发现、美国殖民地、独立革命、南北战争、西部开拓、今日美国
……		

(二)家事劳动

在早期，家庭教育在美国并不被官方认可，家长或监护人必须将儿童送往学校接受学校教育。20 世纪 80 年代，美国各州陆续开始将家庭教育合法化。1993 年，家庭教育在美国 50 个州全部实现合法化。

美国的儿童较为自由，学校一般在每日下午 2～3 点放学，以保证儿童能够尽情享受童年，且有充分的时间发展自己的兴趣。因而，儿童也具有了充足的时间帮助父母进行家事劳动。移民家庭或中低收入家庭的儿童在放学后一般会帮助父母从事家事劳动或经营生意。儿童在家时，也经常会在父母的带领下进行一些简单的家电、水电、房屋的维修活动。

(三)服务学习

美国独具特色的服务学习是其最典型的劳动教育课程形式。《国家与社区服务法》规定："服务学习是一种学习方式，学生主动参与并得到发展，发生在社区并满足社区需要；与中小学、高校以及社区相协调，有助于形成公民责任感；与学生的学术课程相整合，并为学生规定时间进行反思。"可见，服务学习是美国公民教育的一部分，它特别强调将社区服务与课程知识相结合、将课堂所学付诸实践，特别重视学生对服务的反思。美国的服务学习是一套较为成熟的体系，它有着系统的法律保障、资金保障、师资保障和制度保障。美国的服务学习制度对各个阶段的服务学习都有着详细的学时和学分规定，并作为毕业要求，服务学习的全过程均有一套详细的考评系统，通过问卷调查、小组讨论或专业评价工具进行评价。①

由于服务学习贯穿于美国教育的全阶段，志愿服务几乎成为了现代美国人的生活方式。美国的学校通常会给在志愿服务中表现良好的儿童颁布“好公民”奖，联邦政府也同样设有公民成就奖励项目，主要针对的是5～9年级的学生。② 美国各个学校都会因地制宜地开展社区志愿服务活动，服务学习使得美国儿童将课程知识与实践相结合，在实践中反思，在反思中学习，培养了较强的劳动能力。

(四)带孩子上班日

每年四月的第四个星期四是美国的“带孩子上班日”(Take Kids to Work Day)。1993年美国女士基金会最先倡导了“带女儿上班日”，2003年被正式更名为“带孩子上班日”。在这一天，参与活动的企业会为员工的孩子准备特殊的活动，带领孩子们参观父母工作的场所与内容，了解职业与劳动，甚至进行简单的体验活动。如2019年4月25日，Borg Warner在其位于密歇根州奥本山的推进技术中心接待了大约150名员工的子女，作为带孩子上班日的一部分。这项活动不仅让孩子们有机会在工作场所(包括办公室和实验室)为父母工作，还可以参与互动式的科学、技术、工程和数学(STEM)活动。③

三、美国小学劳动教育的主要经验

(一)家庭与社区是劳动教育的主场

在美国，家庭与社区是儿童接受教育的重要场所，也是儿童进行劳动的重要场所。受美国教育传统的影响，美国的中小学的教育主阵地并非完全是学校，家庭教育、社会教育也是重要组成部分。美国的学校时常会组织学生进入社区进行服务性劳动。在美国人的理念中，动手能力非常重要，美国家庭的父亲经常会做很多家庭维修工作，如水、电的简单维修，房屋维修等。美国的儿童从小就被培养了非常强的动手能力，从而也提高了独立生活的能力。中低收入家庭的儿童更是会在放学后帮助家长进行家事劳动或职业劳动。因而，开展劳动教育时，不应当将劳动场域局限于学校，应当融通学校、家庭与社会，打造三位一体的劳动场域互通格局。

---

① 崔海英、李玫瑾：《美国中小学教育中的服务学习及其启示》，载《中国青年社会科学》，2019，38(4)。

② 谷贤林：《美国学校如何开展劳动教育》，载《人民教育》，2018(21)。

③ PR Newswire. *BorgWarner Celebrates Take Our Daughters and Sons to Work Day at its Propulsion Technical Center*, PR Newswire US, 2019.

(二)劳动是一种学习方式而非课程

在美国，劳动更多的是一种贯穿于所有课程的学习方式，而非一门固定的课程，劳动几乎渗透在美国的所有课程之中。这一特点的形成主要有以下几个方面的原因。第一，受到杜威"做中学"的思想的影响，杜威的教育哲学对美国与世界产生了重要的影响，他所倡导的"做中学"也被广泛认可。直至今日，世界的教育还深受其教育思想的影响。第二，美国采用的学制是单轨制，在单轨制之下，普通教育与职业教育走向融合，使得美国的教育中总是渗透着劳动因素。第三，科学技术在美国社会中具有极高的地位，这也使得美国极度重视学生科学素养的培养，而科学素养的培养除了需要扎实的基本知识外，还需要动手实践。在多方面因素的促动下，劳动自然而然地成为了学生重要的学习方式，成为了美国培养国家公民、培养学生科学素养的重要途径。

(三)劳动教育总是渗透着职业因素

由于美国的特殊国情，教育与劳动的结合中总是渗透着职业因素，劳动与职业亦相互联结、不可分割。杜威在《民主主义与教育》中说道，"无论何时，人类占优势的职业就是生活"①，劳动教育一旦脱离了职业或脱离了知识，那么就是脱离了生活。"职业的对立面既不是闲暇，也不是文化修养。它的对立面，在个人方面，是盲目性、反复无常和缺乏经验的积累"②，可见，职业的对立面是经验的缺乏，而劳动是个体经验获得的重要方式，是知识与实践间相互连接的重要桥梁。杜威还抨击单独设立与普通教育并行的职业教育，主张将传统教育中存在的种种对立(劳动与闲暇、理论与实践、身体与精神的对立)相融合，在单轨的教育体系中融合人实践型的劳动教育。因此，劳动是解决教育中种种对立的关键所在。美国中小学教育的目的，不仅在于儿童的自我实现，也在于为国家科学技术的发展贡献人才，为儿童的职业做准备。正如杜威所言，"职业是唯一能使个人的特异才能和他的社会服务取得平衡的事情"③，职业是其目的，而劳动是其过程。因此，在劳动教育的美国模式中，职业因素始终渗透其中。

(四)注重劳动的综合性、创造性与协作性

在美国的教育体系中，劳动几乎贯穿了教育的所有阶段与方面，并且劳动通过与综合课程相结合，表现出了综合性、创造性与协作性的特点。STEM 教育、社会研究课程、科学等美国典型的核心课程均凸显出了美国教育的综合性，学生在完成学习任

---

① 约翰·杜威：《民主主义与教育》，第一版，第 326 页，王承绪译，北京，人民教育出版社，1990。

② 同上，第 323 页。

③ 同上，第 324 页。

务时往往需要综合多门学科，在此过程中，劳动也就具有了很强的综合性。2018 年 3 月，美国教育部发布了 11 项教育优先要务，特别关注了 21 世纪的学习技能(4C)培养。4C 技能，包括批判性思维、创新思维、沟通能力与协作能力。可见，批判与创新精神、沟通与协作能力亦是美国教育所关注的焦点。美国教育极其注重儿童的个性化、创造性，也非常注重团队协作。虽然培养学生的独立能力是美国教育的目的之一，但是在很多情况下，美国小学阶段的课程学习与家庭作业也需要儿童之间合作完成。

第二节
德国小学劳动教育的实践

德国劳动教育历史悠久，在各类各级教育中都十分重视劳动教育，并将它视为学生全面素质教育的重要组成部分，不过德国劳动教育在不同类型和层次教育中的目的和内容不同，在德国已经形成中小衔接一体化的劳动教育体系。德国把劳动教育和市场经济条件下社会对人的全面素质的要求紧密结合起来，对学生进行劳动教育的目的是让学生了解劳动在人类生产和生活中的作用，了解和掌握某项生产劳动技能，同时还十分注意教育学生了解现代生产活动的过程，从原材料加工、生产过程的工序到市场销售，并使他们了解劳动与环境生态保护、劳动与社会的关系。

一、德国小学劳动教育的历史发展

(一)20 世纪初到第二次世界大战前：劳动教育与公民教育的联结

为了满足国家重建与经济发展的迫切要求，20 世纪初颁布的《魏玛宪法》对学校教育实施了改革，要求建立基础学校，开始实行八年制普通义务教育，并对 18 周岁以前的青少年实施职业义务教育等①。针对传统国民学校只关注个体知识传授的问题，德国著名教育改革家凯兴斯泰纳于 1905 年提出把传统的“书本学校”改为“劳作学校”。劳动教育的核心思想是促进学生“精神的发展，道德的适应力和工作本领，应当把劳动职业技能培训和公民精神的道德教化合二为一，旨在培养一批既有文化，掌握职业劳动技能，又拥有强烈社会责任感的劳动者”②。

① 任平、贺阳：《从“劳作学校”到“普职融合”：德国劳动教育课程建设的价值嬗变、特征与启示》，载《全球教育展望》，2020(10)。

② 凯兴斯泰纳：《工作学校要义》，第 94 页，刘钧译，北京，商务印书馆，1935。

1920 年，全德学校工作会议第五委员会《关于学校劳动课的指导原则》中明确提出：(1) 国民的统一能否持久取决于劳动兴趣的树立，因此教育与劳动应该有机联系。(2) 应该探究劳动新型学校的任务和工作方法，可以通过游戏、造型、创造和手工等形式引导学生主动为集体工作。(3) 将现有学校改造为劳动学校，必须把劳动作为一种创造性学习形式列为教学原则；把劳作课列为各类学校的必修科目。(4) 将劳动作为一种重要的教学原则，学习应该成为自觉的劳动过程。① 此外，指导原则还明确了劳动课程在低年级阶段，应以综合课为主要形式，以后逐渐再成为独立课程；学校可以采用多种劳作形式展开教学，如手工制作、绘画、制图、剪纸、编织、木器和金属产品制作等。

(二)第二次世界大战后到德国统一前：劳动教育培养全面发展的人

第二次世界大战后，受到苏联的影响，德意志民主共和国提出学校教育应当"为社会主义培养全面发展的劳动者"。以"综合技术教育"为代表的劳动教育于 20 世纪 60 年代在民主德国应运而生。为社会建设培养全面发展的"工业人"成为学校的教育目标，综合技术课将学校教育和劳动技术教育结合起来，在劳动中完成学生的自我教育，使其逐渐掌握认识和改造具体生活的方法，形成逻辑思维的能力。② 1964 年 5 月德意志民主共和国文化教育委员会(der Deutsche Ausschuss für das Erziehungs-und Bildungswesen)颁布了《关于在主体中学设置劳动课程的建议》，首次正式将劳动教育作为一门独立课程引入主体中学，旨在引导学生实现"头、心和手"的全面发展，并帮助学生进行职业规划，形成完整的职业观念。③

为了在学校层面进一步落实《关于在主体中学设置劳动课程的建议》，1969 年，联邦德国文教部长联席会议再次提出《关于将劳动教育推广至主体中学的重要建议》，旨在使劳动教育课程方案具体化，对主体中学劳动课程设置、内容、方式都做了比较细致的规定，如规定德国主体中学自 7 年级起开设经济、职业选择与规划，以及与职业、企业、市场相关的课程，向学生传授未来职业所需的基本知识，并确立了发展学生劳动知识、能力与态度的教育目标。1987 年 10 月，为了应对社会和科技的迅速发展，文教部长联席会议再次颁布了《关于初中劳动课程的说明》，将劳动课程推广到中等教育第一阶段(5～9/10 年级) 的所有学校，并强调"在当下复杂的社会环境下，应当将培育学生的独立能力、评价能力以及社会责任感作为劳动教育的重要内容。并让他们学会

---

① 凯兴斯泰纳：《1920 年全德学校工作会议第五委员会关于劳动课的指导原则》，第 201－121 页，见《联邦德国教育改革(教育学文集)》，北京，人民教育出版社，1991。

② 陈和华：《苏联教育理论发展的历史道路》，载《现代中小学教育》，1989(1)。

③ 任平、贺阳：《从"劳作学校"到"普职融合"：德国劳动教育课程建设的价值嬗变、特征与启示》，载《全球教育展望》，2020(10)。

及时调整自己以适应随时可能出现的与劳动、技术、家政、经济等密切相关的生活情境”①。

(三)重新统一后：协助解决社会劳动的现实问题

20世纪八九十年代，伴随着全球化竞争的加剧，劳动力市场对于劳动者学历层次的要求逐步提升，德国引以为豪的双元制职教模式受到巨大的挑战。加之2001年PISA测试中德国基础教育的表现“糟糕”，传统中等教育的三轨制受到诟病。为此，德国积极实施“普职融合”的中等教育体制改革，旨在实现普通教育（学术教育）与职业技术教育在课程体系上的融合和贯通，劳动课程作为普通教育中劳动技术知识渗透的重要环节，成为普职融合课程改革的核心内容。联邦各州对传统劳动教育课程进行改革，开设了诸如“经济—劳动—科技课程”“职业准备课程”“经济类职业与学业指导课程”“信息技术”“机械与工业基础知识”等课程。为实现普通教育与职业技术教育的融合和互通，德国的一些联邦州还开设了综合中学(Gesamtschule)。②

2013年4月，德国正式推出“工业4.0”国家振兴战略，智能信息物理系统取代自动化流水线，成为工业生产与物流领域的核心技术。为了适应新的生产方式，2016年，联邦教育与职业教育研究所开始推进“职业教育4.0”计划，设法将数字能力作为职业必备的技能融入普通教育课程。③ 同年10月德国教育部颁布了《数字型知识社会的教育战略》(*Bildungsoffensive für die digitale Wissensgesellschaft*)，12月召开文教部长联席会议继而正式出台了《数字世界中的教育》(*Bildung inder digitalen Welt*)，明确了数字教育发展战略。以数字教育发展全面推进工业4.0改革计划，作为信息技术教育最直接的载体——劳动教育被赋予了新的历史使命。④ 德国教育文化部长联席会议(KMK)于2017年12月通过的《关于学生在学校中职业导向的建议》规定德国各州在中等教育第一和第二阶段设置学生个体职业导向的固定课程。

二、德国小学劳动教育的典型模式

德国小学教育阶段除了少数州为六年(如柏林)之外，其余为四年。由于德国是联邦制国家，各州具有小学教育的自主权，各州小学劳动教育政策因不同的政党掌权而不尽相同。但各州普遍重视对小学生的劳动教育，认为劳动教育是学生职业生活和走上社

① 任平、贺阳：《从“劳作学校”到“普职融合”：德国劳动教育课程建设的价值嬗变、特征与启示》，载《全球教育展望》，2020(10)。

② 同上。

③ 同上。

④ 同上。

会的重要准备和基础，是学生全面素质教育的重要组成部分，并贯穿于小学教育的全过程。德国小学劳动教育主要采用学校单独开设劳动教育课程、劳动教育内容渗透至其他课程或在家庭教育中开展劳动教育等。

(一)开设劳动教育课程

德国劳动课程强调“把自由培养和社会服务的训练协调起来，把自由培养和有效愉快地参与生产性作业的能力协调起来”，以达到消解劳动教育与文化修养对立、劳动与闲暇对立、理论与实践对立、身体与精神对立、物质世界与心理状态对立之目的。实施劳动教育不仅是为了将来学生能够从事或学到某项技术，而且是学生成为一个正常的社会成员应该具备的基本生活素养。

德国小学劳动教育目标分为基础目标和终极目标。各州小学劳动教育的基础目标大体可归纳为对学生实施全面的劳动、经济、技术方面的教育，激发和培育每个学生的劳动兴趣、劳动观念，使之具备适应目前及将来生活的基本能力；引导学生高度负责地从事生产和劳动，以最大限度地减少危害环境的行为；帮助学生正确选择适合自己的职业，使其有能力在受技术和经济影响越来越大的社会中谋求发展；培养学生热爱劳动、尊重劳动者的情感，塑造学生热爱劳动的意识与态度，强化学生诚实劳动与美好劳动的家国情怀，使学生初步掌握必备的劳动知识与技能，为学生综合素养的全面提升打好基础。

德国小学劳动教育的终极目标是回归人的主体，以教化思想为基础，面向每一个学生，最终促进个体的全面和谐发展。劳动教育的基础目标和劳动教育的终极目标，是相互联系、相互依存、辩证统一的。两者的实现是初步的，过程是永远的。

德国小学学校劳动教育课程包括专门手工课(Werken)、劳动综合知识课程(劳动常识课)(Sachunterricht)、渗透式劳动教育和劳动实践。比如，在德国巴伐利亚州，学校按照州劳动教育大纲要求每周安排 4 节常识课，其中 2 节是劳动知识传授，2 节是手工劳作课。

1. 劳动常识课

德国一些联邦州从小学阶段就开设有劳动教育的相关课程，一般称为“常识课”。这门科目涉及很多不同领域的内容，包括自然、环境、技术、职业工作、日常生活、交通安全、人与饮食以及物理、化学等学科基本知识等。常识课的开设旨在培养学生对于自然环境、日常生活、科学技术领域的兴趣，并帮助学生初步了解自然、社会、人类生活，掌握独立生活的基本常识与生活技能。小学阶段常识课作为劳动教育的一部分，设置了不同类型的活动课程，强调学生脑、心、手的协调合一，通过有意识的活动安排培养他们动手参与日常劳动的能力，将其视为职业工作和社会生活的重要准备与基础，同时培养学生正确的劳动观念。

例如，巴登一符腾堡州小学开设劳动常识课，课程任务是帮助学生认识和了解自己的生活世界，包括社会、经济、自然、技术、生物等各个领域的知识，也会传授与劳动相关的知识，培养学生的劳动能力，如认识常用设备、动手操作能力等。《小学综合知识课教学大纲》对小学生的能力提出了以下要求：能根据选定的材料特性（如颜色、形状、纹理）对日常物品进行分类；能区分日常材料（如木材、金属、玻璃、塑料、纺织品）；能回收废料，对材料进行二次利用，学会在学校和家里进行垃圾分类；能从日常材料中建立不同的桥梁模型并描述其设计原则(如梁、拱门、吊桥)；能学会使用型材和三角形接头作为增加稳定性的手段；能掌握简单的手工操作，包括画图、构建、测试等。

2. 专门手工课

专门手工劳作课要求学生进入专门劳动教室，在教师的指导和帮助下完成指定的活动任务，如用废旧材料完成一件手工作品，制作一个木制玩具或者一件陶器。为了帮助学生了解基本的饮食习惯与烹饪常识，一些学校还设置专门的烹饪教室，配备各种厨房用具，学生不仅需要认识与了解家庭烹饪的相关设备，还需要掌握一些基本的烹饪方法，真正有能力做一顿饭。在健康膳食课上，教师还需要教授一些关于健康饮食的知识，如食品加工、饮食卫生、烹饪技巧、餐桌礼仪等内容。为了树立正确的劳动观念，学生还需要定期轮班参与学校食堂的工作，如分发刀叉、整理餐具、收拾残羹、食堂清洁等，并学会尊重不同文化背景的饮食习惯，了解不同文化的膳食结构，培养跨文化意识、劳动责任感与关爱服务精神。①

在巴登一符腾堡州，小学阶段(1～4 年级)开设了艺术/手工课程(Kunst/Werken)，该课程旨在培养学生的创造力、审美能力和动手操作能力。2016 年，巴符州颁布的《小学艺术/手工课教学大纲》，对该学龄段的学生提出了以下要求：能使用绘画、印刷工具进行创作；能根据不同的织物运用不同的缝纫和纺织技术；能使用不同材料制作雕塑、物件等；能在探索周围建筑和空间的基础上，认识不同空间的功用，并进行空间改造；能通过玩偶表演来讲述自己编排的故事；能运用媒体设备进行课堂展示；了解常用材料的属性，了解日常物品的功能及其内外部构造，掌握工具的安全使用常识。

在巴伐利亚州，小学(1～4 年级)的手工劳作教学内容包括编织、木工、手工制造、陶器等。每个年级的劳动教育课名称都是“手工与设计课”，课程内容具体包括四个领域：设计基础和设计原则、材料、制作技术与过程以及文化意义，其中一、二年级与三、四年级分别要求达到不同的基本能力。

---

① 任平、贺阳：《从“劳作学校”到“普职融合”：德国劳动教育课程建设的价值嬗变、特征与启示》，载《全球教育展望》，2020(10)。

表 10-3　德国巴伐利亚州小学手工与设计课程①

年级	课程	课程领域	课程基本内与培养的能力
一、二年级	手工与设计	1. 设计基础和设计原则 2. 材料 3. 制作技术与过程 4. 文化意义	1. 描写选定的材料与手工作品作为规划简单的制造过程的基础(如由金属箔制成风车) 2. 尝试简单的手工技术(如缝补)，以便总结制作过程的经验 3. 制作简单的手工作品(如纸飞机)，并使用专业术语对制作过程进行描述 4. 设计出独特且富有想象力和创造性的简单手工作品 5. 向同学们展示自己的作品并描述所使用的方法 6. 赏析其他同学的作品并表达欣赏
三、四年级			1. 根据对材料和作品的检查与描述，写出多步骤的制作过程 2. 尝试思考更加复杂的工作技术并在制造过程中实施 3. 制作更大的作品(如石头信封、木制玩具)，并用专业术语描述整个制作过程，根据个人的想象力和创造性设计出更加复杂的手工作品 4. 作为展示的一部分，学生应该根据适当的评判标准来评估自己与他人的劳动成果 5. 评估传统的手工作品(如钩针编织作品、黏土作品)时，对他人的工艺表示赞赏

(二)融合课程或实践活动

在德国除了专门开设劳动教育课程，小学阶段的一些学科课程也渗透劳动教育内容，如艺术、语言课里渗透劳动教育知识。

德国学校也会经常组织学生开展一些实践活动，如指导小学生对教室进行大扫除，学生要自己完成校园环境的打扫工作，毕业时清洗课桌椅，将干净的学习环境留给学弟学妹。另外，学生每天都要打扫厕所，一方面可以学习如何打扫厕所，另一方面借此养成平等的职业观念。

(三)家政教育活动

德国通过法律规定 6 岁以上的孩子必须帮助父母干家务：6～10 岁的学生，要帮助父母洗碗、扫地、买东西；10～14 岁的学生，则要负责剪草坪和给全家人擦鞋等；14～16 岁的学生要洗汽车、整理花园等。② 因此，除了学校之外，各种社会机构和家庭也常为小学生提供与劳动教育有关的活动。例如，巴登—符腾堡州的妇女协会与家

① 刘云华：《课程内容广、时间长 、方式多的德国劳动教育》，载《上海教育》，2020(8)。

② 董晓波、张培：《浅析德国基础教育中的劳动教育》，载《中国社会科学报》，2020 年 6 月 29 日。

庭主妇协会组织发起了许多家政教育活动。其中，"营养助手驾照"活动以课程的形式向小学 3～4 年级的学生提供相关教育。学生要修满六个单元的课程，包括认识面包、蔬菜、谷物；掌握厨房卫生、操作安全和餐桌礼仪，通过游戏和实践学会如何处理食材、使用厨具；了解营养、消费、家务劳动等方面的知识。在课程结束时，学生会参加书面和实际动手操作方面的考核(如给父母做一桌冷餐)，通过考核后可获得营养助手证书。

在家庭生产生活中，家长要为小学生提供提高家庭劳动技能、家庭日常事务管理能力、家庭财务支出管理能力的劳动项目，如让小学生负责为家中花园浇水、翻土和除草，帮助父母 烹饪、洗餐具、收拾房间、擦洗家人的鞋子。

三、德国小学劳动教育的主要经验

(一)劳动教育内容丰富

德国十分重视劳动技术教育，把劳动技术教育视为学生今后顺利融入职业生活与社会生活的重要基础和培养学生综合素质的重要手段。因此，德国劳动教育课程所包含的具体内容也十分广泛。在小学低年级主要以手工技术课的形式进行教育，如纸工、编织、木工、陶器等，主要为了培养孩子的动手能力和想象力。通过对这些课程的学习，学生可以培养在今后的社会生活中与人和谐相处、遵纪守法的意识，为劳动生活打下坚实而丰富的理论基础。

为应对全球化、工业化、信息化和数字化带来的巨大挑战，德国中小学劳动教育以社会和经济的可持续发展为导向，不仅整合了多个领域内的知识与技能，还将计算机知识、数字技术、职业实践、家政劳动、经济发展规律等新兴内容纳入学校课程之中，辐射个人、家庭、社会生活和工作等多个方面，使劳动课程内容不断得到扩展。①

除了面向社会生活的实践活动，针对个人领域的家政劳动也是德国中小学劳动教育的重要内容，涉及家庭事务管理、烹饪、园艺、卫生健康等内容，其目的在于在实践培养中小学生的劳动兴趣，并树立恰当的劳动观念。例如，学习财务管理和日常消费规划等内容有助于学生形成基本的财务管理能力，了解各类税收的基本常识，养成正确合理的消费习惯，从而使其成为具有独立履行相应家庭事务的能力的家庭成员，并进一步通过积极参与家庭活动，培养其家庭责任感、服务精神。

(二)劳动教育形式多样化

德国劳动教育课堂灵活。德国小学班额一般控制在 30 名以内。通常来说，在上劳

---

① 任平、贺阳：《连通学校与现代社会生活的桥梁》，载《外国中小学教育》，2019(8)。

动技术课程的时候会将一个班级分为两个小组进行教学，由不同的教师分别上课。教师上课主要采用“项目式学习”的方法进行教学，即让学生针对不同的主题开展学习活动，劳动课上会要求学生针对不同的项目主题，如人与技术、市场的关系，根据文本指导来独立完成一个复杂的任务，从中锻炼学生的计划、实施、评估以及反思的能力。一般教学大纲只规定教学目标，因此教师在上课时候有较大的自由发挥的空间，可以通过独立学习、分组学习、合作学习的形式进行教学。此外，德国劳动技术教育的教学设备十分完善且讲究，通常都配备有金工、木工、电工、营养与烹饪、塑料加工等专业教室，总体配置水平与理、化、生实验室相仿。烹饪课程的专用教室甚至包括了四种不同的教室格局，就是为了更加贴近德国真实的厨房。由此可以看出，德国对劳动教育的重视程度。

此外，德国劳动教育课程实施的形式丰富，涵盖了多种校外实践形式，如社会实践、企业实习和手工工厂实习。丰富多样的实习经历为学生参与社会生活和工作奠定了良好的实践基础。

(三)劳动教育内容与其他学科课程融合

德国小学劳动课程通过设置多种与社会生活和工作相关的主题，将多门学科内容与劳动课程的相关内容串联了起来。如在宗教课、伦理课、公民教育课中，融入劳动教育内容培养学生的劳动素养，塑造学生劳动价值观。此外，由于德国的劳动教育课程的实施多采用“项目式学习”，因此，学生在基于项目的学习之中，自主运用多种学科的知识以解决问题，劳动教育的内容就自然而然地会与其他学科课程的知识相互融合。

劳动教育内容与其他学科课程内容相结合，可以有效地提高学生的综合运用能力、问题解决能力。在学生的生活中，实际问题往往是复杂的、多变的。学生以单一的知识或单一的思维方式往往无法解决这些复杂多变的实际问题，只有学会综合运用多种学科的知识、转换思维方式才能够提升对实际问题的解决能力。因此，除了专门的劳动教育课程外，将劳动教育的知识与其他学科的知识相互融合能够锻炼学生的问题解决能力。

第三节 英国小学劳动教育的实践

英国的生涯教育体系较为完善，较早提出了劳动教育的理念。① 16世纪初期，英国人文主义学者、早期空想社会主义学说的创始人托马斯·莫尔便在其著作《乌托邦》(*Utopia*)中提出了“与生产活动相结合，培养德智体美劳全面发展”的朴素劳动教育理念，② 乌托邦里的少年儿童要从小进行农作教育，在学校和农庄参与农事方面的学习，此外他们还要学习一门劳动技能。英国教育家洛克把劳动教育看作是一种重要手段，认为劳动可以使儿童的身体、智力和道德得到发展。③ 在19世纪到20世纪末之间，随着各项主张或法律的提出，英国政府和学校逐渐通过立法保障、标准建立等措施开创极具特色的劳动教育模式。到21世纪，英国教育部门更加关注小学阶段劳动教育和职业教育相关课程的开设，以此提高儿童对未来职业、劳动实践的认知。劳动教育已成为英国小学教育体系中的重要组成部分，并在较长的发展历史中形成了极具英国特色的劳动教育模式。

一、英国小学劳动教育的历史发展

英国早期对儿童全面发展的教育理念推动了英国小学劳动教育的发展，甚至相关论述直接影响了英国人本教育理念的发展以及相关劳动教育政策的推行。

(一)19世纪以前：劳动教育的萌芽

古代英国，教育具有阶级性和象征性，是英国贵族等少数人才能享有的特权。这一阶段的教育内容并不涉及与劳动相关的知识和技能，教育与劳动是脱离的。一直到中世纪，新兴市民阶层的形成，促进了城市学校的产生，此时的教育内容开始强调读、写、算等基础知识和技能的掌握，而这些知识与技能与当时正蓬勃发展的商业、手工业活动密切相关，而学校教育主要培养从事手工业、商业等职业的人才，教育逐渐与劳动结合到了一起。

---

① 这里的英国特指英格兰和威尔士。

② 郝德：《人的存在方式与教育的乌托邦品质》，载《高等教育研究》，2004(4)。

③ 王本余：《儿童权利的观念：洛克、卢梭与康德》，载《南京社会科学》，2010(8)。

17世纪，英国的农业、手工业和商品经济迅速发展；18世纪，第一次工业革命在英国发生。为了满足当时英国经济发展对劳动力的需求，欧美国家开始建立与古典教育不同的实科教育体系，这种教育体系不以古典语言、文学为主，而以数学、物理、化学、生物学、地理及其他实用学科为主要教学科目，以实用知识为主要教学内容，强调教育的实用性、培养人的职业劳动技能。如依照洛克的主张，集中贫苦儿童或流浪儿童的"工作学校"产生，主要让学生从事纺织品制作等方面的手工劳动，这种教育模式成为英国劳动教育的雏形。

(二)19世纪到20世纪末：劳动教育的制度化

1870年，英国颁布了首部教育法《福斯特教育法》(*Forster Education Act*，亦称《1870年初等教育法》)，英国政府开始持续地拨款补助教育，在缺少学校的地区设置公立初等学校，英国各学区开始实施5～12岁儿童的义务教育，为国民开启了接受国家义务教育的道路，也为后来英国小学劳动教育的开展提供了最基本的学校教育形式。

1944年，当时的英国教育大臣巴特勒提出并颁布了《1944年教育法》(*Education Act*，1944*B* ，即著名的《巴特勒教育法》)，英国开始废除以往中小学教育不连贯、相互重叠的学制。此后初等教育作为公共教育的重要部分，被分为三个阶段，即保育学校(2～5岁)、幼儿学校(5～7岁)、初等学校(7～11岁)，该法案构建了英国教育制度的基本框架，并以法律的形式确定了职业技术教育的重要地位，这为英国小学劳动教育的发展打下了坚实基础。

1988年7月，英国议会通过了《1988年教育改革法》(*Education Act*，1988*B*)，该法案要求在全国范围内设立统一的课程，称"国家课程"，规定中小学在义务教育阶段(5～16岁)统一开设10门基础学科，各小学需要开设一定的附加课程(家政、保健知识、信息技术、生涯指导等)，这加快了英国20世纪90年代教育改革的步伐，关于学生劳动观念、实践能力、综合素质培养的教育纲领也随之得到革新完善。①

(三)21世纪以来：劳动教育的大力发展

进入21世纪，英国的教育部门十分注重对小学阶段学生掌握知识的能力、生活技能的培养，鼓励学生养成自主学习和研究的习惯，强调学以致用，在生活和社会实践中使用已掌握的知识与技能。

2003年，英国政府颁布了教育绿皮书《每个孩子都重要：为孩子而改变》(*Every Child Matters*：*Change for Children*)，明确现代英国教育"希望每一个孩子都拥有幸福快乐、健康和安全的童年，逐渐成长为拥有经验、学历和生活技能的成年人，在社会

---

① 董晓波、张培：《英国劳动教育重视生活技能培养》，载《中国社会科学报》，第7版，2020年8月3日。

生活和就业过程中能够取得成功，并实现个人的自身价值”的目标①。同时，绿皮书强调了要发展学生自理能力、劳动观念，寓学于乐，潜移默化地发展学生的综合生活技能，培养儿童的“生活技能”(可细分为“决策与解决问题能力”“创造性思维与批判思考能力”“沟通与人际交往能力”“自我意识与移情能力”“处理情绪与压力能力”五种能力)②。

2007年，布朗首相上任后在全国范围内开展了被称为“对话时刻”的全国教育大讨论，随后颁布了教育蓝皮书《儿童计划》。蓝皮书指出，英国将从2007年9月开始建立个性化教学的“试验田”，在实验学校中教师随时跟踪学生的学习进程，为儿童提供适时适地的教育。教学着重考察儿童发展阶段，并且谋划改变因年龄而设置的考试制度，强调针对不同学生个性发展因材施教的重要性。

2009年，英国政府还发布了教育白皮书《你的孩子，你的学校，我们的未来：建设21世纪的学校制度》，其中“通才取向”的课程设置强调学生的贯通能力，注重教育与生活和社会需要的结合，尤其是基础教育阶段培养教育与生活的连接意识。白皮书中提及的信息素养、职业与创新创业素养也都与劳动教育密切相关。

2019年3月，英国教育大臣达米安·海因兹宣布英国教育部将与各行业专业人士合作，在小学开设与职业教育相关的课程，以提高儿童对未来的认知。英国教育部研究表明，尽管国家没有强制要求，但是96%的小学已经为学生提供量身定制的职业课程，并且将进一步与相关专业人士合作，争取职业教育在小学阶段全面覆盖。

当前，英国已开展“小学未来项目”(Primary Futures Programme)，为小学生创建与各界专业人士接触的机会，并提供相应的课程以提高儿童的职业憧憬，同时消除学生对不同职业的刻板印象。目前，英国已采取一系列措施在小学阶段发展职业教育。例如，向英国生涯与企业公司(Careers & Enterprise Company)投资200万英镑，发展和延伸小学职业教育课程，该公司将帮助学生开发有效的中学个人职业指导模型以及可从职业教育获益的模型③。达米安·海因兹表示，良好的职业教育是一份宝贵财富，有利于帮助儿童探索未来，体验有意义的生活。小学生在学习与职业相关的知识技能时，也能充分明确他们未来的职业定位。

二、英国小学劳动教育的典型模式

目前英国国立小学专为5～11岁的儿童设立，在苏格兰及英格兰的部分地区，小

---

① 黄进添：《每个孩子都重要——感受以生为本的英国教育》，载《现代教育论丛》，2007(2)。

② 刘建、魏志英：《英国创新型人才培养模式》，载《中国民族教育》，2012(11)。

③ 王敏：《英国政府与业界人士联手为小学提供职业教育》，载《世界教育信息》，2019，32(7)。

学学龄延至12岁。小学通常分为“幼儿”及“初级”两部分，部分地区由国立地方教育局开办的学校则使用“初小”“高小”“中学”三级制，小学生8岁或9岁转读高小，并在12岁或13岁时读中学。虽然政府并无硬性规定5岁以下的儿童必须入学，但大部分地区的地方教育局均有提供学前或幼儿教育，由具备教学资质的教师任教，而英国小学主要从国家课程、社会实践、生活技能三个方面着手开展劳动教育。

(一)开设国家课程

学校是英国劳动教育开展的实施主体，而课程作为实现教育教学目标的主要载体，在其中扮演着举足轻重的作用。英国国家课程(The National Curriculum)主要分为四个关键阶段(Key Stages，详细的课程结构详见表10-4)，其中英国小学阶段的国家课程主要涉及前两个阶段，即一二年级(5～7岁)的“关键阶段1”(简称*KS*1)和三到六年级(7～11岁)的“关键阶段2”(*KS*2)。这两个阶段的主要科目包括：英语、数学、科学、设计与技术、历史、地理、艺术与设计、音乐、体育、计算机、古代和现代外语等课程，这些国家课程中与劳动教育和劳动技术相关课程有计算机、艺术与设计、设计与技术。

表10-4　英国国家课程结构

	关键阶段1(KS1)	关键阶段2(KS2)	关键阶段3(KS3)	关键阶段4(KS4)
年龄	5～7岁	7～11岁	11～14岁	14～16岁
国家核心课程(National Core Subjects)				
英语	√	√	√	√
数学	√	√	√	√
科学	√	√	√	√
国家基础课程(National Foundation Subjects)				
艺术与设计	√	√	√	
公民课			√	√
计算机	√	√	√	√
设计与技术	√	√	√	
外语	√	√	√	
地理	√	√	√	
历史	√	√	√	
音乐	√	√	√	
体育	√	√	√	√

1. 计算机课程

在数字化发展的时代，劳动已经不仅仅是“体力付出”的代名词，其中增添了信息化和新兴技术的元素。早在 2013 年，英国就将计算机编程课程引入国家课程教学大纲，成为最早一批在小学开设编程课程的国家。2014 年被英国定为“编程之年”，从 2014 年开始，英国教育部门规定计算机编程是 5～16 岁儿童的必修课程，在小学毕业前，学生必须具备基础的计算机双语能力。英国小学阶段的计算机课程要求学生可以理解并应用计算机科学的基本原理和概念(包括抽象、逻辑、算法和数据表示)；能够用计算术语分析问题，并具备为解决实际问题而编写程序的、重复性的实践经验；可以通过分析性评估和运用信息技术(包括新兴的或不熟悉的技术)解决问题；成为负责任的、有能力的、自信的、富有创造力的信息和通信技术用户。从课程要求可以看出，英国小学非常关注培养学生通过计算机技术解决实际问题的综合能力，学校积极在培育数字世界的参与者，这为学生的未来职业发展奠定了良好的技术基础。

2. 艺术与设计课程

英国国家课程中艺术与设计课程从 KS1 阶段开设到 KS3 阶段，不同阶段课程教学大纲也是不尽相同的，充分培养学生的创造力和参与艺术劳动的能力。KS1 阶段要求学生创造性地使用各种材料来设计产品；能够运用绘画和雕塑，培养学生的想象力；在色彩、图案、纹理、线条、形状和空间的运用上，发展多元化的设计技巧；教师向学生介绍一系列艺术家、设计师的作品，描述不同手法和领域之间的异同。KS2 阶段要求学生学习使用素描本来记录观察，并通过素描本来回顾自己的想法；提高对艺术和设计技巧的掌握，包括使用不同材料来绘画、雕塑(铅笔、水彩、黏土等)；了解历史上伟大的艺术家、建筑师和设计师。英国小学阶段的艺术课程不会局限于教室中，教师会定期组织学生去参观美术馆、博物馆、肖像艺术馆等艺术场馆。英国小学每周都会开设至少半天的艺术实践类课程，其中涉及的实践内容非常丰富，基本包含了艺术中所有的表现形式，如素描、绘画、陶瓷、雕塑、纺织等，在实践中充分调动学生探求艺术中劳动元素的积极性，开发了英国学生的创造力和想象力。

3. 设计与技术课程

设计与技术课程同样在英国学校的 KS1 阶段到 KS3 阶段开设，该门课程类似于中国的劳动技术课程或通用技术课程。英国小学阶段的设计与技术课程要求学生具备完成日常任务所需要的创造力、技术和实践专业知识，并要求学生能将这些知识投入日益科技化的世界中①；构建并应用一系列知识，理解能力和技能，以便为广泛的用户设计和制作高质量的原型和产业打好基础；评论、评估和验证他人的想法、产品和工作；

---

① DfEE. *Careers Education in the New Curriculum*: *Its Relationship to PSHE and Citizenship at Key Stages 3 and 4*, Crown London: DfEE Publications, 2000.

明白并能够运用营养学原理，学习如何烹饪。相关的课程内容主要涉及设计、制作、评估、技术知识四个部分，强调学生通过大量创新性的、复杂性的实践活动，在丰富的环境和场景(如学校、家庭、社区、企业等)中，体验式地参与设计与技术的学习①。

值得一提的是，烹饪课程被纳入设计与技术课程板块，成为英国中小学的必修课。如果出现不及格的情况，甚至会影响学生毕业。在2006年，包括英国心脏基金等在内的50家健康机构、教师工会、儿童福利机构、妇女协会等单位组成了“儿童食物运动”(*Children's Food Campaign*)向英国政府致信提议在中小学开设烹饪课程，英国政府教育与技能部也接纳了该项建议，并决定为了培养中小学生的劳动意识和能力，从2008年9月起，烹饪课程被列为中小学的必修课程②。将烹饪课程列为中小学必修课程的举措是英国历史上首次的、具有里程碑意义的重大决定。英国儿童、中小学与家庭部要求学生要学会做英国传统菜肴和来自其他国家的美食，而其核心要求是“8个菜工程”，每名学生要学会以新鲜原料烹饪8种不同的菜肴，这8个菜肴不仅要符合青少年和儿童的口味，并且要符合健康可口、简单易学的特点。在每周至少两次的烹饪课上，学生会学会设计营养均衡的食谱、制作蔬菜沙拉等健康菜肴，在期末成绩单上，一定要有学生的烹饪课成绩，如果这门必修课成绩不合格，学生必须参加补考。从2014年9月起，英国教育部要求学生必须在14岁前能够做出不同种类的20个菜肴品种③。甚至对于4～5岁的幼儿，英国政府也要求他们学习烹饪课程，家长和教师要教会学生大致识别食物的营养价值和热量大小等。英国小学和中学推行烹饪必修课程，让学生体会生活技能和劳动的重要性，培养了英国学生独立生活、健康生活的能力。

(二)开展社会实践活动

英国小学阶段的社会实践活动主要涉及到户外营地教育和童子军教育这两种形式，这两种社会实践活动中的劳动实践不仅仅关注了学生的体力劳动，而且培养了学生在未来成长和发展中所需要的综合素质。

1. 英国户外营地教育

目前，越来越多的英国家长会在假期时为学生报名参加户外营地教育项目，户外营地教育已成为英国社会推动中小学阶段劳动教育的一股强劲力量。参加户外营地教育不仅可以让学生结交新的朋友、接触学校接触不到的新鲜事物，也有助于培养孩子独立自主、团队合作、劳动素养等能力。根据户外营地类型的不同，学生也会有不同的收获，比如文化类的户外营地教育项目会丰富学生的知识和阅历；运动类的户外营

① 石佩：《英国劳动教育为未来工作生活做准备》，载《上海教育》，2020(8)。

② 方留民：《英中学将把烹饪课程作为必修课》，载《世界文化》，2008(3)。

③ 英国教育部：《英国国家课程框架文件》，见英国政府网，2013年7月。

地教育会让学生获得运动技能，强健学生体魄；探险类户外营地教育培养了学生勇敢自信的精神和他们的户外生存技能①。

Inspiring Learning 是英国最大的针对学生的探险营地供应商，该营地供应商成立于1980年左右，一直致力于为3～17岁的学生提供户外营地教育项目。营地主要分为日间营(*Day Camp*)和住宿营(*Residential Camp*)两种，日间营一般在伦敦的优质学校及周边地区举办，住宿营位于 *Inspiring Learning* 的住宿中心(营地基地)②。近40年来，已有100多万儿童参加日间营。营地活动丰富多彩，其中劳动体验类课程有手工艺品制作、糕点烘焙等，通过这些劳动体验类课程，学生在营期间需要独立照顾自己，完成自己洗衣服、收拾行李等劳动，而且大部分营地都会涉及体力劳动活动，学生在此期间能充分学习技能，进行创造性劳动实践，并培养对劳动的热爱，学会尊重劳动。

2. 英国童子军教育

19世纪末20世纪初，英国国际童军运动创始者罗伯特·贝登堡鉴于当时英国青年道德堕落、体格衰弱等问题，创立童子军，通过野营等户外活动培养青少年健康的体魄和吃苦耐劳、勇敢卓越的精神。英国的童子军教育主要设立了“户外”“冒险”“世界和技能”三个主题，通过徽章和荣誉体系将不同的课程串联起来，其课程目标基于童子军活动的宗旨——积极支持青少年个人在生活技能、劳动技能方面的发展，并助力他们为社会做出贡献③。

整个童子军教育活动会根据不同年龄段分为五个阶段，分别是海狸童子军、幼崽童子军、童子军、探索者以及童子军网络。童子军教育的每个阶段由连贯的徽章和荣誉体系构成，分别是活动徽章(*Activity Badges*)、阶段活动徽章(*Staged Activity Badges*)、挑战荣誉(*Challenge Awards*)、核心徽章(*Core Badges*)和趣味徽章(*Fun Badges*)。英国童子军教育要求青少年或儿童参加连贯的活动来加深对某个特定领域的理解并获得相应技能，核心徽章比较特殊，只能通过升级到下一个新的阶段或者参加童子军大会获得，每一类别的徽章和荣誉在5个阶段都包含不同的活动内容。海狸童子军面向的对象主要是5～8岁的英国小学生，这个阶段的儿童一般每周聚会1小时左右，独立商讨一周的活动安排和规划，主要包括探索当地社区，提供在其他海狸童子军家过夜的新鲜体验。这个阶段主要强调鼓励儿童积极参与，使其在轻松愉悦的状态下获得活动徽章和荣誉，而不是达到某个标准。幼崽童子军年龄在8～10岁，课程内容是海狸童子军课程的进阶，通过完成7项包含“冒险”“户外”“世界和技能”以及团队合作的荣誉，可以获得首席童子军银质荣誉。

---

① 英国教育部：《职业战略：充分发挥每个人的技能和才能》，见英国政府网，2017年12月4日。

② 石佩：《英国劳动教育为未来工作生活做准备》，载《上海教育》，2020(8)。

③ 吴小玮：《童子军运动探析及启示》，载《外国教育研究》，2015，42(6)。

英国童子军课程通过实施童子军方法(Scout Method)，再通过项目方法(Programme Method)用具体的技能学习和劳动案例给出指导，比如童子军方法提出了“在做中学，承担责任并做出选择”的教育理念，或通过“小团队合作”“尝试新事物并学习新技能”“进行团队建设和领导力活动”“承担责任”“给出想法和观点”“做出选择和决定”等项目方法细化并给出具体实施办法，让儿童在实践中获得快乐，认识新人并交朋友，建立友谊。

随着技能的不断积累，童子军的活动范围将会不断扩大，英国小学阶段童子军会有离家至少一日的集体在外过夜活动。童子军的常规活动为学期内每周一次 1～1.5 小时之间。除此以外，童子军周末的出行活动非常多，教官经常会带着童子军参观天文台或博物馆，或带着学生进行观看体育竞赛、参与极限运动、参加节日筹款等活动。

三、英国小学劳动教育的主要经验

通过对英国小学劳动教育政策和典型模式的梳理，可以从中总结一些经验，为我国小学劳动教育发展提供借鉴。

(一)国家确立劳动教育的法律地位

英国极其重视学生的生涯发展，从小学阶段甚至学前阶段就开始进行启蒙教育，帮助学生进行生涯探索、劳动启蒙和职业认知。从英国小学劳动教育的相关政策发展脉络来看，英国早在 20 世纪末就推动落实劳动教育在义务教育阶段的法律地位，设立了相关的国家课程。英国国家课程的设置形式多样、种类繁多，全方位、多角度为学生构建了劳动与技能学习的良好学习环境。英国的劳动教育主要围绕自然科学与社会研究课程、日常技能学习课程、设计与技术课程、社会参与性学习课程展开，不同的学科看似独立，但共同保证了学生在生活、劳动方面知识体系的完整性，加深了学生对生活、劳动概念的理解，帮助学生更好地了解周围世界，明白职业、劳动、技能等元素对现在及未来的意义，并引导学生将它们合理地运用到现实中去。同时，小学劳动教育着重从计算机课程、艺术与设计课程、设计与技术课程三个课程着手，通过丰富的学习场景(如学校、家庭、社区、企业等)，让学生能够身临其境地感受劳动，增强了学生对劳动的兴趣。

(二)学校形成相对完善的劳动教育体系

英国小学劳动教育的开展是建立在“关键阶段”的国家课程结构基础上，不同劳动技能的学习都要经历难度递增的不同阶段。学生要在这些阶段通过各种创造性实践活动掌握在不同环境中生活与工作的相关技能。同时，英国小学的劳动教育体系较为完备、系统，每一阶段的对学生的要求相对详细、可操作性强。以小学阶段的烹饪必修课为例，学生在第一个阶段仅仅只需了解食物来源，使用健康多样的饮食基本原则来准备菜肴；到了第二阶段，就要求了解并运用健康多样饮食原则，学会烹饪技法，了解食材季节性，并知道如何种植、饲养、捕获和加工等。

(三)社会组织营造良好的劳动教育氛围

社会组织对小学劳动教育良好氛围的营造作用主要体现在舆论导向和活动文化两方面。例如，英国的社会组织非常关注少年儿童的身体健康问题，“儿童食物运动”是推动英国政府设立烹饪必修课的直接原因，社会组织形成的正向舆论推动了英国小学劳动教育的发展。另以英国的童子军文化为例，其核心任务在于帮助青少年儿童通过探索和学习来保持强健的体魄，为未来的职业发展做好准备，使儿童提前承担起公民的责任和职责，这种文化对于促进学生形成正确、健康的职业观和劳动观有着积极的作用，是学校教育的良好补充。

本章小结

美国、德国、英国三个国家的小学劳动教育实践历史悠久，并已形成较为成熟的模式。美国作为一个典型的分权制国家，各州的小学劳动教育实践情况不尽相同，却积累了诸如 STEM/STEAM 教育、社会研究课程、服务学习等典型劳动教育模式；德国的小学劳动教育主要通过开设劳动教育课程、融合课程与实践活动、家政教育活动等模式展开；英国主要通过开设国家课程、社会实践活动等形式进行劳动教育。三国都以立法的形式确立了劳动教育的基本地位，通过开展多种形式的劳动教育，加强青少年的劳动素养，为我国小学开展劳动教育提供可资借鉴的经验。

章后练习

1. 比较分析美国、德国、英国的劳动教育的异同及其形成背景，并说说这对我国劳动教育的实施有何启示？

2. 请你对照英国小学阶段的劳动教育国家课程体系，分析与我国小学阶段劳动教育课程的相似处与不同处。

拓展阅读

1. 迪安·韦布．美国教育史：一场伟大的美国实验[M]. 陈露茜，李朝阳，译．合肥：安徽教育出版社，2010.

2. 曾天山，顾建军．劳动教育论[M]. 北京：教育科学出版社，2020.

3. 徐国庆．劳动教育[M]. 北京：高等教育出版社，2020.

参考文献

1.[德]凯兴斯泰纳．1920 年全德学校工作会议第五委员会关于劳动课的指导原则．联邦德国教育改革(教育学文集)．北京：人民教育出版社．1991 年。

2.[德]凯兴斯泰纳．工作学校要义．刘钧译．北京：商务印书馆．1935 年。

3.[德]马克思、恩格斯．马克思恩格斯全集(第 18 卷)．中共中央马克思恩格斯列宁斯大林著作编译局译．北京：人民出版社．1964 年。

4.[德]马克思、恩格斯．马克思恩格斯全集(第 20 卷)．中共中央马克思恩格斯列宁斯大林著作编译局译．北京：人民出版社．1971 年。

5.[德]马克思、恩格斯．马克思恩格斯全集(第 23 卷)．中共中央马克思恩格斯列宁斯大林著作编译局译．北京：人民出版社．1972 年。

6.[德]马克思、恩格斯．马克思恩格斯全集(第 3 卷)．中共中央马克思恩格斯列宁斯大林著作编译局译．北京：人民出版社．2002 年。

7.[德]马克思、恩格斯．马克思恩格斯全集(第 44 卷)．中共中央马克思恩格斯列宁斯大林著作编译局译．北京：人民出版社．2001 年。

8.[德]马克思、恩格斯．马克思恩格斯全集(第 46 卷下册)．中共中央马克思恩格斯列宁斯大林著作编译局译．北京：人民出版社．1980 年。

9.[德]马克思、恩格斯．马克思恩格斯文集(第 10 卷)．中共中央马克思恩格斯列宁斯大林著作编译局译．北京：人民出版社．2009 年。

10.[德]马克思、恩格斯．马克思恩格斯文集(第 1 卷)．中共中央马克思恩格斯列宁斯大林著作编译局译．北京：人民出版社．2009 年。

11.[德]马克思、恩格斯．马克思恩格斯文集(第 3 卷)．中共中央马克思恩格斯列宁斯大林著作编译局译．北京：人民出版社．2009 年。

12.[德]马克思、恩格斯．马克思恩格斯文集(第 8 卷)．中共中央马克思恩格斯列宁斯大林著作编译局译．北京：人民出版社．2009 年。

13.[德]马克思、恩格斯．马克思恩格斯选集(第 1 卷)．中共中央马克思恩格斯列宁斯大林著作编译局译．北京：人民出版社．1995 年。

14.[德]马克思．1844 年经济学哲学手稿．中共中央马克思恩格斯列宁斯大林著作编译局译．北京：人民出版社．2000 年。

15.[德]马克思．资本论(第 1 卷)．中共中央马克思恩格斯列宁斯大林著作编译局译．北京：人民出版社．2004 年。

16.[美]Grant Wiggins．教育性评价．国家基础教育课程改革“促进教师发展与学生成长的评价研究”项目组译．北京：中国轻工业出版社．2005 年。

17.[美]Judith Arter & JayMcTighe．课堂教学评分规则——用表现性评价准则提高学生成绩．国家基础教育课程改革“促进教师发展与学生成长的评价研究”项目组译. 北京：中国轻工业出版社. 2005 年。

18.[美]Richard J. Stiggins. 促进学习的学生参与式课堂评价. 国家基础教育课程改革“促进教师发展与学生成长的评价研究”项目组译. 北京：中国轻工业出版社. 2005 年。

19.[美]迪安·韦布. 美国教育史：一场伟大的美国实验. 陈露茜和李朝阳译. 合肥：安徽教育出版社. 2010 年。

20.[美]杜威. 杜威全集：中期著作(第 14 卷). 罗跃军译. 上海：华东师范大学出版社. 2012 年。

21.[美]约翰·杜威. 民主主义与教育. 王承绪译. 北京：人民教育出版社. 1990 年。

22.[日]田中耕治等. 学习评价的挑战——表现性评价在学校中的应用. 郑谷心译. 上海：华东师范大学出版社. 2015 年。

23.[瑞士]裴斯泰洛齐. 林哈德和葛笃德. 北京编译社译. 北京：人民教育出版社. 2005 年。

24.[苏]苏霍姆林斯基. 给教师的建议. 杜殿坤译. 北京：教育科学出版社. 1984 年。

25.[苏]苏霍姆林斯基. 帕夫雷什中学. 赵玮等译. 北京：教育科学出版社. 1983 年。

26.[苏]苏霍姆林斯基. 让少年一代健康成长. 黄之瑞、张佩珍等译. 北京：教育科学出版社. 1984 年。

27.[苏]苏霍姆林斯基. 睿智的父母之爱. 罗亦超译. 石家庄：河北人民出版社. 2002 年。

28.[苏]苏霍姆林斯基. 少年的教育和自我教育. 姜励群、吴福生译. 北京：北京出版社. 1984 年。

29.[苏]苏霍姆林斯基. 苏霍姆林斯基选集(五卷本)：第 4 卷. 蔡汀、王义高、祖晶主编. 北京：教育科学出版社. 2001 年。

30.[苏]苏霍姆林斯基. 苏霍姆林斯基论劳动教育. 萧勇、杜殿坤译. 北京：教育科学出版社. 2019。

31.[英]赫伯特·斯宾塞. 教育论：智育、德育和体育. 王占魁译. 北京：中国轻工业出版社. 2016 年。

32.《教师百科辞典》编委会. 教师百科辞典. 北京：社会科学文献出版社. 1988 年。

33. 边玉芳. 学与教的新评价. 杭州：浙江大学出版社. 2010 年。

34. 曾天山、顾建军. 劳动教育论. 北京：教育科学出版社. 2020 年。

35. 陈和华. 苏联教育理论发展的历史道路. 现代中小学教育. 1989 年第 1 期。

36. 陈林、卢德生. 小学劳动教育的路径及保障. 教学与管理. 2019 年第 17 期。

37. 陈尚志等. 人学新论. 北京：人民出版社. 2015 年。

38. 陈文平. 学校教育资源的价值认识和选择. 沙洋师范高等专科学校学报. 2003 年第 2 期。

39. 陈秀云、陈一飞. 陈鹤琴全集(第二卷). 南京：江苏凤凰教育出版社. 2018 年。

40. 程从柱. 论劳动教育的生命意义. 当代教育科学. 2020 年第 9 期。

41. 崔发周. 职业院校劳动教育的基本功能与有效形式. 职教论坛. 2020 年第 36 卷第 8 期。

42. 崔海英、李玫瑾. 美国中小学教育中的服务学习及其启示. 中国青年社会科学. 2019 年第 38 卷第 4 期。

43. 单中惠. “从做中学”新论. 华东师范大学学报(教育科学版). 2002 年第 3 期。

44. 刁叔钧. 杜威教育思想中的合作教育观浅析. 教育理论与实践. 2012 年第 32 卷第 16 期。

45. 董晓波、张培. 英国劳动教育重视生活技能培养. 中国社会科学报. 第 7 版. 2020 年 8 月 3 日。

46. 段冬梅. 新时代小学生劳动教育的价值探寻. 华东师范大学硕士学位论文. 2020 年。
47. 樊凯. 简论民国初年教育宗旨的嬗变——由“五育并举”到“四育并提”. 河北师范大学学报(教育科学版). 2011 年第 13 卷第 9 期。
48. 方凌雁. 劳动教育的现状、问题和建议——2019 年浙江省中小学劳动教育调研报告. 人民教育. 2020 年第 1 期。
49. 方留民. 英中学将把烹饪课程作为必修课. 世界文化. 2008 第 3 期。
50. 冯光国. 综合实践活动框架下中小学劳动教育区域实践——以济南市历城区为例. 现代教育. 2019 年第 10 期。
51. 冯颜利. 为何要高度重视劳动与劳动教育. 人民教育. 2020 年第 1 期。
52. 高德胜. 美国社会研究课程述评. 课程. 教材. 教法. 1999 年第 12 期。
53. 高平叔. 蔡元培年谱长编(第二卷). 北京：人民教育出版社. 1998 年。
54. 谷贤林. 美国学校如何开展劳动教育. 人民教育. 2018 年第 21 期。
55. 顾明远. 教育大辞典(上卷). 上海：上海教育出版社. 1998 年。
56. 国家教委. 九年义务教育全日制小学、初级中学课程计划(试行). 课程. 教材. 教法. 1992 年第 10 期。
57. 韩利红. 社会互赖理论视角下高职院校专兼职教师共同体构建研究. 中国职业技术教育. 2020 年第 9 期。
58. 韩升、赵雪. 新时代劳动教育的价值意蕴与实践路向——以马克思身体思想为基点的考察. 吉首大学学报(社会科学版). 2020 年第 41 卷第 5 期。
59. 郝德. 人的存在方式与教育的乌托邦品质. 高等教育研究. 2004 年第 4 期。
60. 郝晓红. 从杜威看生产与审美的结合. 学术交流. 2017 年期 10 期。
61. 郝志军、哈斯朝勒. 家庭、学校、社会协同是推进劳动教育的根本渠道和途径. 人民教育. 2020 年第 8 期。
62. 何东昌. 中华人民共和国重要教育文献(1949—1975). 海口：海南出版社. 1998 年。
63. 何国华、燕国材. 马卡连柯教育思想研究. 长沙：湖南教育出版社. 1986 年。
64. 何虎生、王玮. 习近平新时代劳动教育观的文化底蕴. 北京联合大学学报(人文社会科学版). 2020 年第 18 卷第 4 期。
65. 华东师范大学教育系教育学教研室. 教育学参考资料. 北京：人民教育出版社. 1980 年。
66. 黄进添. 每个孩子都重要——感受以生为本的英国教育. 现代教育论丛. 2007 年第 2 期。
67. 黄琦、屠明将. 职业院校参与中小学劳动教育资源供给的思考. 教育与职业. 2020 年第 21 期。
68. 江苏省陶行知思想研究会、南京晓庄师范陶行知研究室. 陶行知文集. 南京：江苏教育出版社. 1991 年。
68. 江颖. 在新时代劳动教育中有效利用网络媒体探究. 才智. 2020 年第 19 期。
70. 蒋晓东、龙佳解. 马克思“实践”概念与杜威“行动”概念之比较. 马克思主义与现实. 2011 年第 2 期。
71. 金可泽. 跨学科项目学习设计与实施机制——美国 STEM 课堂教学观察与启示. 上海教育科研. 2020 年第 4 期。

72. 康钊、祝蜜等. 劳动教育与三生教育关系探究. 教学与管理. 2018 年第 9 期。
73. 李成. 新时代大中小学劳动教育内容一体化的实践要求. 思想理论教育. 2020 年第 7 期。
74. 李德顺. 价值论：一种主体性的研究. 北京：中国人民大学出版社. 2013 年。
75. 李桂君. 论管理劳动的时代特征. 理论与改革. 2002 年第 6 期。
76. 李慧、邓涛. 中小学教师劳动教育信念的迷思与解蔽. 教师教育学报. 2020 年第 7 卷第 6 期。
77. 李坤崇. 教学评估——多种评价工具的设计与应用. 上海：华东师范大学出版社. 2011 年。
78. 李鹏. 高职劳动教育考核与评价研究. 人民论坛. 2020 年第 10 期。
79. 刘建、魏志英. 英国创新型人才培养模式. 中国民族教育. 2012 年第 11 期。
80. 刘军豪. 新时代中小学劳动教育师资队伍建设的困境与突破. 河南科技学院学报. 2020 年第 40 卷第 10 期。
81. 刘铁芳. 生命情感与教育关怀. 湖南师范大学社会科学学报. 2000 年第 5 期。
82. 刘向兵等. 新时代高校劳动教育论纲. 北京：社会科学文献出版社. 2019 年。
83. 刘晓、郁珂、杜妍. 小学阶段开展职业启蒙教育的构建理路. 全球教育展望. 2020 年第 49 卷第 10 期。
84. 刘勇、齐国艳. 基于劳动教育的“四个聚焦”校本化特色课程建设. 现代教育. 2019 年第 10 期。
85. 刘云华. 课程内容广、时间长、方式多的德国劳动教育. 上海教育. 2020 年第 8 期。
86. 刘杼. 创建学习型社会背景下的社区教育资源共享问题研究. 继续教育研究. 2009 年第 8 期。
87. 娄雨. 什么是“劳动的独特育人价值”. 中国教育学刊. 2020 年第 8 期。
88. 卢丽华、于明业. 基于新时代构建中小学劳动教育课程. 中国德育. 2020 年第 2 期。
89. 骆贵平、汪欢. 我国各时期中小学劳动教育目标的比较探析. 课程教学研究. 2020 年第 2 期。
90. 马学军. 自食其力与合群互助：蔡元培“劳工神圣”思想释义. 社会学研究. 2020 年第 35 卷第 3 期。
91. 毛勒堂. 马克思主义劳动概念的本体论意蕴及其当代意义. 思想理论教育. 2020 年第 10 期。
92. 毛泽东. 毛主席论教育革命. 北京：人民出版社. 1967 年。
93. 梅月平. 实现劳动教育与创业教育的同力同行. 人民论坛. 2020 年第 30 期。
94. 美国白宫. 教育部长总统备忘录. 美国白宫网站. 2017 年 9 月 25 日。
95. 美国国家社会研究协会. 国家社会研究课程标准：介绍. 美国国家社会研究协会网站. 1994 年。
96. 门亚杰. 科学技术是第一生产力——也论科技劳动创造价值. 生产力研究. 2006 年第 1 期。
97. 彭正梅. 德国教育学概观. 北京：北京大学出版社. 2011 年。
98. 钱津. 生产劳动与复杂劳动研究. 经济纵横. 2018 年第 5 期。
99. 任平、贺阳. 从“劳作学校”到“普职融合”：德国劳动教育课程建设的价值嬗变、特征与启示. 全球教育展望. 2020 年第 49 卷第 10 期。
100. 任平、贺阳. 当代德国学校劳动教育课程构建的经验与启示. 中国教育学刊. 2020 年第 8 期。
101. 任平、贺阳. 连通学校与现代社会生活的桥梁. 外国中小学教育. 2019 年第 8 期。
102. 石佩. 英国劳动教育为未来工作生活做准备. 上海教育. 2020 年第 8 期。
103. 孙大君. 手脑结合与人的教育——陶行知、苏霍姆林斯基教育思想研究. 南京：东南大学出版社. 2018 年。
104. 孙进、陈囡. 德国中小学的劳动教育课程：目标、内容、考评. 比较教育研究. 2020 年第 42 卷第 7 期。

105. 孙琳. 新时代职业教育师资队伍建设改革定位及发展趋势. 中国职业技术教育. 2020 年第 10 期。
106. 檀传宝. 劳动教育的本质在于培养劳动价值观. 人民教育. 2017 年第 9 期。
107. 檀传宝. 劳动教育的概念理解——如何认识劳动教育概念的基本内涵与基本特征. 中国教育学刊. 2019 年第 2 期。
108. 汤广全. 自由与和谐——蔡元培“五育并举”观研究. 教育学术月刊. 2009 年第 1 期。
109. 唐锋. 通识教育视角下职业教育资源共享平台的建设困境与路径探索. 教育理论与实践. 2019 年第 39 卷第 33 期。
110. 滕大春. 美国教育史. 北京：人民教育出版社. 1994 年。
111. 王本余. 儿童权利的观念：洛克、卢梭与康德. 南京社会科学. 2010 年第 8 期。
112. 王敏. 英国政府与业界人士联手为小学提供职业教育. 世界教育信息. 2019 年第 32 卷第 7 期。
113. 王南湜. 恩格斯“劳动创造了人本身”新解——一个基于马克思主义哲学人类学的阐释. 马克思主义与现实. 2020 年第 5 期。
114. 王鹏. 小学开展劳动教育应坚持四个回归. 教学与管理. 2020 年第 14 期。
115. 王晓东、黎莎. 马克思的服务劳动理论及其当代启示. 财贸经济. 2020 年第 41 卷第 3 期。
116. 魏晓东、于冰、于海波. 美国 STEAM 教育的框架、特点及启示. 华东师范大学学报(教育科学版). 2017 年第 35 卷第 4 期。
117. 吴鹏泽. 基于导生制的混合学习的教学组织策略. 教育探索. 2011 年第 4 期。
118. 吴小玮. 童子军运动探析及启示. 外国教育研究. 2015 年第 42 期第 6 期。
119. 肖川、丁东、劳凯声等. 教育与生产劳动相结合问题新探索. 长沙：湖南教育出版社. 1998 年。
120. 熊岚. 小学教育概论. 南京：南京大学出版社. 2018 年。
121. 徐光春. 马克思主义大辞典. 武汉：崇文书局. 2018 年。
122. 徐海娇. 重构劳动教育的价值空间. 中国教育学刊. 2019 年第 6 期。
123. 徐长发. 新时代劳动教育再发展的逻辑. 教育研究. 2018 年第 39 卷第 11 期。
124. 许洪位. 新中国 70 年劳动教育在人才培养目标中的历史变迁与经验启示. 劳动教育评论. 2020 年第 2 期。
125. 薛峰、何云峰. 科技进步、人工智能与劳动发展——第四届劳动人权马克思主义论坛关于科技与劳动发展关系的学术讨论综述. 内蒙古社会科学. 2020 年第 41 期第 1 期。
126. 杨梅、张金福. 应用型本科高校学生社团的现实困境及治理创新研究. 职业技术教育. 2020 年第 41 卷第 23 期。
127. 叶浩生. 西方心理学中的具身认知研究思潮. 华中师范大学学报(人文社会科学版). 2011 年第 50 卷第 4 期。
128. 叶澜. 教育概论. 北京：人民教育出版社. 1999 年。
129. 英国教育部. 英国国家课程框架文件. 英国政府网. 2013 年 7 月。
130. 英国教育部. 职业战略：充分发挥每个人的技能和才能. 英国政府网. 2017 年 12 月 4 日。
131. 应良明. 劳动教育在小学阶段实施的新挑战及路径探索. 华夏教师. 2020 年第 10 期。
132. 于珍. 中小学职业生涯教育：来自美国的经验与启示. 外国中小学教育. 2008 年第 3 期。
133. 余开业. 基于内化视角的高职院校劳动教育路径研究. 职教论坛. 2020 年第 36 卷第 8 期。
134. 余文森、殷世东. 新时代中小学劳动教育的内涵、类型与实施策略. 全球教育展望. 2020 年第 49

卷第 10 期。
135. 翟运开、谢锡飞、李娜. 协同创新视角下的高校科技资源配置模式研究. 科技管理研究. 2014 年第 34 卷第 18 期。
136. 张俊、刘儒德、贾玲. 反馈在自我调节学习中的作用. 心理发展与教育. 2012 年第 28 卷第 2 期。
137. 张熙、袁玉芝、李海波. 劳动教育的国际经验及其启示. 教学与管理. 2019 年第 11 期。
138. 张祥兰. 优质资源整合背景下多校区学校文化协同发展探析. 当代教育科学. 2015 年第 2 期。
139. 张妍、曲铁华. 劳动教育政策 70 年：演进、嬗变特点与实践路径. 教育学术月刊. 2020 年第 9 期。
140. 珍. 美国家庭教育热. 外国中小学教育. 1986 年第 1 期。
141. 郑磊. 教育中的社区效应和同伴效应：方法、证据及政策启示. 教育学报. 2015 年第 11 卷第 5 期。
142. 中共中央国务院. 中共中央国务院关于全面加强新时代大中小学劳动教育的意见. 人民日报. 第 1 版. 2020 年 3 月 27 日。
143. 中共中央文献研究室. 建党以来重要文献选编：1921—1949(第十一册). 北京：中央文献出版社. 2011 年。
144. 中共中央宣传部. 习近平谈治国理政. 1 卷，北京：外文出版社. 2018 年。
145. 中国蔡元培研究会. 蔡元培全集. 2 卷，杭州：浙江教育出版社. 1997 年。
146. 中国互联网络信息中心. 第 45 次《中国互联网络发展状况统计报告》. 中国互联网络信息中心网站. 2020 年 4 月 28 日。
147. 中国社会科学院“劳动价值论”课题组. 如何深化和发展马克思劳动价值理论. 中国社会科学院研究生院学报. 2002 年第 4 期。
148. 中华人民共和国教育部工农教育司. 工农教育文献汇编(农民教育). 北京：人民教育出版社. 1979 年。
149. 中央文献研究室. 建国以来重要文献选编(第十一册). 北京：中央文献出版社. 1995 年。
150. 钟启泉. 基于核心素养的课程发展：挑战与课题. 全球教育展望. 2016 年第 45 卷第 1 期。
151. 钟启泉. 现代课程论. 上海：上海教育出版社. 1989 年。
152. 周洪宇. 陶行知生活教育学说. 武汉：湖北教育出版社. 2011 年。
153. 朱德全、熊晴. 我国劳动教育课程的演进逻辑与重建理路. 教师教育学报. 2020 年第 7 卷第 6 期。
154. Barlow M L. History of Industrial Education in the United States, Peoria, IL: Chas. A. BennettCo. , 1967.
155. DfEE. Careers Education in the New Curriculum: Its Relationship to PSHE and Citizenship at Key Stages 3 and 4. Crown London: DfEE Publications, 2000.
156. Gordon H R D. The History and Growth of Career and Technical Education in America. Long Grove: Waveland Press, 2008.
157. Moore M G. Thinking About Careers in Middle School. Educational Leadership, No. 6, 2011.
158. PRNewswire. Borg Warner Celebrates Take Our Daughters and Sonsto Work Dayatits Propulsion Technical Center. PR Newswire US, 2019.
159. Schorer F. Berufliche Bildung—Menschenbildung gestern und heute. Aktuelle Losungsversuche bei Pestalozzi und Kerschensteiner. Bern: Peter Lang, 1986.

附 录

案例一 我是劳动小达人

王银娣 江苏省徐州市大马路小学

劳动教育是我国基础教育的一个重要方面，对增益学生的劳动观念、磨炼意志品质、树立艰苦创业的精神以及促进学生多方面的发展具有重要的作用。全面构建体现时代特征的劳动教育体系，家庭要发挥在劳动教育中的基础作用，学校要发挥在劳动教育中的主导作用。针对当今小学生中出现的不珍惜劳动成果、不愿劳动、不会劳动的现象，有必要加强劳动教育，以劳育德，通过劳动教育，逐步培养学生自理能力和对自己、对家庭、对班级、对学校及社会的责任感，产生胜任感、成就感，获得积极情感体验，形成积极的人格特质，锻造健全人格。为此，经过探索，形成了"我是劳动小达人"劳动课程体系。

一、课程目标

1. 思想认识目标：形成正确的劳动观，牢固树立劳动最光荣、劳动最崇高、劳动最伟大、劳动最美丽的观念。

2. 情感态度目标：体会劳动创造美好生活，体认劳动不分贵贱，热爱劳动，尊重普通劳动者，培养勤俭、奋斗、创新、奉献的劳动精神。

3. 能力习惯目标：在劳动中培养自身发展需要的基本劳动能力，形成良好的劳动习惯。

二、课程体系

根据学生生活的场域，结合学生的心理、年龄特点和认知规律，经过充分调研，分别从个人、家庭、班级、学校社会四种场域对学生的劳动进行了划分，设置了"四轨并行"的劳动教育主题活动，具体如下：

主题一：个人的事务独立做，增强个体责任感

主题二：家庭的事务主动做，增强家庭责任感

主题三：班级的事务努力做，增强集体责任感

主题四：公共的事务自觉做，增强社会责任感

以学生生活为导向，从个人到社会，分为层级不同的四种主题，对学生生活进行全面覆盖，培养能个人劳动、能家庭劳动、能班级劳动、能公共劳动的生活主体，促进学生全面发展。

三、课程项目设计

根据课程总体目标与“四轨并行”的劳动教育主题设计，形成了三维课程目标与四维主题活动相交叉的细化目标，并根据细化目标设置了四种不同场域内的具体主题项目。

项目1 我是“自理小达人”

1. 活动目标

(1)思想认识目标：懂得生活自理的重要性和必要性，培养对自己负责的意识。

(2)情感态度目标：热爱自我劳动，养成独立、不依赖的品行态度。

(3)能力习惯目标：自己的事情能够自己做，并且做好，养成日常生活自理的习惯，养成个人卫生习惯，例如打扫自己的书桌和房间、自己穿衣、自己洗衣、独立思考和作业等。

2. 活动内容

(1)每天整理自己的房间，学习用品、玩具用完放回原处，保持自己的书桌、抽屉、床铺整洁、有条理。

(2)自己独立睡觉，不用父母陪伴。

(3)睡前准备好第二天要穿的衣物，叠放整齐；起床后自己穿衣服。

(4)坚持自己洗小件衣物、红领巾。

(5)坚持每晚睡前自己独立洗漱、阅读30分钟，不用父母提醒。

(6)自己收拾书包，带齐学习用品，做好课前准备。

(7)每天记好老师布置的作业，独立完成作业，养成自主学习的习惯，不依赖父母。

3. 活动评价：

(1)我是“自理小达人”奖项：自评和家长评价相结合，填写“我是自理小达人”表格。每月统计，前20名学生颁发“我是自理小达人”证书和奖品。

“我是自理小达人”评价表

时间 评价							
自我评价(☆☆☆)							
家长评价(☆☆☆)							
时间 评价							
自我评价(☆☆☆)							

(2)组织学生开展相关的比赛、活动，如：

“课前准备”比赛：四个大组进行比赛，并由课前准备检查员在做好课前准备的同学书上盖印章，学期末，每本书上超过40个印章的同学，奖励一张书签，由老师写上鼓励性的话语并签名。

“叠衬衣比赛”：全班学生同时进行比赛，前10名学生颁发“叠衬衣小达人”证书和奖品。

“整理物品比赛”：全班学生同时进行比赛，把所有的学习用品拿出来放在桌面上，把书籍簿本分类放入各学科对应的文件夹中，再放入桌洞里；文件夹、文具盒(笔袋)、免洗洗手液(酒精湿巾)、抽纸、水杯、垃圾袋整齐有序地放置在桌洞里。前10名学生颁发“整理物品小达人”证书和奖品。

其他还有“整理书包比赛”“扣纽扣比赛”“系鞋带比赛”等。这些比赛学生喜闻乐见，在轻松快乐的氛围中培养了自理能力，意识到能够自己做自己的事是令人骄傲的，产生胜任感，获得成就感，从而增强个体的责任意识，养成良好的责任行为习惯。

项目2　我是家庭小主人

1. 活动目标

(1)思想认识目标：理解家务劳动的艰辛，父母的不易，培养家庭责任感。

(2)情感态度目标：关心父母长辈，培养孝顺心，帮助父母长辈做力所能及的事情。

(3)能力习惯目标：能主动承担家务，会家务劳动，掌握家务劳动技能，养成家务劳动习惯。

2. 活动内容：

(1)主动承担一、两项家庭劳动任务，如扫地、拖地、拿碗筷、盛饭、抹桌子等。

(2)平时多了解家里经济状况，不乱花钱，不向父母提过分要求，爱惜东西，懂得节约。

(3)多关心父母的工作情况，体谅父母长辈的辛苦，学会关心家人。

3. 活动评价：

(1)我是“家庭小主人”奖项：

主动承担一、两项家庭劳动任务，签订“家务承诺书”，每天进行自我评价和家长评价。

家务承诺书

身为家中的小主人，我自愿承担的家务是________________________________。为美好的家庭生活贡献力量。

现在，我郑重承诺：每天负责这些家务，保证按时、认真地完成，接受爸爸妈妈的监督。

签字

年　　月　　日

评价 \ 时间							
自我评价(☆☆☆)							
家长评价(☆☆☆)							

教师和家长沟通，了解学生在家里的表现。学期末，对于能主动做力所能及的家务、主动关心家人的学生授予“我是家庭小主人”的称号。

(2)开展节日感恩活动，如：

“三八”妇女节感恩活动：创意设计自己的感恩活动内容，如在家为妈妈做件事、实现妈妈的一个愿望、唱首歌、亲手做张贺卡、为妈妈洗一次脚等。

“重阳节”敬老活动：创意设计自己的敬老活动内容，如为爷爷奶奶捶背、陪爷爷奶奶散步、说说心里话等。

项目3　我是“优秀班干部”

1. *活动目标*

(1)思想认识目标：在主动实践体验中增强集体责任意识，懂得集体的重要性，理解集体与个人的关系。

(2)情感态度目标：培养对班集体的归属感，培养集体荣誉感，增加对教师和同学的亲密感，养成乐于助人的品质。

(3)能力习惯目标：参与班级管理，承担班级小岗位，养成自觉为班级服务劳动的习惯。

2. *活动内容*

(1)学期初，根据班级实际情况集体讨论需要设立的岗位，学生根据自己的实际情况、特长爱好，自己应聘岗位(可以一人多岗)。

(2)采取演讲加投票的方式竞选，让每个学生都能有适合自己岗位，做到班级事务“人人都有事做，事事都有人做”，学会合作，在为班级服务的过程中锻炼能力、增长才干、激发集体责任意识。

班干部岗位职责

岗位名称	承担人员	岗位职责
值日班长	按学号轮流承担	协助老师管理、提醒其他班干部做好自己的工作
读书班长	5人	早晨到校后，督促同学们坐在位上安安静静地阅读课外书，8：20分，带着同学们背诵古诗
文明纪律班长	5人	维持当天的纪律，出现不遵守纪律的情况要及时制止；课间提醒同学们言行文明
卫生班长	1人	督促卫生组长、值日生做好值日

续表

岗位名称	承担人员	岗位职责
宣传班长	1人	做好相关宣传工作
组织班长	1人	做好相班级活动的组织工作
文娱班长	1人	做好相班级文娱活动的组织工作
路队班长	2人	整队、维持路队纪律
节能班长	1人	及时关闭电源开关
语文课代表	2人	收发语文作业，协助老师做好相关工作
数学课代表	2人	收发数学作业，协助老师做好相关工作
英语课代表	2人	收发英语作业，协助老师做好相关工作
音乐课代表	1人	协助音乐老师做好相关工作
体育课代表	1人	协助体育老师做好相关工作
美术课代表	1人	协助美术老师做好相关工作
德法课代表	1人	协助道德与法治老师做好相关工作
课前准备班长	5人	提醒同学们做好课前准备
花草管理班长	1人	养护花草、定期给花草浇水
粉笔管理班长	1人	管理粉笔、及时清理不能用粉笔头
午餐管理班长	5人	维持午餐纪律，提醒同学们不要挑食、文明就餐、不浪费
桌洞管理班长	1人	提醒同学们保持位洞整洁，物品摆放有条理
午间管理班长	5人	协助看班老师维持午休纪律
门窗管理班长	1人	及时开关教室门窗
领操班长	2人	领广播操，起示范作用
桌椅管理班长	2人	督促同学们把桌椅摆放整齐
玻璃管理班长	2人	擦教室玻璃，保持玻璃的清洁
卫生工具管理班长	1人	值日生值日完毕后，检查卫生工具是否摆放整齐、有序
黑板擦管理班长	1人	黑板擦摆放在黑板底边上，及时拍干净粉笔尘
讲桌管理班长	1人	整理讲桌，物品摆放整齐，每天中午用湿抹布擦讲桌
黑板管理班长	1人	及时黑板，保持黑板整洁，提醒同学们不要在黑板上乱画
窗帘管理班长	1人	及时拉开、关闭窗帘
作业布置管理班长	1人	上午第三节课后问老师作业，并写在黑板上，提醒同学们记录
眼操管理班长	1人	维持眼保健操纪律，督促同学们做好眼保健操
作业桌管理班长	1人	整理作业桌，把作业摆放整齐

续表

岗位名称	承担人员	岗位职责
标语管理班长	1人	整理标语，保持标语的整洁、端正
展示栏管理班长	1人	整理展示栏，保持标语的整洁端正
红领巾管理班长	1人	检查并提醒同学们戴好红领巾
……	……	……

3. 活动评价

(1)我是“优秀班干部”奖项：

由值日班长对岗位负责人进行考察与记录，每周末，学生之间、班长、老师对学生表现进行评价，评选出“每周责任之星”，学期末进行汇总，评选出“优秀班干部”。

(2)我是“××小达人”奖项：

根据所有学生日常观察、推荐、评选，评出班级“岗位小达人”，表现突出的，制作“我是××小达人”美篇，进行表彰、推送宣传。

项目4　我是“爱心志愿者”

1. 活动目标

(1)思想认识目标：理解劳动不分贵贱，获得多种职业体验感，例如环卫工人、清洁工等，在实践体验中增强社会责任意识。

(2)情感态度目标：理解“奉献、友爱、互助、进步”的志愿者精神。

(3)能力习惯目标：主动参与志愿服务，养成自觉进行公益劳动的习惯。

2. 活动内容

(1)参与学校组织的校内志愿服务，如“红领巾监督岗”“书香小栈管理员”“广播员”等。在校内志愿服务中，学生体验多种不同的岗位，既能获得职业体验感，又能培养其志愿服务精神。

(2)参与学校组织的校外志愿服务，如“走进社区写春联”“走访孤寡老师”“小小交通志愿者”等。在校外志愿服务中，学生将课内知识与校外实践相结合，通过服务性劳动培养其劳动观念与技能，发挥劳育协调其他四育的综合育人功能。

(3)我是“绿色小卫士”

人人争做“绿色小卫士”，树立环保意识，主动参与环保，了解家乡的一些环境问题，并积极行动，主动参与力所能及的环境保护活动，主动维护环境卫生，自觉捡拾垃圾，自觉爱护公物和公共设施，从身边的小事做起，为环保作出应有的贡献。

3. 活动评价

“我是爱心志愿者”奖项：每学期，学生之间、老师对学生表现进行评价，评选出“我是爱心志愿者”，颁发证书、奖品。

案例二　种出的生活技能

焦玉冬　北京市顺义区劳动技术学科教研员

教育部《大中小学劳动教育指导纲要(试行)》针对劳动教育小学学段中高年级提出了具体实施内容："初步体验种植、养殖、手工制作等简单的生产劳动，初步学会与他人合作劳动，懂得生活用品、食品来之不易，珍惜劳动成果。"依据该内容为小学五、六年级的学生选择了北京出版社义务教育教科书劳动技术《种植技术》教材，依托教材并利用各校的劳动教育专室和校内种植体验基地，开发了指向种植的劳动教育课程。

一、课程目标

1. 通过种植活动，了解所种植植物的相关知识，认识劳动工具，学会使用工具种植、管理相关的植物，掌握基本的种植技能。

2. 经历种植过程，初步养成自我认知、自我体验的团队合作能力，体验小组合作学习的优势，形成主动参与劳动的习惯，形成正确劳动价值观和良好劳动品质，体验劳动的快乐。

3. 初步学会运用劳动实践所学知识去观察社会生活，培养热爱学校、热爱家乡、热爱劳动的情感和态度；能够在种植劳动教育实践中获得种植设计与操作的能力，开发自身智力，增强体质，陶冶情操。

二、课程体系

以种植技术的相关知识与技能为逻辑主线，设计《种植技术》三个典型课程项目，结合当地学校校园劳动教育资源展开相关的种植劳动实践活动，践行劳动教育的基本理念，体现人文关怀，关注生活与生产中的劳动知识、技能与价值观。

1. 美化生活的种植项目——《草籽玩偶的设计与制作》，让家庭的居室生活更美好。初步引导学生的创新设计规划，体验精致作品的制作成型需要付出脑力和体力的双重劳动。

2. 体验生活的种植项目——《草莓的移栽》，让草莓更有价值。在实践中认识草莓，学习草莓的种植管理技术，体验真实的劳作。敬畏小小的一棵草莓，在生活中就会珍惜劳动成果，进而领悟劳动的意义价值，树立劳动最光荣、劳动最崇高、劳动最伟大、劳动最美丽的思想观念。

3. 解决生活问题的种植项目——《盆栽植物分株、移栽》，让家庭的盆栽植物长势更好。为新的幼苗找到归属，体验分享的快乐，学会科学应用种植技术知识与技能解决生活中的实际问题。

三、课程项目设计

美化生活的种植——草籽玩偶的设计与制作

基本信息
学段：小学　　学科：劳动教育——劳动技术　　设计课型：劳动教育实践活动课 实施年级：五年级　　教材及版本：北京出版社义务教育教科书劳动技术——《种植技术》
教学背景分析
一、指导思想：参照普通高中通用技术课程标准，立足于学生的直接经验和亲身经历，以学生亲手操作、亲身体验、亲历情景为基础，让学生在做中学、学中做、学中思；在教学过程中充分利用教学资源，激发学生浓厚的学习兴趣和强烈的求知欲望，让成功的学习体验来促进学生的健康发展。 二、教学内容：本课内容选自北京出版社义务教育教科书劳动技术《种植技术》第二单元技术实践芽苗菜一课中的技术拓展，在此之前学生认识了种植技术基础知识，学习了无土栽培芽苗菜的方法。此时安排本课让学生去关注种植技术的多样化应用，用自己制作的草籽玩偶，来装点家居美化生活，体现个性。 三、学生情况：本课的学习者是五年级学生，经过两年的劳动技术课程学习具有一定的动手能力，愿意参与种植活动；学生对于植物种植设计是初次接触，需要教师的大力引导方可完成设计，根据学生年龄特点和认知规律以及所学知识的内在联系，以表格、草图形式呈现设计的表达，学生可以依据教师提供的设计流程展开个性设计，学生易于接受直观视频，制作自拍微视频展示给学生，可以直接指导学生的制作。 四、教学手段：通过实物展示草籽玩偶，激发学生学习兴趣；观察植物玩偶的制作材料，得出植物玩偶是运用无土栽培技术播种繁殖而生长；通过教师的设计引导表格和自拍剪辑视频操作示范，学生能够制定草籽玩偶的设计方案，通过师生共同总结操作步骤，学生掌握制作草籽玩偶的要领，使实践操作技能得以提高，通过对学生作品的点评可以提升学生对于作品评价的能力，通过知识拓展学生了解草籽玩偶的养护方法，最后学生谈及本课的收获，进行课堂小结。 五、教学方式：小组合作学习方式 六、技术准备： 1. 多媒体设备、多媒体课件、学生玩偶设计表格。 2. 工具、材料准备：置物盒、剪刀、针线、黏合剂(502)、染色笔(油性)、一次性纸杯、塑料袋、草籽(黑麦草)、锯末(实木)、浅色丝袜、布条、彩色丝带、纽扣等。
教学目标
1. 知道适合制作植物玩偶的种子，选择制作植物玩偶的包裹物、基质。 2. 学会利用细丝网做容器、锯末做基质，在无土栽培条件下进行播种繁殖技术。 3. 了解植物玩偶的养护方法。 4. 经历草籽玩偶造型的设计与制作过程，初步学会植物玩偶造型的设计与制作方法，发展学生动手实践能力。 5. 经历草籽玩偶造型的设计与作品评价、交流的过程，初步学会技术交流的方法，发展技术的表达与评价能力。 6. 培养富于想象勇于创新的个性品质，体验动手实践的乐趣。

续表

教学重难点
教学重点：草籽玩偶的制作。 教学难点：草籽玩偶的设计。
活动过程设计
一、教学流程图

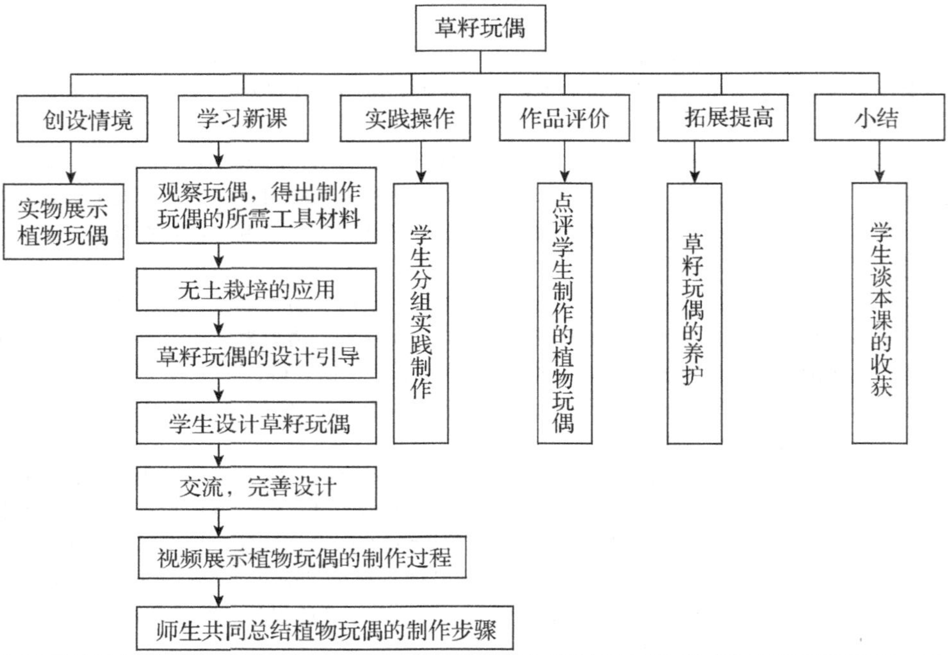

二、教学过程

教学阶段	教师活动	学生活动	设置意图	时间安排
创设情境	教师实物展示植物玩偶 提问：老师拿的是什么？你看到过吗？你又是怎么知道的？ 	观看教师展示，思考、回答问题。	引起学生注意，了解学生对植物玩偶的认识，激发制作欲望。	2分钟

续表

教学阶段	教师活动	学生活动	设置意图	时间安排
学习新课	(一)观察植物玩偶 植物玩偶，多是利用草籽的萌发、生长来融入整体的玩偶造型，一起来观察。 提问： 1. 制作草籽玩偶用到了哪些材料？ 2. 材料中，有、无土壤的参与？植物使用了哪一种繁殖技术？	观察植物玩偶，思考所用材料，回答问题。	知道植物玩偶是运用无土栽培方式播种繁殖技术而生长。	1分钟
	(二)植物玩偶的设计 显然，植物玩偶是无土栽培技术在生活中的应用，使用播种繁殖技术让玩偶富有生机。制作之前，在我们头脑中，就要形成一定的构想，进行玩偶的设计，	听讲	知道技术应用。	
	1. 制作植物玩偶的技术应用： 无土栽培方式播种繁殖技术。 2. 材料 (1)种子：草籽(黑麦草) (2)包裹物：丝网(浅色丝袜) (3)填充物：锯末 (4)捆扎：线绳、丝带 (5)装饰：纽扣、布条	听讲，思考所选用种子、包裹物、填充物的缘由。	知道选择种子、包裹物、填充物的原因。	
	3. 工具： 剪刀、针线、黏合剂、染色笔。 4. 草籽玩偶的设计引导 (1)确定长草部位：龟——背部 娃娃——头部。  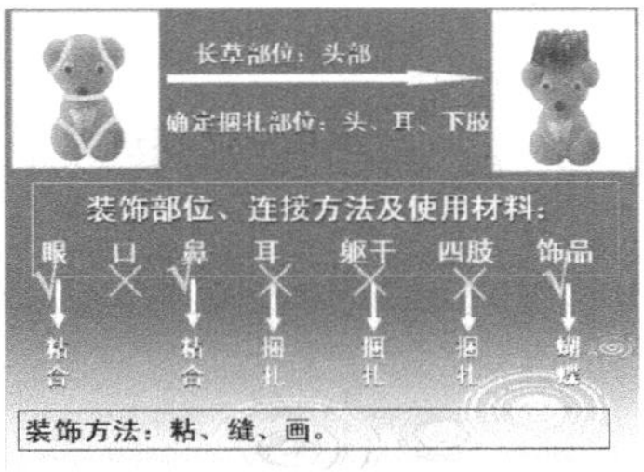	听讲，观看设计演示。	知道所需工具。 学会设计草籽玩偶的方法。	2分钟

续表

教学阶段	教师活动	学生活动	设置意图	时间安排
	(2)确定捆扎部位 (3)排除法设计装饰。 (4)绘制草图(见附表一，学生设计引导表格)，演示绘制过程。 (三)学生设计草籽玩偶造型 1. 按照引导表格完成设计。 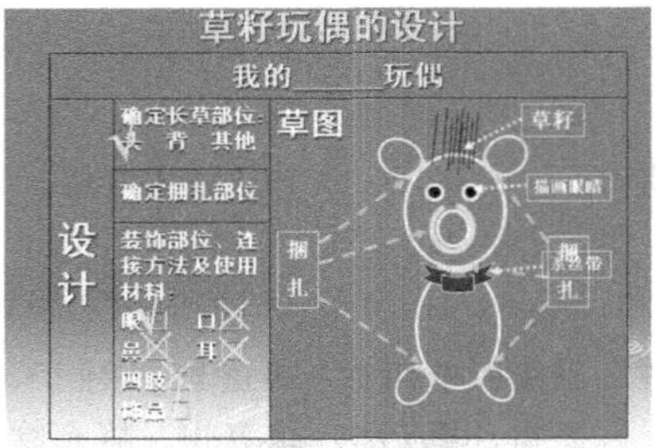	用教师提示方法，在设计引导表格内完成草籽玩偶的设计。	能够独立地设计草籽玩偶。	8分钟
	2. 教师点评学生的设计。 3. 交流，完善设计。 (四)草籽玩偶的制作 1. 教师视频展示：填充、塑形过程。 2. 装饰注意事项。 (1)要符合设计形象特征， (2)装饰物要具有防水性。 	观看教师点评设计。 与同伴交流设计，将自己有缺陷的设计进行完善。 观看自拍剪辑视频，学习制作。 思考应用的装饰材料是否防水。	学会评价设计。 学会设计的交流，取长补短。 学会制作方法。 提示装饰。	6分钟
	3. 师生共同总结制作操作步骤 (1)填充→压实→封口 (2)塑型→整形→捆扎 (3)装饰 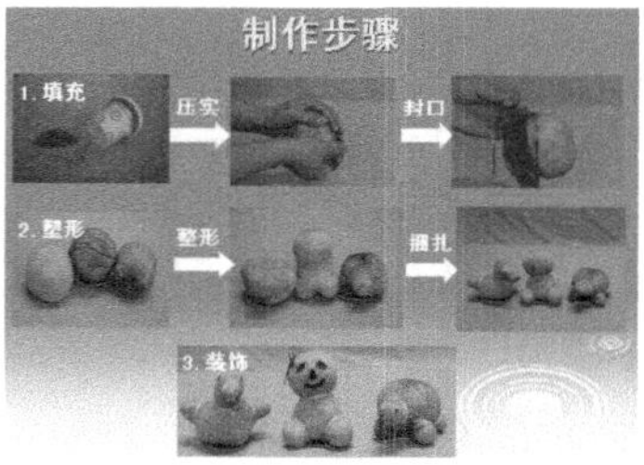	观看图片，与教师一起总结操作步骤。	总结制作过程。	

续表

教学阶段	教师活动	学生活动	设置意图	时间安排
实践操作	(五)学生分组制作草籽玩偶 技术操作提示： 1. 填充锯末要压实，封口要牢固； 2. 整形注意草籽位置，捆扎要牢固。	按照设计完成制作(两人一组完成两件作品，或三人一组完成两件作品)。	体验草籽玩偶的制作。	14分钟
作品评价	(六)教师点评学生草籽玩偶作品。 点评依据： 1. 整体造型的美观度， 2. 草籽位置， 3. 捆扎牢固程度。	观看作品，听教师点评，评价与同伴合作完成的作品。	学会评价草籽玩偶作品。	2分钟
拓展提高	(七)草籽玩偶的养护 我们制作的草籽玩偶应如何养护才能让草籽顺利的发芽、成长？ 1. 将草籽玩偶在清水中浸泡24小时，然后放在托盘里。 2. 置于散射光下且气流通透处，每天浇一次水。 3. 当小草长到5—8厘米时，修剪成自己喜爱的发型。 4. 及时填写成长记录表。(见附表二，玩偶成长记录表)	思考问题。 观看养护方法。	学会草籽玩偶的养护方法。	2分钟
小结	在本课中，你都学到了什么？	谈本节课的收获，以及完成实践的体会。	学会总结技术学习的方法，分享操作经验。	1分钟

附表一：学生设计引导表格

<table>
<tr><td colspan="3">我的玩偶</td></tr>
<tr><td rowspan="3">设计</td><td>确定长草部位：
头　背　其他</td><td rowspan="3">草　图</td></tr>
<tr><td>确定捆扎部位：</td></tr>
<tr><td>装饰部位、使用材料及连接方法：
眼□　鼻□　耳□　口□　四肢□
饰品□</td></tr>
</table>

续表

附表二：玩偶成长记录

时间	天气	生长状况	备注
年　月　日			
年　月　日			
年　月　日			
年　月　日			
年　月　日			
年　月　日			
年　月　日			
年　月　日			

教学反思

1. 通过实物展示，提出问题，学生观察植物玩偶，直观地得出制作植物玩偶所需的材料，根据材料得出植物玩偶中的植物是利用无土栽培方式、播种繁殖技术来进行培植的；通过自主观察分析、概括总结建构认知过程，能够调动学生的学习兴趣，取得了良好的教学效果。

2. 采用表格、草图方式引导，利于学生完成设计；经过提炼，用圆或椭圆来表达捆扎的造型，形成引导玩偶的基本构图，在玩偶构图的基础上，学生进行长草部位、捆扎部位的设计，以及利用排除法进行装饰设计，最终绘制出设计草图，使教学难点得以突破。

3. 教师视频展示植物玩偶的填充和塑形过程，让学生的制作有所依据；师生共同总结的操作步骤以及教师的操作提示让学生谨记操作要点，最终使教学重点——制作，得以落实。制作过程中个别学生的丝袜出现“跳丝”，使作品的观赏性降低，但学生能够用黏合剂做及时的修补，又利用装饰手段将“跳丝”部分进行遮挡，此过程充分体现了学生的创造力和问题解决能力。

4. 通过作品评价可以提升学生的评价能力，学生能够判别自己的作品是否符合技术要求，逐步渗透技术意识。

案例三 学做快乐小农夫

毛维佳 江苏省扬州市汶河小学东区校

根据教育部《中小学综合实践活动课程指导纲要》《大中小学劳动教育指导纲要(试行)》精神，结合区域教育系统关于推进义务教育阶段学校活动课程实施的指导意见，笔者在充分挖掘学校课程资源的同时，深入挖掘地方和社区的生态农业资源，旨在建设具有实践性、开放性、自主性、生成性的劳动与技术教育课程。经过五年多的积淀，全校师生受益匪浅，学生可以走出校园，亲近自然，动手实践，由最初的情感体验演变为最终的科学探究，教师成为劳动教育课程的实施者与教育资源的开发者，“学做快乐小农夫”系列活动课程日渐成熟。

一、课程目标

1. 形成积极劳动体验：让学生获得积极的劳动体验，形成良好的技术素养，手脑并用，形成初步的技术意识和技术实践能力。

2. 激发科学探究意识：让学生保持对自然的好奇心和探究热情，形成尊重事实、乐于探究的科学态度，满足人才发展的差异性需求；

3. 实现课程知识融合：促成数学、科学、德育、劳动技术、信息技术、美术等学科课程的交叉与融合。

二、课程体系

根据实施对象的年龄特征和认知、实践水平，将“学做快乐小农夫”课程分为不同的维度和层次，设置了四个课程主题和 11 个课程项目：

课程主题：

主题一：感受现代农业

主题二：学习有机种植

主题三：体验科学育苗

主题四：探秘现代农业

课程项目系列：

活动 1：了解现代农作物

活动 2：学做快乐小农夫——春的耕耘 1

活动 3：制作简易农作物图鉴

活动 4：学做快乐小农夫——秋的收获 1

活动 5：探寻有机种植(上)

活动 6：学做快乐小农夫——春的耕耘 2

活动 7：探寻有机种植(下)
活动 8：学做快乐小农夫——秋的收获 2
活动 9：探寻植物繁殖方式
活动 10：学做快乐小农夫——春的耕耘 3
活动 11：探秘现代农业(上)
活动 12：学做快乐小农夫——秋的收获 3
活动 13：探秘现代农业(下)
活动 14：游学农博馆——探寻农业发展史

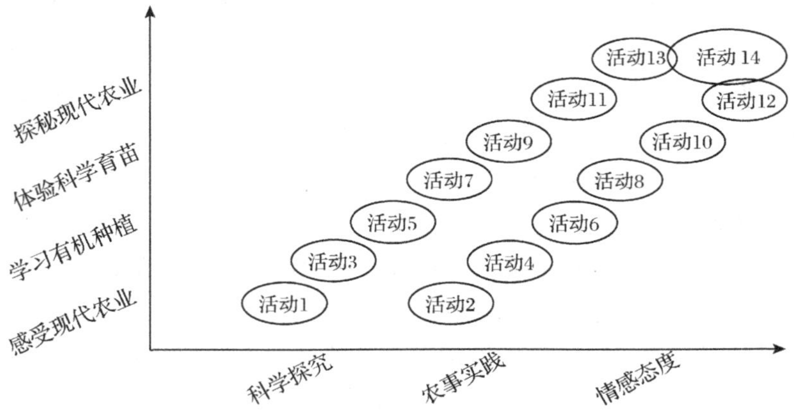

三、课程项目设计

项目 1　了解现代农作物

1. 活动目标
(1)通过参观农博馆和现代农业展示中心，了解众多的现代农作物。
(2)对现代农业形成初步的感知，并树立问题意识。
(2)保持对自然的好奇心和探究热情，形成尊重事实、乐于探究的科学态度。
2. 预期成果
(1)能认真观察现代农作物，并记录现代农作物的特征。
(2)能说出大多数现代农作物的植物学名。
(3)完成现代农作物学习卡片，产生新的探究问题。
3. 活动准备
(1)教师：介绍现代农作物的 ppt；
(2)学生：现代农作物学习卡片、笔。
4. 活动步骤
(1)参观农博馆，听取讲解员介绍，了解中国农业的发展历史。
(2)进入现代农业展示中心，边听介绍边仔细观察现代农作物的生长环境、外貌特征，思考《现代农作物学习卡片》上的问题。

(3)小组讨论，完成现代农作物学习卡片上的问题。

(4)回家跟父母交流，产生更多的关于现代农作物的问题。

(5)回校后，科学教师系统介绍现代农业展示中心的农作物，交流想法，并解决学生问题。

5. 活动建议

(1)参观学习时，要认真观察、仔细聆听、用心思索。

(2)引导学生边观察、边思考、边记录。

6. 活动评价

(1)科学教师收取《现代农作物学习卡片》，跟学生交流，给予信息反馈。

(2)结合记录情况，展览记录优秀的学习卡片，并在每班评选出 2 名现代农业学习之星。

项目 2　探寻有机种植(上)

1. 活动目标

(1)通过参观现代农业展示中心，调查现代农作物的生长环境、施肥技术、病虫害防治技术等。

(2)对现代农业有机种植形成初步的认识，并树立问题意识。

(3)保持对自然的好奇心和探究热情，形成尊重事实、乐于探究的科学态度。

2. 预期成果

(1)能调查现代农作物的种植方式，并认真记录；

(2)了解有机种植是一种环保的有益于人体健康的种植方式。

(3)能利用有机的种植方式培育一盆豆芽菜。

3. 活动准备

(1)教师：制作关于现代农作物种植方式的调查表格、活动总结 ppt。

(2)学生：有机种植学习记录单、笔。

4. 活动步骤

(1)了解现代农业展示中心的生长环境：了解现代农业展示中心的大气质量；了解现代农业展示中心的水质，并测试其 PH 值；了解现代农业展示中心的土壤情况。

(2)了解现代农业展示中心的农作物品种：了解现代农业展示中心农作物的种子来源于哪里；了解这些种子是否转基因的。

(3)了解现代农业展示中心的施肥技术：展示中心内农作物使用的是哪种肥料类型；每平方米的施肥量是多少？

(4)了解并找出现代农业展示中心的病虫害防治技术：通过聆听讲解员的介绍，了解现代农业展示中心的病虫害防治技术；观察并寻找现代农业展示中心当前利用的病虫害防治技术。

(5)回校后，科学教师从生长环境(大气质量、水质、土壤)、农作物品种、施肥技术、病虫害防治技术等几个方面系统引入现代有机种植的概念。

(6)回家后，每人尝试利用有机种植的方式培育一盆豆芽。

5. 活动建议

(1)教师需要在活动前，充分学习了解有机种植的概念，并合理设计学生的学习卡片。

(2)谈论现代有机种植的特点时，教师不应拘泥于预设的内容，只要学生的生成性问题言之有理，就可纳入有机种植的范围。

(3)记录单记录完回收，以备后续活动的使用。

(4)参观学习时，要认真观察、仔细聆听、用心思索。

6. 活动评价

(1)科学教师收取《有机种植学习卡片》，并参照有机种植的标准和学生的调查情况，给予科学的总结和评价。

(2)结合学生种植有机豆芽的记录、汇报情况，每班评选出 2 名“有机种植探究之星”，并颁发奖证。

项目 3 探寻植物繁殖方式

1. 活动目标

(1)结合教材，回顾植物的两种繁殖方式：有性繁殖(种子、孢子)和无性繁殖(根、茎、叶等营养繁殖)。

(2)通过参观现代农业展示中心，了解现代农作物的繁殖方式，并比较传统农作物与现代农作物在繁殖方式上的异同。

(3)走进田间，学习植物的繁殖方法，体验不同的植物繁殖方式。

(4)激发对农业的好奇心和探究热情，形成尊重事实、乐于探究的科学态度。

2. 预期成果

(1)辨识植物的繁殖方式。

(2)亲身体验植物的不同繁殖方式。

(3)完成植物繁殖方式的探寻卡片，生成新的探究问题。

3. 活动准备

(1)教师、农技师：植物繁殖方式的相关资料、精选的植物根、茎、叶、种子等繁殖器官及工具。

(2)学生：植物繁殖方式的探寻卡片、笔。

4. 活动步骤

(1)活动准备

①结合苏教版小学科学五下第三单元《它们是怎样延续后代的》，学习植物的繁殖器官(根、茎、叶、种子或孢子)及繁殖方式。

②了解扦插、嫁接、压条等繁殖方法。

(2)现场探寻

③进入现代农业展示中心，向讲解员咨询、了解现代农作物的繁殖器官及繁殖方式。

④对比传统农作物和现代农作物，分析它们在繁殖方式的不同。

⑤与身边的人交流讨论，产生更多的有关植物繁殖方式的问题。

(3)田间实践

⑥在农技师的引导下，了解萝卜、山芋、马铃薯、番茄、多肉等植物的繁殖器官。

⑦ 认真学习种植(繁殖)农作物的方法。

⑧正确使用工具，按照正确的方法种植农作物，体验多种繁殖方式。

⑨用水壶给农作物浇水，并按量施肥。

⑩持续关注农作物的生长情况，并作仔细的观察和记录。

5. 活动要求

(1)参观学习时，要认真观察、仔细聆听、用心思考，及时记录。

(2)在参观过程中要遵守秩序，不大声喧哗。

(3)田间实践时，要按要求操作，有序进行。

6. 活动评价

(1)教师跟学生交流想法，解答学生的相关疑问。

(2)结合植物繁殖方式的探寻卡片完成情况，在每班评选出 2 名现代农业探究之星。

项目 4 探秘现代农业(上)

1. 活动目标

(1)查找资料，系统了解现代农业及现代农业技术。

(2)实地考察，认识现代农业展示中心的农业技术。

(3)通过对比，感受现代农业与传统农业的不同。

(4)综合利用现代信息技术，获取有效信息。

(5)学会交流与合作，培养较好的社会情绪能力。

(6)初步培养学生的植物科学观和生态文化观。

2. 预期成果

(1)了解灌溉、施肥、灭虫、温湿度调控、光照调控、椰糠栽培、空间栽培、育苗等现代农业技术。

(3)以现代农业技术为切入点，深入比较现代农业与传统农业的不同。

(4)完成一份有科技含量的现代农业探究报告。

3. 活动准备

(1)教师：

①前期考察，了解现代农业展示中心的现代农业技术；

②搜集学生容易接受的关于现代农业及现代农业技术的资料；

③制作探秘现代农业课件；

④携带相机，捕捉学生活动的精彩瞬间。

(2)学生：相机、工具(科学记录本、笔等)、网络资源

4. 活动步骤

(1)前期准备：

①教师前期实地考察，了解现代农业展示中心的现代农业技术。

②了解学生前概念，确定现场关注点。

(2)现场活动：

③参观现代农业展示中心，聆听讲解员的介绍，了解一些现代农业技术。

④边参观，边思考，生成一些问题与讲解员、带队教师、同学交流。

⑤围绕现代农业及现代农业技术，记录自己的所见、所闻、所思。

(3)后期成果：

⑥学生利用现代信息技术，查阅有关现代农业的资料，系统了解现代农业与传统农业。

⑦小组讨论，以现代农业技术为切入点，深入比较现代农业与传统农业。

⑧畅想现代农业的前景及未来农业的发展方向，为当前农业献计献策。

⑨围绕现代农业，选定探究主题。

⑩以小组为单位，围绕自己的探究主题，完成现代农业探究报告。

5. 活动建议

(1)讲解员提供中心内有关现代农业及现代农业技术的相关介绍。

(2)进入现代农业展示中心，教师要引导学生爱护植物、有序观察、认真聆听与交流，必要时可自行拍照或请带队老师拍照。

6. 活动评价

(1)在资料汇总和交流时，教师需及时提供反馈信息，进行过程性指导与评价。

(2)根据现代农业探究报告的制作情况，每班评选两组“现代农业探究之星”，并颁发奖证。

活动5　学做快乐小农夫——春的耕耘1

1. 活动目标

(1)认识苋菜、毛豆、玉米的种子，学习播撒种子的方法。

(2)会使用锨、耙子、水壶等简易的农具。

(3)体验农事的艰辛，播撒希望的种子。

2. 预期成果

(1)尝试耕地、播种、浇水等农技活动。

(2)能够利用搅拌沙子、成行等距等方法播种。

(3)通过科学育苗，体验植物繁殖的几种方式。

3. 活动准备

(1)农技师：苋菜种子、大豆种子、玉米种子等。

(2)学　生：锨、耙子、托盘、沙子、水壶等。

4. 活动步骤

(1)进入农田，分领土地，感受泥土气息。

(2)在农技师的引领下，学习犁地、平地、浇水等农活。

(3)小组分工，动手实践，各负其责；教师和农技师边观察、边指导。

(4)认识不同植物的种子，用各种感官进行观察。

(5)根据各种植物的不同特征，采用科学的方式进行繁育。

(6)在平整的土地上播撒种子。

(7)用喷水壶喷洒水，使土地均匀吸收水分。

(8)回校后，互相分享干农活的感受与快乐。

5. 活动建议

(1)在体验科学育苗时，要合理安排播种农作物的时间，可分小组、分时间、分层次合理安排。

(2)让学生明白“人误地一时，地误人一年”的道理，仔细播种。

(3)农事实践时，要注意农具的使用方法与安全。

6. 活动评价

(1)教师评价学生的农事参与、操作情况。

(2)结合实践情况，每年级评选出 4 个综合实践优秀班级。

项目 6　学做快乐小农夫——秋的收获 1

1. 活动目标

(1)认识苋菜、毛豆、玉米等农作物的重要器官。

(2)学会收获不同农作物的方法。

(3)会使用簸箕、筛子、铲等简易的农具。

(4)体验农事的艰辛，感受丰收的喜悦。

2. 预期成果

(1)通过观察各个生长阶段的植物，了解植物的生长周期。

(2)尝试收割、采摘等农技活动。

(3)收获承包农田的丰硕果实。

3. 活动准备

(1)农技师：簸箕、筛子、铲等。

(2)学　生：采摘袋、手套等。

4. 活动步骤

(1)进入承包的农田，观察成熟植物的特征与特性。

(2)小组讨论，交流植物的各大器官。

(3)农技师介绍工具的使用和采摘的方式。

(4)小组分工，动手采摘；教师和农技师边观察、边指导。

(5)颗粒归仓，回校后交流丰收的喜悦，分享劳动的果实。

5. 活动建议

(1)建立学校与生态园的持续联系，以拍照片、给样品的形式让学生持续关注植物的生长。

(2)学生采摘时，注意农具的使用方法与安全。

6. 活动评价

(1)教师评价学生的农事参与、操作情况。

(2)结合农作物的产量，每个级部评选出 2 个“农业大亨”班级。

案例四　我的未来职业梦

朱轶峰　上海市青浦区华新小学；张卓　上海市青浦区华新小学

劳动技术是一门涉及面广，融知识性、技术性、实践性及教育性于一体的综合学科，在培育人才中发挥着重要作用。作为个人成长的关键时期，五年级学生自我意识在不断发展，自我评价的能力也不断有所增长，随着年龄和见识的增长，他们能够把自己与别人的行为加以对照，独立地做出评价。因而上海青浦区华新小学在这一阶段开展“职业启蒙教育”——“走进 360＋ 我们在行动”劳动教育课程，帮助学生形成职业基本素养、提升职业能力以及职业生涯规划。

一、课程目标

1. 认识职业角色：中华民族始终将勤勉劳作视为社稷之基和生活之本，通过劳动教育课程，引导队员了解社会职业的多样性，懂得“360 行，行行出状元”，感悟任何职业都要具备敬业奉献、持之以恒、精益求精、创新实践的精神。

2. 树立职业理想：引导队员明晰自己的职业理想，学会把远大的理想化为学习、生活中一个个较小而又实际的目标，在不断的实践中，积累自己的成功，脚踏实地地稳步向前，达到在劳力上劳心的效果。

3. 培养责任意识：鼓励学生在交谈、探寻、体验社会职业中，践行社会主义核心价值观，学会将个人梦想与祖国、家乡的发展紧密结合，增强社会责任感，弘扬时代精神，健康快乐成长。

二、课程体系

围绕“走进 360＋ 我们在行动”这一主题，立足学校、家庭、社会“三位一体”，从探寻家族成员职业、查询职业榜样和参与职业实践三个方面，科学设置五年级劳动实践课程、内容、标准。学生通过完成相关任务单的方式对参与实践活动情况进行记录和展示，如制作表格、图片，撰写文章、拍摄微视频等形式，力求在评价内容与方式上体现多样化。活动总结阶段，学校通过作品版面展示、征文演讲比赛等对优秀成果进行表彰奖励。具体课程项目如下：

项目一：探寻篇——我的家族成员职业树；

项目二：查询篇——我的职业榜样；

项目三：实践篇——我的职业体验；

项目四：展示篇——我的未来职业梦；

项目五：拓展篇——劳动职业规划表。

三、课程项目设计

项目 1　探寻篇——我的家族成员职业树

1. 项目目标

从身边亲朋好友开启对“职业”的认识，激发学生对各种职业的兴趣，学生家族中的成员所从事的职业，以及他们对工作的看法，会让学生对“职业”有进一步的认知，初步做到从小有思考、有探究，从中发掘自己的职业目标，为将来从事适合自身条件、兴趣的职业打下一定的认知基础。

2. 项目内容

(1)走访家族成员，进行职业小采访，并记录填写《家族成员职业情况调查表》。

家族成员职业情况调查表

称谓	年龄	职业	职位	所属行业	从业年限

(2)绘制家族成员职业树。

根据所了解的家族成员职业，绘制“我的家族成员职业树”，职业树的分支可以职

业表中的目录进行分支，例如以“行业”为分支，由此形成具有“思维导图”形式的家族成员职业树，从而了解、感悟职业的多样性

3. 实施建议

(1)职业树的形式可以依据学生自己的兴趣绘制、涂色、美化；

(2)制作“看图猜职业”环节 ppt，挖掘职业特色，进一步了解职业特征

4. 活动评价

(1)小组内进行互评，挑选“最佳职业树”参加中队评选。

(2)中队开展无记名投票形式进行评选职业树评选，并颁发“最佳职业树”奖状

项目2　查询篇——我的职业榜样

1. 项目目标

(1)通过小组队员之间的畅谈，扩大工作类型的认识；

(2)明白社会职业的多样性，树立自己的职业理想；

(3)交流职业榜样，分享成功的基础。

2. 项目内容

(1)在小组内围绕各自的职业树进行交流，并说说自己对各项职业的认识。

(2)在“My Dream Job”表中，填写自己最喜欢或最想从事的一种职业，用一段文字阐述对于这门职业的工作内容、工作特点等的了解、喜欢该职业的原因、假设今后要从事该职业计划做哪些准备等等。

(3)查询对应职业成功人士或榜样的事迹及小故事，总结成功的要点，并进行分享。

My Dream Job			
职业		所属行业	
选择原因			
榜样力量			

3. 实施建议

(1)小组内进行“家族成员职业树”交流前，对各工作内容、性质进行一定的文字整理，有目的性地介绍自己较为期望的职业类型。

(2)除了在网络中查询成功人士或榜样的事迹及小故事，也可以从身边亲朋中选择，进行更深入的采访，从他们择业开始到最后成功，这一过程中历经的一些故事或经验。

4. 活动评价

在中队栏张贴“**My Dream Job**”表格，队员们通过阅览表格，了解更多职业成功人士，并开展“十大 **Dream Job**”投票活动。

项目3　实践篇——我的职业体验

1. 项目目标

(1)让学生了解向往工作的日常工作内容、环境和该企事业单位的大致业务范围；

(2)让学生通过认真观察、用心感悟，体验这份职业的辛劳，初步树立尊重别人劳动成果的意识，体会劳动创造幸福生活的内涵。

2. 项目内容

借助探寻篇、查询篇的过程，可以跟随对应职业的亲朋好友，到职业岗位上完成一次体验。

(1)看：工作环境和劳动过程：实地感受、了解工作，初步体会社会的不同分工以及各种劳动的艰辛；

(2)听：职业故事，可以听企事业单位中其他人员讲讲“为什么会从事这个职业”“从业过程中印象最深刻的事情是什么”等等，收集工作中的各种小故事，让学生更好地了解职业的特点以及所需具备的素质，树立初步理想信仰，确立正确的学习目标；

(3)问：职业相关问题，如从学生的视角采访行业的工作人员，了解个人成长、发展与实现中国梦之间的关系，激励自身努力增长本领和才干，为实现中国梦做出自己的贡献。

3. 实施建议

(1)应当将学生带到相应职业的现场，或者模拟现场，尽量给予学生真实的职业体验。

(2)活动全程以学生为主体，注重学生的亲身体验，使学生能够获得独特的感受。

4. 活动评价

可通过文章、小报等等方式以“我看360＋”为主题进行个性化记载，开学后利用期初的午会课、队活动课在班级内交流。

项目4　展示篇——我的未来职业梦

1. 项目目标

(1)能够将根据个人兴趣或社会需要，初步制定自己的职业理想；

(2)懂得劳动不分贵贱、职业不分贵贱，理解平凡的职业也能做出不平凡的成就；

(3)能够在前期职业了解、职业体验的基础上，形成自己的职业理想，并能够对理想职业有一个深入的理解。

2. 项目内容

(1)说说我的职业梦。

①主持人开场白导入：职业有三百六十行，所谓三百六十行，是指各行各业的行当。请大家说一说自己的职业梦想！

②队员畅谈职业梦想及理由。(范例：我的职业梦想是……，因为……)

(2)“360＋”行大揭秘。

主持：那么社会上到底有多少种职业呢？我们的**A**小队、**B**小队、**C**、小队开展了“家长所从事的职业”探究活动。下面，有请**A**小队展示探究成果。

①**A**小队发布队员家长职业小调查结果。

②互动游戏：看图片猜职业。

③**B**小队交流职业体验(2～3名代表即可，突出专业知识、奉献与付出、成功的喜悦等)。

④**C**小队交流社会职业数量调查：

a. 当今社会有接近2000种职业。

b. 介绍部分新兴职业。

(3)“360＋”行，行行出状元。

主持：那古时候什么样的人才能被称为状元呢？古时候，科举考试第一名，称为文状元；武术考试中取得第一名，称为武状元。

①互动小游戏“倒水入瓶”。

②讲解卖油翁：不仅仅在读书、练武上能出状元，连卖油翁都能成为状元，真是“行行出状元”呀！

③小队介绍现代职业成功人士的事迹及小故事。(名人及身边榜样)。

(4)我的未来不是梦。

主持：我的未来不是梦，远大的梦想需要化为一个个切实有效的行动，在实践中不断积累自己的成功。

①学生完成“梦想卡”，并谈一谈如何实现梦想。

②齐唱“生长吧”，祝愿“中国梦，梦想成真”。

(5)总结。

辅导员：大家要将个人梦想与祖国、家乡的发展紧密结合，把远大的理想化为学习、生活中一个个较小而又实际的目标，在不断的实践中，积累自己的成功，脚踏实地地稳步向前。虽然每位队员长大以后不一定都能成为行业状元，但努力过，坚持过，相信职业梦想就必定离我们更近一步！

3. 实施建议

引导学生积极根据自我特点与兴趣，选择自己的职业梦想，防止学生随波逐流，从众地选择职业。

4. 活动评价

活动后，根据每个小组的活动表现与成果进行评价，以表现性评价为主，以鼓励为主。

项目5 拓展篇——劳动职业规划表

1. 项目目标

学生在了解家庭成员的职业、查询职业资料、体验职业现场等活动的基础上，形成自己的理想职业，并且能够初步地进行自我职业规划。

2. 项目内容

(1)学生对自我地优缺点、兴趣爱好等进行自我评价，并完成《劳动职业规划表》。

劳动职业规划表

<table>
<tr><td>姓名：</td><td>性别：</td><td>年龄：</td></tr>
<tr><td colspan="2">所在学校：</td><td>班级：</td></tr>
<tr><td colspan="3">职业倾向：</td></tr>
<tr><td colspan="3">个人特长：</td></tr>
<tr><td colspan="3">自我评估：（简要说明自己的优缺点、兴趣爱好等）</td></tr>
<tr><td colspan="3">人生目标：（如岗位目标；收入目标；社会影响目标等）</td></tr>
<tr><td colspan="3">教师评价：</td></tr>
</table>

(2)教师对学生的职业规划进行引导与评价。

3. 实施建议

(1)教师的评价应当具有针对性，能够帮助每位学生更加清晰地了解自我、认知自我。

(2)对学生的职业规划进行引导，纠正个别学生不属于职业范畴的职业理想。

4. 活动评价

教师对每位学生的职业规划表进行针对性、特色化的评价。